Talk Talk

역사로 톡톡 두드려보는

즐거운 프로젝트 수업

최경민 · 이규진 · 오상준
구민선 · 김율리 · 김재원

역사로 톡톡(Talk Talk) 두드려보는

즐거운 프로젝트 수업

1판 1쇄 인쇄 2019년 8월 10일
1판 1쇄 발행 2019년 8월 20일

지은이 | 최경민 · 이규진 · 오상준 · 구민선 · 김율리 · 김재원
펴낸이 | 모홍숙

이 책을 만든 사람들
편집 | 박은성, 이지수
기획 | 김루리
그림 | 김병용

종이 | 제이피시
제작 | 현문인쇄

주소 | 서울시 용산구 한강대로 104 라길 3
전화 | 02-775-3241~4
팩스 | 02-775-3246
이메일 | naeha@naeha.co.kr
홈페이지 | http://www.naeha.co.kr

값 19,000원
ISBN 979-11-87510-12-3 (13000)

이 도서의 국립중앙도서관 출판예정도서목록(CIP)은 서지정보유통지원시스템 홈페이지(http://seoji.nl.go.kr)와
국가자료공동목록시스템(http://www.nl.go.kr/kolisnet)에서 이용하실 수 있습니다.(CIP제어번호 : CIP2019029221)

Talk Talk
역사로 톡톡 두드려보는

즐거운
프로젝트
수업

최경민 · 이규진 · 오상준
구민선 · 김율리 · 김재원

상상채널

바른 역사교육,
역사 프로젝트 학습에서 그 해답을 찾다.[1]

역사라는 과목은 학생들로 하여금 과거를 이야기하게 하고, 과거를 통해 현재를 바라보면서 미래를 꿈꾸게 할 수 있는 교과라고 생각한다. 그래서인지 역사 교과와 역사교육은 교사들이 기대하는 학생상(혹은 인간상이라고 말을 해도 될 것 같다)과 미래의 모습에 따라 그들의 다양한 목적과 활동을 교실 수업을 통해서 자유롭게 실천할 수 있도록 많은 통로를 열어두고 있다. 이에 학생들은 역사 수업을 통해 과거의 '나'를 되돌아보면서 현재의 역할과 정체성을 이끌어냄으로써 현재의 '나'라는 존재의 정체성을 찾게 되고, 나아가 미래의 '나'라는 존재에 대해 긍정적으로 바라보고 꿈꿀 수 있도록 도와주는 교과가 역사라고 생각한다.

그러나 실제 역사 수업을 실천하는 현재의 교실을 들여다보면 역사적 사실을 근거로 '역사가들의 탐구과정'에 대하여 직간접적인 경험을 통해 체험하는 학생들이 거의 전무하다는 것이 솔직한 교실 속 역사 수업 모습이다. 학생들은 과거의 역사적 내용을 감각 없이 이해하도록 강요받게 되고, 역사적 사실을 통해 알 수 있는 교훈을 강압적으로 강요받게 되기도 하고, 그저 도덕적인 측면에서 역사적 사실을 암기하는 것에 그치도록 역사 수업의 활동 범위가 축소되고 있다고 할 수 있다.

이로 인해 역사 수업은 본질적인 목적과 성격에서 벗어나서 학생들로 하여금 학습 과정에서 역사교과가 역사적 동력으로써 과거, 현재, 그리고 미래의 '나'를 들여다보지 못하도록 제한과 한계를 두고 있는 것 같다. 역사가 하나의 틀로써 이해될 수 없는 것임에도 불구하고, 교사의 설명 혹은 교과서가 제공하고 안내하는 하나의 역사적 사실만을 암기하

---

1) 프롤로그는 장순화, 송인주(2010)와 김민정(2016)의 글을 참고하여 본 저자들의 생각을 덧붙여서 쓴 글임을 밝힘.

도록 교육받음으로써, 역사교육의 본질적인 교육적 효과는 물론이고 학생들 스스로도 정체성을 확보하는데 어려움이 있게 되지는 않았을까? 역사적 사실들은 본질적으로 논쟁적이며 해석적인 과정을 통해 생성된다는 점이 명백함에도 불구하고, 그러한 과정을 거치지 않고 학생들은 그저 교사의 설명과 교과서의 안내를 통해 역사적 사실만을 기억하고 암기하도록 억압받았던 것은 아닐까?

이에 학생들은 역사 수업을 통해 역사 서술의 주체들에 의해 구성된 역사적 지식을 대상으로 한 해석적 관점과 활동을 제대로 경험하지 못하게 되었고, 이로 인해 역사교과는 따분하고 암기할 것이 많으며 재미없는 과목으로 인식하게 되었던 것이 아닐까?

물론 역사 수업이 따분하고 재미없어지게 된 이유에는 교사의 수업 방법도 하나의 이유가 되겠지만, 역사 교과서도 또 다른 하나의 이유가 될 수 있을 것 같다. 교과서에서 제시하는 상당수의 사료들 중 해석에 근거하여 논쟁을 할 수 있도록 제공하는 자료들의 비중이 크지 않기 때문이다. 이러한 문제점에 대해 바른 인식을 가지고, 수업을 통해 이러한 문제점을 해결하기 위해 많은 교사들이 역사 수업을 다양한 방법의 역사 수업을 시도하고 있기도 하다. 하지만 이러한 시도들 또한 학교와 교실 현장에서 직면하게 되는 여러 한계점과 여건들로 인해 참다운 역사교실 수업의 모습을 보여주는 데 어려움이 있는 것이 현실이다.

이러한 역사 수업의 문제점과 교실의 다양한 한계점과 여건들을 고려하면서, 우리 공동체에서는 역사 수업의 또 다른 방법으로 프로젝트 학습을 주목하게 되었다. 프로젝트 학습의 필요성과 중요성에 대해서는 우리 공동체의 이전 저서인 "프로젝트 학습, 즐거움으로 배움을 요리하다"를 통해서도 지속적으로 언급을 하였지만, 이번 저서에서도 간단하게나마 다시 언급을 하고자한다. 널리 알려져 있듯이, 프로젝트 학습은 교사들의 치밀한 단계별 수업 설계와 전략에 따른 학습자 중심의 수업 활동이며, 주제 선정부터 가설 설정, 근거 자료 수집, 토의과정을 통한 다양한 학습 결과물을 완성하는 단계를 모두 학생이 주도적으로 이끌어가는 교실 수업 방법이라고 할 수 있다. 학생이 주도적으로 수업을 이끌어감에 있어서 교육적 효용성에 대한 부정적인 시각이 있기는 하지만, 실제 프로젝트 학습을 기반으로 수업을 이끌어본 결과 학생들의 내적 동기유발, 책임감, 긍정적 자아 개념 및 자존감, 협동심, 사회적 기술, 사회에 대한 관심과 문제해결력, 다양한 탐구와 표현 능력, 사고의 유연성 및 창의성, 체험적 학습 기회 제공 등 다양한 긍정적인 결과를 눈으로 그리고 피부로 직접 보고 느낄 수 있었다.

또한 우리 공동체에서는 프로젝트 학습의 교육적 효용성이 높음에도 불구하고 많은 논자들이 제시되고 있는 현실적 상황을 고려해보았다. 이는 기존의 프로젝트 학습이 이론적인 측면에 많이 치중되어 있음을 알게 되었고, 외견상 프로젝트 학습의 형태를 취하고 있기는 하지만, 하나의 역사 주제를 중심으로 하여 프로젝트 학습 활동이 이루어지고 있는 경우를 거의 찾을 수 없었다. 그리고 프로젝트 학습 기반의 역사 수업 활동 중 교사의 질문, 학생 활동에서 사고과정이나 토의과정, 그래픽 오거나이저의 투입, 발표의 준비와 발표 장면 등의 핵심적인 과정이 생략되거나 간략하게 언급하고 지나가는 경우가 많음을 발견하게 되었고, 각 활동들의 계기적인 관계 혹은 전체적인 통일성이 확보되지 못하고 있는 경우를 다수 발견하게 되었다.

이에 우리 공동체에서는 역사를 대주제로 하여 역사 중심의 프로젝트 학습을 구성하게 되었고, 이를 단계적으로 실행하기 위해 프로젝트 학습 계획에서부터 실행과 성찰의 과정을 함께 실천하게 되었으며, 그러한 과정에서 이루어지는 학생들 스스로의 가설설정과 사고과정을 통해 학생들의 지적 성장과 변화, 그리고 학생 스스로의 성장과 발전을 역사 중심 프로젝트 학습을 통해 이루어보고자 연구하고 실천하게 되었다.

역사 프로젝트 학습 소개는 아래와 같이 구성하였다.

주제별 활동들은 꼭지활동이라고 이름을 지었다. 꼭지란 그릇의 뚜껑이나 기구 따위에 붙은 볼록한 손잡이, 혹은 모서리의 방언(경남)을 의미하는 단어로써 프로젝트 별 주요 활동이라는 의미에서 꼭지활동이라고 하였다.

그리고 꼭지활동별로 도입, 전개, 정리에 해당하는 활동들을 각각 마중 활동, 가온 활동, 꼬두람이 활동이라고 이름 짓게 되었다.

마중활동 에서의 마중은 오는 사람을 맞이한다는 순우리말로써 꼭지 활동별로 첫 시작을 맞이한다는 의미에서 이름 지었다.

가온활동 에서의 가온은 가운데를 의미하는 순우리말로써 꼭지 활동 내 가운데 해당하는 주요 활동이라는 의미에서 이름 지었다.

꼬두람이 활동 에서의 꼬두람이는 맨 꼬리, 또는 막내를 의미하는 순우리말로써 꼭지 활동을 마무리하는 활동이라는 의미에서 이름 지었다.

프로젝트 내 꼭지별로 2015 개정 교육과정에서 제시하는 성취기준과 직접적인 관련이 있는 활동의 경우에는 활동지를 활용하여 자기 및 동료 평가를 실시하였다. 이를 통해 활동별로 이루어지는 과정중심 평가와 프로젝트 후 이루어지는 자기 평가 활동을 기반으로 하여 학생 평가가 이루어지며, 이러한 평가들을 모아서 학생생활기록부에 기록하기로 하였다. 이러한 과정을 거쳐 프로젝트 학습을 통해 학생들의 성장을 측정하는 과정 중심 평가를 실천하게 되었다.

목차

" 교육과정 재구성 그리고 프로젝트 학습
이렇게 함께 이야기하며 실천해보세요. "

흔히들 수업을 변화시키고, 학생 참여 중심 수업을 만들기 위해 많은 학교에서 공동체를 형성하고, 교육과정 재구성을 기반으로 프로젝트 학습을 실천하고 있다.

그런데 그렇게나 많은 학교, 공동체, 그리고 교실에서 교육과정 재구성과 프로젝트 학습이 이루어지고 있음에도 불구하고 왜 해야 하는 것일까에 대한 이야기가 없다. 그래서 우선은 왜 해야 할까라는 이야기로 시작을 하면 좋을 것 같다.

우선 여기에는 전제조건이 있어야 할 것 같다.

교육과정 재구성, 프로젝트 학습이 목적이 되고 목표가 되어서는 안 된다. 함께 모여서 나눈 왜라는 질문을 통해 그 필요성에 대해서 함께 공감하고 이해를 하게 될 때 시작을 해야 한다. 함께 모여서 왜라는 질문을 하였음에도 불구하고 교육과정 재구성, 프로젝트 학습보다는 기존의 교사 중심의 지식 전달 수업이 더욱 의미가 있고 교육적으로 바람직한 교수학습 방법이라는 결론에 도달한 교사, 혹은 공동체에서는 기존의 방식을 고수하는 것이 더욱 바람직하다고 생각한다. 여기서 묻고자 한다.

과연 좋은 수업이 존재할까?

흔히들 많은 교사들은 좋은 수업이 무엇일까에 대해 고민도 하고, 공동체를 형성하여 이에 대해 이야기를 나누기도 한다. 그런데, 정말 과연 좋은 수업이 존재할까? 좋은 수업이라고 말을 하는 순간 우리는 어쩌면 수업을 평가하게 되고, 평가를 받는 존재로 수업을 인식하게 되는 것은 아닐까?

수업은 수업 그 자체로 존중받고 존경받아야 한다. 다만 한 가지는 있어야 할 것 같다. 그 안에 나름대로의 의미가 담겨져 있고, 철학이 담겨져 있으면 되는 것이다. 의미가 있고, 철학이 담겨있다면 그 수업은 그 자체로도 존중받고 존경받아야 마땅한 것이다. 그럼에도 불구하고 과연 좋은 수업이 존재할까? 아니라고 말하고 싶다. 그저 우리에게는 좋은 수업이 아니라 존중받고 존경받아야 하는 수업이 존재하는 것이다.

그러니 왜 라는 질문부터 시작을 해야 한다. 공동체가 모여서 우리는 왜 함께해야 할까? 라는 이야기에서 시작을 하여 그 이야기의 마지막에 함께 공감하고 공유하게 되는 이야기가 수업을 바꾸어야 하니까, 그리고 아이들에게 다른 교육 방법을 적용하고 싶으니까 라는 내용으로 함께 모여서 나눈 이야기가 정리되고 귀결이 된다면 그 때 지금의 방법이 아닌 새로운 교수·학습 방법을 고려해야 한다.

그래서 공동체가 모여서, 가질 수 있는 첫 번째 질문은 이것이 아닐까 생각한다.

우리가 왜?
왜? 수업을 바꾸어야 할까?

정말이지 어리석은 질문일지도 모른다. 그래도 이 질문에 대해 많은 이야기가 오고가게 된다. 왜 굳이 바꾸어야 할까? 바꾸지 않아도 되는데 말이다. 그래도 한번 묻고 이야기를 나눠보자. 그 이야기의 끝에 바꾸지 않아도 된다는 결론이 나온다면 그것으로도 된다. 그러한 이야기들을 모으게 되면 그것이 바로 그 교사 나름대로의 수업 의미, 수업 철학이 될수 있으며, 평소에 인지하지 못했던 자신의 교육에 대한 생각과 의미를 스스로 찾을 수 있게 되는 것이니 말이다. 훗날 어느 학부모가 왜 그렇게 수업을 하세요라고 물어온다면, 그날의 이야기들을 떠올리고, 정리하여 말을 한다면 그 어느 학부모가 인정을 하지 않을까? 이렇게 된다면 수업 전문성과 관련하여 실추된 교권도 회복하게 되지 않을까 생각하기도 한다. 본 저자는 교권 추락의 원인들 중에 하나가 교사 스스로에게도 있다고 생각을 한다. 물론 이런 이야기를 하게 되면 많은 질타를 받을지도 모르고, 공격을 받을지도 모르기에 매우 조심스럽다. 교육적 철학을 가지지 못한 채 그저 교과서만을 가지고 하는 수업, 어느 교실 어느 학생에게나 동일한 수업 방법, 학부모들도 가입이 가능한 인터넷 사이트를 활용하여 클릭으로만 이루어지는 수업 방법 등으로 인해 교권이 추락하게 된 것은 아닐지 생각을 하게 된다. 하지만 그러한 수업을 한다고 하더라도 어느 학부모, 혹은 어느 누구에게라도 나만의 철학을 가지고서 당당하게 이야기를 하고 설득을 할 수 있다면 그래도 인정을 받지 않을까? 그러한 인정이 교권 회복의 길이 아닐까? 교권에 대한 이야기를 시작하면 너무 길기에 이쯤에서 그만두도록 하겠다.

어쨌든 이러한 질문에 우리 저자들은 이렇게 생각하고 이야기를 하게 되었다. 우선 가장 먼저 60년대 교실과 현재의 교실을 비교해보았다. 과거와 현재의 교실 모습은 큰 차이가 있다. 학생 수가 줄었고, 컴퓨터, 빔프로젝트, TV, 실물화상기 등 첨단 기기들이 즐비한 교실로 변화되었다. 하지만 그 속의 실제적 수업이 이루어지는 교실 모습은 어떠한가? 과거나 현재나 여전히, 교사들은 학생들의 앞에 서 있고, 칠판 앞에서 열심히 판서를 하고 있으며, 자세한 설명과 함께 교과서 속 지식을 아이들이 쉽게 기억하고 암기할 수 있도록 열심히 가르치고 있다. 그리고 학생들은 그러한 교사들의 설명을 들으면서 교과서 지식을 알게 되고, 기억하게 되며, 나아가 얼마나 잘 기억하고 암기하였는지를 단원평가, 학기 말 평가, 혹은 수업 속 질문과 대답을 통해 확인받게 된다. 물론 방법적인 측면에서 조금은 세련되어지기도 하고, 다양해지기도 하였지만 그 안의 실질적인 모습에는 변화된 것이 없다.

그런데 우리 아이들이 앞으로 맞이하고 살아가게 될 사회는 단순하게 지식을 많이 알고 있다고 하여 잘 살아갈 수 있는 사회가 아닐 것이다. 이미 사회는 변하고 있다. 혼자서 자신의 능력을 펼치기보다는 여러 사람들과 모여서 팀을 이루어서 함께 과제를 해결하고, 문제를 해결하고 있다. 이러한 사회에서 과연 우리 아이들에게 필요한 것이 무엇일까에 대한 궁금증과 의문점이 들었다.

그래서 우리는 수업이 바뀔 필요가 있다고 이야기하게 되었다. 우리 아이들에게 필요한 것은 교과서 속 지식이 아닌 교육과정에서 제시하는 역량이기 때문이다. 즉 교과서가 아닌 교육과정이 중심이 되는 수업으로 변화되어야 한다고 이야기를 모으게 되었다.

그리고 2015 개정 교육과정을 함께 살펴보면서 역량 중심 교육과정을 운영할 수 있도록 학교 교육의 자율성을 부여하고 있었다. 이에 대한 이야기는 이전 우리들의 저서인 "학교가 행복한 우리 아이들, 공동체, 2018"에서 자세하게 다루었기에 여기서는 이 정도로만 언급하고자 한다. 만약 자세한 이야기를 알고 싶은 독자가 있다면 이전의 저서를 참고하면 좋을 것 같다.

어쨌든 우리는 수업이 바뀌어야 할 필요성과 당위성에 대해 함께 동의하게 되었고, 이러한 이야기와 동의를 바탕으로 함께 교육과정을 재구성하고, 프로젝트 학습을 실천하게 되었다. 프로젝트 학습을 선택하고 실천하게 된 이유는 이전 저서 "프로젝트 학습, 즐거움으로 배움을 요리하다, 공동체, 2018"에서 자세하게 다루었기에 이 정도만 언급하고, 더 자세한 이야기가 궁금한 독자는 우리들이 이전 저서 두 가지를 참고하기 바란다.

그래서 우리는 함께 하게 되었고, 이러한 "왜"라는 질문을 기반으로 "어떻게", "무엇을"이라는 질문을 통해 프로젝트 학습을 선택하고, 주제를 선정하고, 아이들과 함께 새로운 교육의 길, 또 다른 교육의 길을 함께 걸어가게 되었다.

지금부터의 이야기는 경북 한 초등학교에서 교육과정 재구성, 그리고 프로젝트 학습 실천 방안에 대해서 연수를 진행하였던 진솔한 이야기이다. 내가 연수를 진행하였던 아래의 학교는 연구학교도 아니고, 프로젝트 학습 경험이 많은 학교도 아니었다. 그러기에 아마도 이 학교에서의 교육과정 재구성 과정에 대한 연수 이야기가 프로젝트 학습을 어떻게 시작해야 할지, 어떻게 실천해야 할지 궁금한 독자들에게 도움이 될 것 같기에 이 학교에서의 연수 이야기를 통해 교육과정 재구성, 프로젝트 학습 계획 과정을 보여주고자 한다. 이 책을 읽고 있는 여러분도 이러한 방법과 순서에 따라 이야기를 하고, 계획을 하고 함께 모이기 시작하면 어떨까 한다.

2019년 2월 20일,

경북의 한 초등학교에서 교육과정 재구성에 대한 연수를 부탁을 받고서 많은 고민과 걱정 속에서 연수를 시작하게 되었다. 학교에 소속된 선생님들의 연령이 다양하였고, 프로젝트 학습을 직접 계획하고 실천해보았던 교사, 교육과정을 재구성하여 보았다는 교사가 극히 드문 주변에서 흔히 볼 수 있는 친근한 동료같은 학교였다.

그러한 어디서나 볼 수 있는 평범한 선생님들과 만남을 가지게 되었고, 교육과정 재구성 그리고 프로젝트 학습이라는 주제로 이야기를 시작하였다.

이러한 이야기를 하면서 선생님들에게 던진 첫 번째 질문은

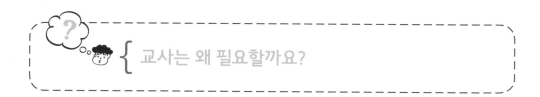

교사는 왜 필요할까요?

우리들은 효과적으로 지식을 전달하는 것을 중요시 여기는 교사였고, 이로 인해 체계적인 교수법과 객관주의를 강조하던 교사였다. 그리고 공부를 잘하는 아이, 성적이 우수한 아이, 그리고 수업 시간에 열심히 듣고 필기하는 아이들이 모범적인 아이들이라고 여기고 있었고, 점수에 의해 서열화를 하고 있던 교사들이었다.

이런 모습의 교사들이 우리 아이들에게 굳이 필요할까? 아닐 것이다. 지식적인 면에선

인공지능을 이길 수 없는 미래 사회를 살아가야 하는 우리 아이들에게 필요한 것은 교과서적 지식이 아니라 친구들과 함께할 수 있음이고, 함께함으로써 문제를 해결하는 역량일 것이다. 그러한 역량이 발현될 수 있도록 기회를 제공함으로써 친구들과의 다름을 인정하고, 그러한 다름이 다양성이 되어 창의적인 모습을 띠게 되고, 그러한 창의적이 경쟁력이 될 수 있는 역동적인 수업 문화를 만들어줄 수 있는 교사가 필요할 것이다.

첫 번째 질문을 통해 선생님들은 깨닫고 알게 되었다. 무엇을? 스스로도 성장해야 하고 발전해야 할 필요성을 느끼게 되었다.

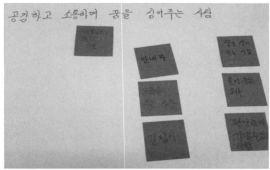

이렇게 성장하고 발전해야 할 필요성을 느끼고 깨닫게 된 선생님들에게 두 번째 질문을 하게 되었다.

수업은 어떠해야 할까요?

이 질문에 많은 교사들이 당황해하였던 것 같다. 평소에 생각지도 못했던 질문이었던 것 같다.

그래서 그런지 선생님들께서 많은 생각을 적지도 못하였고, 이야기를 많이 나누지도 못한 것 같아 아쉬움이 남는다. 어쩌면 이러한 모습이 지금 우리 교사들의 모습이 아닐까 생각을 한다. 생각이 없는 아이들을 비판할 것이 아니라, 교사들 스스로도 교사의 역할이 무엇인지, 교사는 어떠해야 할지에 대한 고민과 생각이 없음에 대한 반성과 성찰이 함께 이루어져야 하지 않을까 조심스럽게 생각을 하게 되었다. 그래도 시간을 충분히 주고서 대화를 나누면서 많은 교사들이 의미 있는 수업, 학생들이 무엇인가를 배울 수 있는 수업을 해야 한다고 입을 모으게 되었다. 그래서 다시 물어보았다.

의미 있는 수업이란 무엇일까요?

이 질문에 많은 선생님들이 생각을 하고 기록을 했던 이야기를 모아서, 의미 있는 수업이란 아이들이 스스로 즐겁게 수업에 참여를 하고, 무엇인가를 배워가는 수업이 아닐까 함께 이야기를 모으게 되었다. 그렇다면 아이들이 스스로 즐겁게 참여하고, 무엇인가를 배워가기 위해서는 어떻게 수업이 이루어져야 할까?

우선 학생들이 관심과 흥미를 가질 수 있는 학습 주제, 제재에서 시작을 해야 하지 않을까 생각한다. 그리고 공통의 관심과 흥미를 가지고 있는 아이들이 함께 모여서, 이야기를 나누면서 교실과 생활 속에서 느낄 수 있는 문제를 찾아보고, 그러한 문제를 함께 해결하는 과정을 거치고, 그러한 과정을 통해 공통의 산출물을 만들어낼 수 있다면 의미 있는 수업이 될 것이다.

이를 위해서 선생님들이 동의한 교수·학습 방법이 프로젝트 학습이었다. 프로젝트 학습은 하나의 교수·학습 방법이 아니다. 프로젝트 학습은 학생들이 실생활, 혹은 학교와 교실에서 문제점을 찾고, 비슷한 문제점을 느낀 친구들이 팀을 만들어서 함께 문제를 해결하고, 그러한 해결로 결과물을 만들어내는 과정 자체가 바로 프로젝트 학습인 것이다. 그러한 과정 중에 필요하다면 교사 중심 수업, 협력 수업, 토의·토론 수업, 액션 러닝 식 수업, 거꾸로 교실들 다양한 교수·학습 방법을 적용할 수 있기에 현존하는 교수·학습 방법 중 가장 범위가 넓은 것이 바로 프로젝트 학습이라고 할 수 있다. 이러한 설명에 많은 선생님들이 긍정적으로 생각을 하게 되었고, 함께 생각하고 찾은 수업이 나아가야 할 방향에 가장 적합한 교수·학습이 프로젝트 학습이 될 수 있다는 사실에 함께 동의하게 되었다.

그리고 이와 함께 프로젝트 학습의 목적은 결과물이 아닌, 과정 중에 스스로 깨닫고 체득하게 되는 인성과 역량이라고 할 수 있다. 그리고 이러한 인성과 역량은 단기간에 누군가의 가르침에 의해 길러질 수 있는 것이 아니다. 스스로 발현이 될 수 있도록 다양한 기회를 제공하고 스스로 참여하도록 유도한 뒤 교사는 기다려 주고, 또 기다려주고, 더 기다려주어야 한다.

하지만 흔히 교사들은 이런 말을 많이 한다.

"진도 나가기에도 빠듯해요."

이런 상황에서 아이들이 스스로 인성과 함양을 발현할 수 있도록 기다려주기란 불가능할 것이다. 그래서 필요한 것이 교육과정 재구성이다. 많은 교사들은 교육과정 재구성을 필요 없는 것, 불가능한 것, 어려운 것으로 치부하기도 한다. 하지만 미래 사회를 살아가기 위해 진정으로 필요한 인성과 역량의 발현을 위해서는 필요하였다. 기다림이 필요하고, 기다리기 위한 시간이 필요하고, 그러기 위한 교실 속 기다림의 시간이 필요하다. 교실에서 아이들이 스스로 참여하고, 서로의 다름을 인정하고, 그러한 인정이 창의성이 되고, 그러한 경험과 과정 속에서 인성과 역량이 발현될 수 있도록 기다림의 시간이 필요하였고, 그러한 시간을 마련하기 위해서 교육과정 재구성이 필요하였다.

앞서 말을 했듯, 교육과정 재구성이 목적이 되어서는 안 된다. 다만 필요에 의한 것이 되어야 한다. 교육과정 재구성이 필요하기에 교육과정 재구성을 하게 되었고, 우리 공동체 선생님들은 그러한 필요성에 공감하고, 그러한 공감으로 인해 자발적으로 교육과정을 공부하고, 함께 교육과정을 재구성하여 프로젝트 학습을 실천하게 되었던 것 같다.

아마 세 번째 질문이 프로젝트 학습을 계획하고 주제를 구성함에 있어서 가장 핵심적인 질문이 될 것이다. 흔히들 프로젝트 학습이라고 하면 아이들의 관심과 흥미, 그리고 문제점에서 시작을 해야 한다고 한다. 하지만 여기에는 또 하나의 큰 어려움이 존재한다.

우선 우리 아이들의 대부분은 삶을 살아가는 데 있어서 문제를 가지고 있지 않으며, 생활과 삶에 대해 관심과 흥미가 없으며, 스스로 무엇인가를 생각하려 하기보다는 지시, 규칙, 규율에 따르며 살아가는 삶에 익숙해져 있는 편이다. 아니 어쩌면 익숙해진 것이 아니라 그렇게 되도록 교사가, 그리고 학부모가 유도를 하였을지 모른다. 생각을 하게 하기보다는 필기를 하게 하고, 관심과 흥미를 가지게 하기 보다는 암기를 하게 하였으니 말이다. 이러한 아이들에게 생각을 하라고 하고, 문제를 찾으라고 하고, 흥미와 관심을 가지라고 하는 것이 과연 가능할까? 이러한 의미에서 프로젝트 학습의 교실 적용에 대한 비판의 목소리가 높은 것으로 알고 있다. 하지만 그렇다고 하여 프로젝트 학습을 포기해야 하는 것일까?

우리는 다른 쪽으로도 생각을 해보았다. 흔히들 교사가 행복해야 아이들이 행복하다고 한다. 이는 교사가 즐거워야 아이들도 즐겁다는 말과 유사한 것 같다. 그럼 이것은 교사가 즐거운 수업을 해야 아이들도 수업이 즐거울 수 있다는 말과 일맥상통하지 않을까?

그동안 우리 교사들은 즐거운 수업을 하였을까?

대답은 아니었다. 그저 진도 나가기 급급하고, 암기시키기 급급한 수업을 해왔으니 즐거운 수업과는 거리가 먼 것이 어쩌면 당연한 것인지도 모른다. 왜 교사 스스로도 즐거운 수업을 하지 못했을까? 아니 하지 않았을까? 라는 고민을 하면서 세 번째 질문을 하게 된 것 같다.

사실 매년 2월이 되면 허무해진다. 학생 개개인적으로 지식적인 측면에서는 어느 정도 성장(성장이 아니라 암기가 맞을지도 모르지만)을 하였을지 모르지만, 실제적으로 교사로서 내가 바라던 아이들의 모습은 이런 모습이 아닌 데라는 생각이 들면서 허무해졌다.

나는 공부를 잘하는 아이가 아니라, 함께 할 줄 아이를 길러주고 싶었는데, 나는 경쟁하며 공부하는 아이가 아니라 함께 성장하고 발전하며 함께 공부하려는 아이로 길러주고 싶었는데, 나는 자기 것만 소중히 여기려는 아이가 아니라 나의 것을 나누어 줄 줄 알고 친구를 배려할 줄 아는 아이로 길러주고 싶었는데….

이러한 생각들을 하면서 매년 2월이면 스스로 힘들었던 것 같다. 그러면서 스스로에게 질문을 던졌다.

내가 바라는 아이들은
진정 어떠한 모습의 아이들일까?

단 이 질문에 대한 기록은 '인성이 바른 아이'처럼 범위를 넓게 적지 않고, 친구에게 준비물을 빌려주는 아이, 먼저 인사를 하는 아이처럼 행동적인 측면으로 자세하게 적어야 한다. 그리고 적은 글을 비슷한 것들끼리 모아서 범주화하고, 범주화된 행동들을 포괄할 수 있는 용어를 정한다. 그렇게 정한 용어들이 프로젝트 학습의 주제가 되는 것이다. 또한 각각의 주제 안에 속한 내가 원하는 아이들의 모습이 프로젝트 학습을 구성하는 활동의 큰 축이 되게 된다. 그래서 행동으로 자세하게 적도록 한다.

이에 프로젝트 학습 주제를 정하기 위해 매년 2월에 내가 가졌던 질문이 바로 세 번째 질문이었고, 이 질문을 2018학년도 2월에는 우리 공동체 선생님에게 하게 되었고, 내가 진행을 하였던 여러 연수에서도 동일하게 질문하였다.

아마도 첫 번째, 두 번째 질문에서는 선생님들이 많은 생각을 적거나 이야기를 나누는 것에 어려움을 느낄지도 모른다. 하지만 세 번째 질문에서는 어느 선생님들이나 많은 생각을 적게 되고, 이야기를 나누게 되는 것 같다. 이 글을 읽고 있는 독자가 교사라면, 반드시 공동체를 구성하고, 공동체 소속 선생님과 함께 세 번째 질문에 대해 각자의 생각을 기록하고, 함께 이야기를 나누는 시간을 가졌으면 한다. 놀라운 일이 벌어질지도 모르니 말이다.

이렇게 선생님들은 세 번째 질문에 대한 답변을 모으고, 분류하고, 범주화를 한 뒤, 각각의 범주화된 주제들로 프로젝트 학습 주제를 선정하였다. 그리고 범주화된 주제들이 하나의 스토리가 될 수 있도록 구성하는 과정을 거치면서 프로젝트 학습 주제를 정하게 되었다. 우리 공동체가 세 번째 질문을 통해 주제를 정하고, 흐름을 정하여 스토리가 있는 프로젝트 학습을 계획하고 실천한 자세한 과정은 앞서 소개한 이전 저서 "프로젝트 학습, 즐거움으로 배움을 요리하다, 공동체, 2018"에서 자세하게 나와 있으니 이 책을 참고하기 바라며, 여기서는 연수에서 주제를 정하고, 스토리로 흐름을 만들었던 이야기를 중점적으로 하도록 하겠다.

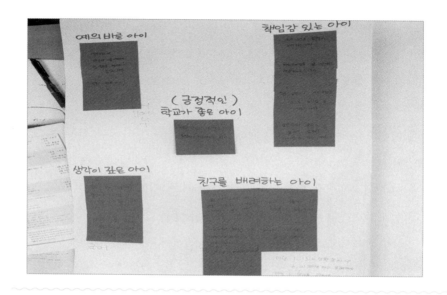

3학년 선생님들의 생각 모음과 분류

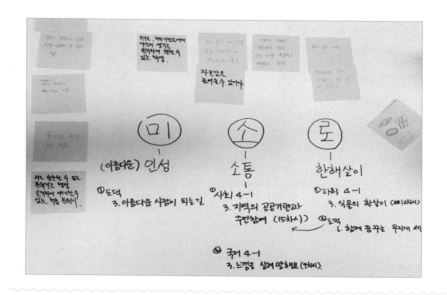

4학년 선생님들의 생각 모음과 분류

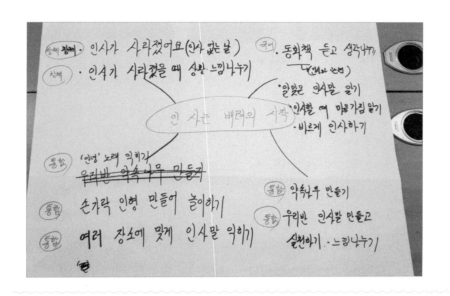

1학년 선생님들의 생각 모음과 분류

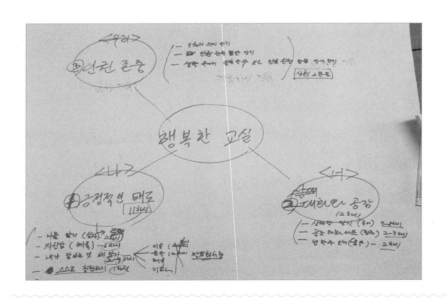

5학년 선생님들의 생각 모음과 분류

우리 공동체에서는 세 번째 질문을 가지고 하루 종일 생각을 나누고, 이야기를 나누고, 서로의 생각과 이야기에 공감하면서 함께 보낸 것 같다. 그런데 연수라는 상황에서는 그렇게 오랜 시간을 투자할 수 없기에 선생님들의 이야기를 중간에 끊을 수 밖에 없어서 아쉬움이 남았다. 그래도 이전 두 개의 질문과 달리 연수에 참석을 했던 모든 선생님들이 자신의 생각을 기록하고, 이야기를 나누면서 열띠게 연수에 참여하는 모습을 보면서 또 한 번의 기적적인 모습을 보게 된 것 같았다.

연수를 진행하던 날이 2월 달 첫 출근일이어서 전입해 온 교사들과 학교에서 계속적으로 근무하던 교사들이 처음으로 만나던 날, 새롭게 학년을 구성하게 되고 업무 분장을 받았던 날이었다. 그리고 연구부장(교육과정 부장)의 안내에 따라서 학년 교육과정을 어떻게 짜야 하나 걱정이 많았던 날이었다. 그래서인지 연수를 진행하던 중에도 몇몇 선생님들(학년 연구 담당 선생님일 것 같다)은 연수에 참여를 하기 보다는 유인물을 보면서 고민을 하는 모습을 자주 보게 되었다. 하지만 세 번째 질문과 활동에는 전 교사가 적극 참여하는 모습을 보게 되었다.

세 번째 질문을 통해 프로젝트 학습의 주제 및 활동을 정하고 난 뒤에 할 것은 스토리를 만들어주는 것이다. 프로젝트 학습은 배움의 과정이고, 그러한 과정은 하나의 흐름, 프로젝트를 관통할 수 있는 스토리가 존재해야 한다고 생각을 한다. 그래야 활동들이 분절이 되지 않고, 아이들도 지속적으로 활동과 학습에 참여를 할 수 있는 동기와 필요성을 느끼게 될 것이다.

연수를 진행했던 학교의 여섯 학년 중, 5학년 선생님들의 경우에는 생각을 적고, 분류하고, 이야기를 나누고서 하나의 프로젝트를 대략적으로 구성하는 모습을 보게 되었다. 5학년 선생님들은 학기 초, 교실의 분위기와 문화를 바꾸고 싶어 하였고, 그러한 의미에서 '행복한 교실'이라는 주제를 가지고서 프로젝트 학습을 계획하였다. 서로의 생각을 모아서 '행복한 교실'이라는 주제 아래 '인권존중', '긍정적인 태도', '대화와 공감'이라는 세

개의 꼭지를 정하고서 고민을 하고 있기에 프로젝트가 하나의 스토리로 만들어질 수 있도록 나는 조심스럽게 말을 걸었다.

"인권을 존중하지 않는 교실 모습을 살펴보고, 서로가 서로를 존중할 수 있는 긍정적인 태도의 소중함을 깨닫고, 대화와 공감을 통해 실천을 할 수 있는 방법을 찾고 실천하게 하는 순으로 프로젝트를 구성하면 어떨까요?"

나의 말을 듣고서 처음에는 동의를 하던 선생님들이 서로의 다양한 이야기를 나누면서 다르게 스토리를 구성하는 모습을 보게 되었다. '나', '너', '우리'라는 관계 형성을 중심으로 하여, 처음에는 '나는 교실에서 얼마나 긍정적으로 행동하고 있을까?'를 알아보고, 다음으로는 '너와 만나서 나는 어떻게 대화하고 있고, 얼마나 공감을 하고 있을까?'를 확인한 뒤, '우리의 인권을 모두 소중히 여길 수 있는 방안을 찾아서 행복한 교실을 만들어보면 어떨까?'의 흐름으로 프로젝트 스토리를 만드는 모습을 보게 되었다.

스토리를 만든 뒤에 할 것은 분류를 했던 활동들을 각각의 주제에 따라 기록을 하고, 그와 관련되어 할 수 있는 활동들을 기록한다. 그리고서 기록된 각각의 활동들과 관련된 교과 및 단원을 찾아서 정리하는 것이다. 이때 관련된 교과가 없을 경우에는 창의적 체험 활동을 활용하면 된다. 기록을 할 때에는 활동에 필요한 차시가 얼마인지도 기록을 하는데, 차시를 기록하기 위해서는 지도서를 참고하는 것이 가장 손쉬운 방법이었던 것 같다. 이렇게 교사들이 프로젝트 학습의 주제 망을 완성하고 난 뒤에는 프로젝트 학습 주제와 관련된 교과 및 단원을 아이들에게 알려주고, 팀별로 학생들의 입장에서도 주제 망을 작성하게 하면 된다. 이렇게 완성된 교사용 주제 망과 학생용 주제망을 함께 엮어서 프로젝트 학습을 계획하게 된다면 교사 스스로에게도 의미 있는 수업, 학생들 스스로에게도 의미 있는 수업이 되지 않을까 생각을 한다.

지금까지 한 학교에서 이루어졌던 연수의 이야기를 바탕으로 안내를 한 프로젝트 학습 계획 및 실천 방법은 몇 년간 프로젝트 학습을 진행하고, 공동체를 운영하면서 개인적으로 가장 효과적이고 효율적으로 시작할 수 있는 방법이라고 생각하였기에 소개를 하게 되었다. 많은 학교 혹은 교사들에게 맞지 않을지도 모르지만, 혹시라도 프로젝트 학습, 교사 공동체를 처음으로 시작한다면 여기서 제시하는 방법을 따르면 좋을 것 같다.

본 저자는 대인관계 능력이 턱없이 부족하고, 교사들과의 관계 형성에 매우 큰 어려움을 겪는 교사였다. 그럼에도 불구하고 프로젝트 학습의 긍정적인 효과에 대해 스스로 확신하였고, 이를 더 많은 교사들과 함께 하고 싶었으며, 더욱 효과적인 프로젝트 학습을 실천하기 위해 교사 공동체의 필요성과 당위성에 공감하게 되었다. 그래서 함께 해야겠다고 생각을 하였다. 하지만 어떻게 함께 해야 할지, 함께 모여서 어떠한 이야기를 나누어야 할지 고민이 되었다.

이러한 고민과 경험을 바탕으로 누구나 함께 계획하고 실천할 수 있는 프로젝트 학습 과정에 대해 연구를 하게 되었고, 수많은 시행착오를 거치면서 어느 정도 정돈된 방법을 찾게 되었다.

그리고 2018학년도 5학년 선생님들과 공동체를 꾸리고, 함께 프로젝트 학습에 대해 이야기를 나누고 계획을 세우고 실천을 하면서 이 방법이 옳지 않은 것은 아니구나라는 확신을 얻게 되었다.

어쩌면 학문적으로 잘못된 방법일 수도 있고, 많은 학자들이 비판을 할 수 있는 방법일지도 모른다. 하지만 학교 현장에서 직접 경험하고 체험하면서 학교에서 적용이 가능한 교사 공동체 형성 및 활동 방법, 그리고 프로젝트 학습 계획 및 실천 방법이 될 수 있을 것이라고 확신하게 되었다.

힘들고 어렵겠지만, 누구라도 한 번쯤은 해보았으면 한다. 많은 대화와 이야기, 그리고 공감을 통한 소통이 이루어지게 되고, 이를 바탕으로 프로젝트 학습의 필요성과 당위성에 대해 공유하게 되며, 이를 통해 하나의 공동체로 성장하고 발전하며 나아가는 또 다른 길이 될 것이다. 기회가 된다면 이에 대한 자세한 이야기는 또 다른 저서를 통해 다시 만나고, 다시 이야기를 나누고 싶어진다.

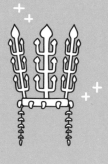

역사 프로젝트 수업 이야기

" 사람의 탄생, 그리고 역사의 시작 "

 정치·사회적으로 역사 교과서의 국정화를 강행하던 이전 정부 정책으로 인해 줄곧 국정으로 발행되고 있던 초등 역사 교과서에 대한 관심이 높아지게 되었다. 이러한 관심으로 인해 초등 역사 교과서 내 부실한 내용, 무성의한 편집과 함께 특정한 이념적 시각이 녹아든 현대사 내용이 도마 위에 오르게 되었다. 교육적인 측면에서는 1년, 즉 두 학기에 걸쳐 배우도록 했던 초등 역사 영역이 2015 개정 교육과정에서 한 학기로 줄어들게 되어 논란이 되고 있기도 하다.

 물론 초등 역사 교과서 논란이 국정이라는 발행체제에만 발원하는 것은 아니다. 2007 개정 교육과정에서는 역사교육 강화를 명목으로 5학년 사회를 온전히 역사 영역에 배당하게 되었고, 이러한 역사영역의 독립은 지리와 일반사회 영역에도 영향을 미치게 되면서, 역사, 지리, 일반사회 등 사회 교과의 세 영역은 분과하게 되었다. 하지만 초등 역사교육 강화는 한 학년에 배분되는 시수 확보에만 그쳤을 뿐, 역사 교과서의 개선으로 이어지지는 않았다. 이는 교육과정은 역사학자와 역사교육자, 역사 교사 등이 개발하는 반면, 역사 교과서는 5, 6학년이 하나의 학년 군으로 묶여 초등 사회과 교육 전공자와 초등 교사들이 집필하면서 그 간격이 벌어지게 된 것이다. 이에 역사교육 강화는 역사교육의 전환을 수반하지 못했으며, 이로 인해 초등 역사 교과서 자체는 생활사, 인물사를 표방한다고 주장을 하였지만, 정치사 중심의 통사 체제를 크게 벗어나지 못하게 된 이유가 되었다. 또한 두 학기 분으로 서술 분량이 대폭 늘면서 오히려 중등 역사 교과서의 축소판이라는 비판을 듣기도 하였다.

역사는 '근대 국민 국가에서 국민적 정체성을 이루는 중요한 기초로서 특히 세계화의 급류와 그에 뒤따르는 다양한 정보의 홍수 속에서 역사가 있는 국민을 만들기 위한' 교과목이다. 2015 개정 교육과정에서 초등 사회과 내 역사 영역의 독자성이 약화되고 통합성이 강화된 것은 최근 초등사회과 교육을 중심으로 사회과 통합형 초등 역사교육, 즉 '사회과 역사교육'을 지향하며 꾸준히 내놓은 연구 성과들이 있기에 가능한 '전환'이었다.

따라서 역사를 지도함에 있어서 역사를 분리하여 지도하기보다는 다른 교과 및 영역과 함께 학습하고 배울 수 있는 교육의 장을 마련해줄 필요성이 높아졌다. 역사가 있는 학생, 그리고 나아가서는 역사가 있는 국민을 만들기 위해서는 역사가 단순히 암기하는 교과목이 아니라 우리의 삶 자체가 바로 역사라는 인식을 심어주어야 할 것이다.

합의된 내용만 압축적으로 나열되어 어떠한 사건에 대한 자세한 설명이나 맥락이 없는 역사 교과서에서도 '왜 그럴까?'라는 의문을 가질 수 있는 역사 수업을 위해서 한 학기를 역사 중심의 프로젝트 학습을 실천하게 되었다. 이번 프로젝트는 그 첫 번째 프로젝트로 과학 교과를 활용한 인간의 탄생과 함께 모여살기 시작하면서 시작된 역사, 그리고 함께 모여 살면서 어떠한 변화가 있었을지 상상하고 탐구하면서 역사의 시작을 함께 하고자 "인간의 탄생, 그리고 역사의 시작"이라는 프로젝트 학습을 계획하게 되었다.

관련 교과 단원 추출 및 교과 구성표

활동주제	관련 과목	관련 단원	주요 내용
돋보기로 들여다보자 우리 몸!	과학	4. 사람의 몸과 구조	사람의 신체가 어떻게 이루어져 있고, 몸을 구성하는 소화기관, 순환기관, 호흡기관, 배설기관, 감각기관의 구조와 기능뿐 아니라 각 기관이 유기적으로 관련되어 작용하고 있음을 이해하기
	창체	성교육	
	국어	8. 언어 예절과 됨됨이	동형어, 다의어의 의미를 이해하고, 우리 신체 및 다양한 기관 글자와 동형어의 관계에 있는 낱말을 찾아 상황에 따라 낱말이 다양하게 해석되고 이용되어짐을 그림과 글로 표현하여 동형어 사전 만들기
	창체	한자교육	
	도덕	6. 인권을 존중하는 세상	
함께하며 시작되는 우리들의 역사	사회	1. 우리 역사의 시작과 발전	사람이 탄생하고 함께 살아가기 위해 필요한 것들에는 무엇이 있을지 상상하고 예측한 뒤, 팀별 생각을 분류하여 글과 그림으로 표현하기
	미술	2. 소통과 디자인	
	사회	1. 우리 역사의 시작과 발전	팀별로 사람이 탄생하고 함께 살아가기 위해 필요한 것들(옷, 집, 음식, 언어 등)에는 무엇이 있을지 교과서를 통해 상상하여 보고 직접 만들어서 선사시대 마을 꾸미기
	실과	3. 나의 자립적인 의생활	
	국어	1. 문학이 주는 감동	바느질을 이용한 옷 만들기, 토기 만들기, 움집 만들기 등 선사시대 마을을 만들기 위해 실과, 미술 교과 등과 통합 운영함(실제)
		7. 인물의 삶 속으로	
우리의 뿌리 고조선을 찾아서!	사회	1. 우리 역사의 시작과 발전	청동기의 발견과 함께 사람들의 생활 모습이 어떻게 변화되었을지 상상하여 이야기를 꾸미고, 청동기 시대의 유물을 직접 만들어보면서 청동기 시대의 생활 모습을 알아보기
	사회	1. 우리 역사의 시작과 발전	현재 내려오고 있는 고조선의 8조법 중 3개의 조항을 통해 알 수 있는 당시 사람들의 생활 모습에 대해 이야기를 나누고, 서로의 인권을 보호하고, 서로의 자존감을 높여줄 수 있는 우리 반만의 8조법을 정해서 비석으로 만들고 세우기
	도덕	8. 우리 모두를 위하여	
	미술	5-2 궁체 알기	
	도덕	8. 우리 모두를 위하여	공동체 속에서 '나'라는 존재가 무엇인지, '나'는 어떠한 사람인지에 대해 알아보는, '나'의 존재 가치를 발견하고 발표해보는 시간을 통해 자존감을 높여주는 시간 마련하기
	창체	인성교육(학급특색)	
	도덕	8. 우리 모두를 위하여	함께 완성한 우리 반 8조법을 스스로 지켜나가겠다는 실천 다짐 글을 작성하여 1주일 동안 실제로 실천을 한 뒤, 1주일 뒤 실천한 내용에 대해 서로 발표하고 스스로 평가하기

2015 개정 교육과정 성취기준과의 연계성

관련 성취기준	사람의 탄생, 그리고 역사의 시작 단원 연계성	주제 교과
[6국04-03]	신체분위 관련 낱말과 동형어 단어를 찾아 사전 만들기	국어
[6사03-01]	선사시대의 생활모습, 청동기 시대의 생활모습을 알아보고 직접 유물 만들기	사회
[6과16-01] [6과16-02] [6과16-03] [6과16-04]	사람의 몸과 구조를 배우면서 인간이 어떻게 움직이고 살아가는지 알아보기	과학
[6실02-05]	바느질, 단추 달기 등을 배워서 나무목각인형을 이용해 선사시대 옷 만들기	실과
[6미02-03] [6미02-04]	선사시대와 청동기 시대 생활모습을 나타내는 유물 간접 표현하기	미술
[6도03-01]	나와 공동체의 관계 속에서 나의 존재를 발견하고, 공익을 위한 우리 반 8조법 만들기	도덕
성교육 : 인간의 탄생에 대해 알아보기 한자교육 : 동형어, 다의어에 알아보기 인성교육 : 공동체 속 나의 존재 가치를 발견하기		창체

꼭지 # 돋보기로 들여다보자, 우리 몸!

나의 몸을 관찰하고 직접 움직여 보자.

마중활동

- 요모조모 살펴보자, 내 얼굴!
- 자세히 보아야 예쁘다. 오래 보아야 사랑스럽다. 너도 그렇다.
- 이리저리 움직여볼까? 나의 몸!

우리 몸은 어떻게 이루어져 있을까?

- 우리 몸을 여행해요.(준비 단계)
- 우리 몸을 여행해요.(교과서 탐색 단계)
- 하늘에서 우리 얼굴의 눈이 내린다고?

가온활동

내 캐릭터를 펼쳐봐!
놀라운 내용이 숨어 있을거야

꼬두람이 활동

- 나의 몸을 반전 캐릭터로 정리해보자.

사람은 어떻게 살아가고 있을까요?

마중활동

나의 몸을 관찰하고 직접 움직여 보자.

관련 교과 및 단원

- ☑ **미술 1.** 생활 속 미술의 발견
- ☑ **과학 4.** 우리 몸의 구조와 기능
- ☑ **도덕 6.** 인권을 존중하는 세상

학습 개요

★ ★★★

❶ **나의 얼굴을 관찰하고 자화상 그리기**
- 관찰 시간을 오래 주어 자신의 얼굴을 요모조모 세밀하게 관찰할 수 있도록 하기. 얼굴의 주름, 비율 등 아주 자세히 표현할 수 있도록 강조하기

❷ **아름다움의 기준은 상대적인 것이며 모든 사람들은 아름다움을 갖추고 있음을 알려주기**

❸ **몸을 움직이는 게임을 통해 우리 몸의 중요성 깨닫기**
- 우리의 건강한 몸이 있기에 게임을 즐길 수 있음을 알고, 몸의 구조에 대한 내적 동기 심어주기

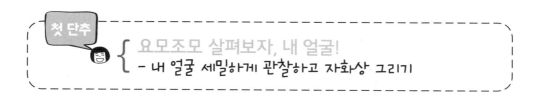

"얘들아, 너희 눈동자에는 엄청 많은 별이 있어. 알고 있었니?", "에이, 선생님 저희 눈에 어떻게 별이 있어요?"

아이들에게 정말 진지한 말투로 말했는데도 아이들은 믿지 못하는 눈치였다. 그런데 정말이다. 아이들의 눈동자에는 수많은 별들이 있다. 사람의 눈동자를 가까이 들여다보면 홍채 주변에 다양한 색의 점들이 분포해있다. 마치 가장 큰 별 태양처럼 말이다. 학생들에게 눈동자를 확대한 사진을 보여주니 다들 신기해하는 표정이었다.

당연한 반응이다. 왜냐하면 학생들은 자신의 얼굴, 자신의 몸을 자세히 들여다본 적이 거의 없기 때문이다. 이 점은 학생들이 그리는 얼굴에서도 알 수 있다. 코는 그저 반 세모 형태의 뾰족한 형태, 눈은 흰 송편 모양 가운데 검정색 원, 입은 주름 없는 위아래의 입술 형태로 마무리 짓는다. 5학년임에도 불구하고 이와 같은 도식적 표현은 계속된다.

나는 한 번쯤 아이들이 자신의 얼굴을 뚫어질 듯이 관찰해보면 좋겠다는 생각을 했다. 자신의 얼굴이 어떻게 생겼는지 아는 것은 어찌 보면 당연한 것이 아닐까?

그래서 오늘 하루만큼은 자신의 눈, 코, 입이 어떻게 생겼는지 자세히 살펴보기로 했다. 학생들은 모두 손거울을 하나씩 준비하였다. 그리고 자신의 얼굴을 관찰하기 시작했다. 그냥 관찰하는 것이 아니라 모든 집중력을 모아 세밀하게 관찰하는 것이 목표였다. 눈의 경우 검은 눈동자가 단지 검게 되어 있는지, 수많은 검은색의 점으로 이루어졌는지 본다. 속눈썹은 어떤지도 다양한 각도에서 본다. 그리고 눈 옆에는 미세한 주름이 없는지, 피부가 얇아 핏줄은 보이지 않는지 등 꼼꼼하게 알아보았다. 뿐만 아니라 눈, 코, 입이 어떤 곳에 위치해 있는지 비율도 따져보았다.

이렇게 관찰한 결과를 자화상 그리기로 연결시킨다. 자신이 관찰한 점을 그대로 연필로 표현하는 것이다. 처음 학생들은 매우 쑥스러워하였다. 하지만 곧 "선생님, 제 얼굴을 이렇게 오랫동안 보는 건 난생처음이에요!"라며 재미있어 하는 반응이 대부분이었다. 간혹 "와~내가 이렇게 잘 생긴 걸 처음 알았네."라는 반응도 있었고 말이다.

약 두 시간에 걸쳐 자화상을 완성시켰다. 확실히 예전에 비해 훨씬 자세한 얼굴 묘사가 이루어졌다. 그리고 자화상 그리기 과정 전체를 보았을 때 여러모로 자신에 대해서 한층 깊게 알아보는 뜻깊은 시간이었다. 마지막으로 첫 프로젝트인 '사람은 어떻게 살아가고 있을까요?'의 시작으로 적합했다고 본다.

자신의 얼굴을 요모조모 살펴보며 그린 자화상이다. 두 시간 동안 끊임없이 관찰하며 그렸다. 아마 자신의 얼굴을 이렇게 오랜 시간 동안 쳐다본 것은 이번이 처음 아닐까?

가장 첫 번째에 있는 자화상은 미완성작이다. 하지만 눈을 누구보다도 사실적으로 그리고자 노력한 학생의 흔적이 보인다.

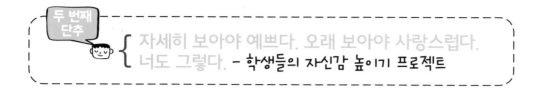
학생들이 정성 들여 그린 자화상을 모두 칠판에 붙여보았다. 그리고 한 시간 동안 자화상의 주인공을 찾아보았다. 그런데 이 활동의 포인트는 주인공을 '찾는 것'에 그치지 않는다. 주인공의 자화상을 자세히 보며 인상 깊은 점을 하나씩 말해주는 것이다.

왜 굳이 자화상을 보고 자신의 인상 깊은 점을 말하는지 의문을 가지는 경우도 있을 것이다. '얼굴 평가'라고 부정적으로 보는 이도 분명 있고 말이다. 하지만 이 활동이 '얼굴 평가'에 그칠 것인지 '학생들의 인식 변화'로 일어날 것인지는 바로 선생님의 말과 행동에 달려있다고 결론지었다.

5학년 학생들은 사춘기를 겪기 시작하며 외모에 부쩍 신경을 많이 쓰게 된다. 문제는 자신의 얼굴을 다른 이와 비교해보며 자신감을 잃어가는 아이가 있다는 점이다. 하지만 나는 '예쁘다', '아름답다'라는 말의 기준이 매우 주관적이라고 생각한다. 사람마다 아름다움의 기준은 다른 것이다. 현재 대다수의 사람들이 흔히 '아름답다'라고 생각하는 기준은 절대적이지 않다. 언젠가는 변하게 될 것이라고 나는 생각한다. 그러므로 학생들은 현재 특정 사람들이 말하는 그 미의 기준에 흔들리지 않았으면 했다. 주눅 들며 자신감을 잃어가지 않았으면 했다.

자화상을 함께 보며 누구인지 맞춘 후에 나는 먼저 자화상의 인상 깊은 점을 말하기 시작했다. 물론 현재의 미의 기준을 따르지 않고 내가 생각하는, 그 아이만이 가진 아름다움을 중점으로 말이다.

'○○이는 자세히 보니 속눈썹이 정말 풍성하다.
그러고 보니 눈이 정말 맑네!',
'○○이의 귓불은 도톰하구나!
귀걸이를 하면 더 돋보일 귀를 가졌네.'

이렇게 나의 생각을 말하니 학생들도 저절로 친구들의 자화상을 더 자세히 보게 되었고, 친구의 얼굴을 더 오래 보게 되었다. 그리고 자연스럽게 자신의 인상 깊은 점도 말할 수 있었다.

이처럼 친구들이 자신에게 해 주는 말을 들으며 학생들은 조금씩이나마 자신감이 생기는 듯한 모습이었다. 그리고 미의 기준이 하나가 있는 것이 아니라 여러 가지라는 것을 약간은 느꼈다고 본다. 쉬는 시간에 찡그린 얼굴로 거울을 보던 아이들이 생각에 잠긴 듯 자신의 얼굴을 빤히 바라보는 걸 보면 말이다.

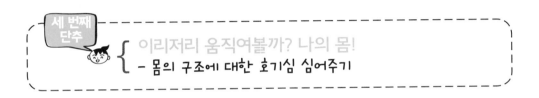

세 번째 단추
이리저리 움직여볼까? 나의 몸!
– 몸의 구조에 대한 호기심 심어주기

이제는 얼굴에서 범위를 넓혀 우리의 몸을 사용하는 활동을 하고자 한다. 몸을 사용하는 활동은 많지만, 그중에서도 '몸으로 말해요' 퀴즈를 하였다. 우리 반 학생들이 가장 좋아하는 게임일 뿐만 아니라 자극과 반응, 뼈와 근육의 움직임이 잘 관찰되는 활동이기 때문이다. 주제는 동물, 감정, 생활용품, 스포츠, 음식, 직업 여섯 가지로 정하였다. 그리고 각 주제에는 주제와 관련된 단어가 15개씩 있다.

각 모둠에서 제비뽑기로 하나의 주제를 선택하였다. 주제를 선택한 다음에는 모둠에서 몸으로 표현하는 데 가장 자신 있는 학생이 선생님이 보여주는 단어를 몸으로만 표현한다. 나머지 친구들은 친구의 표현을 보며 어떤 단어인지 맞히는 것이다. 제한 시간은 1분 30초로 정하였다.

몸으로 표현하기 어려운 단어를 척척 표현해내는 친구들의 모습에 감탄을 자아냈다. 간혹 우스꽝스러운 자세가 연출되기도 했으나 덕택에 교실 안에는 하하 호호 웃음 꽃이 활짝 피었다. 게임을 마무리하며 학생들에게 이와 같은 말을 남겼다.

우리가 이 게임을 할 수 있었던 이유는 무엇일까?

우리가 어떤 것을 가졌기에 이 게임을 즐길 수 있었을까?

	<몸으로 말해요>
동물 (곤충)	카멜레온, 참새, 돼지, 고양이, 개, 달팽이, 뱀, 토끼, 개구리, 앵무새, 흰수염고래, 사마귀, 바퀴벌레, 벌, 파리
스포츠	테니스, 유도, 볼링, 배구, 승마, 태권도, 야구, 축구, 스키, 레슬링, 역도, 권투, 피겨스케이팅, 스켈레톤, 쇼트트랙
음식	피자, 자장면, 치킨, 불닭볶음면, 햄버거, 치즈스틱, 감자튀김, 사이다, 콜라, 김치찌개, 짬뽕, 떡볶이, 어묵, 소떡소떡, 비빔밥
생활용품	치약, 샴푸, 칫솔, 국자, 변기, 수건, 이불, 옷걸이, 다리미, 보일러, 전자레인지, 오븐, 변기, 컴퓨터, 핸드폰, 연필
감정	기쁨, 답답함, 당황스러움, 슬픔, 화남, 짜증남, 행복함, 걱정됨, 무서움, 설렘, 긴장됨, 놀라움, 초조함, 그리움, 찝찝함
직업	농부, 의사, 판사, 선생님, 우주 비행사, 개그맨, 화가, 축구선수, 야구선수, 프로게이머, 유튜버, 어부, 피아니스트, 아이돌, 래퍼

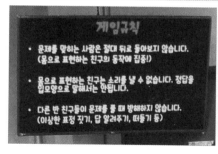 

'몸으로 말해요' 퀴즈를 하는 모습

" 사람은 어떻게 살아가고 있을까요? "

가온활동

우리 몸은 어떻게 이루어져 있을까?

관련 교과 및 단원

☑ **과학 4.** 우리 몸의 구조와 기능
☑ **국어 8.** 언어 예절과 됨됨이

학습개요

❶ **우리 몸은 어떤 기관들로 이루어져 있을지 예상하기**
• 실생활 경험을 위주로 학생들과 대화하며 자연스럽게 몸의 기관 예상해
  보기

❷ **교과서를 통해 여러 몸의 기관 살펴보기**
• 사진과 그림, 동영상을 적극적으로 활용하고 게임을 접목하여 차시 내용
  정리하기

❸ **동형어 알아보기**
• 우리 몸의 기관과 관련된 동형어로 출발하여 여러 가지 동형어 살펴보기

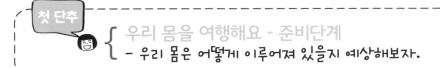

첫 단추 🙂 { **우리 몸을 여행해요 - 준비단계**
- 우리 몸은 어떻게 이루어져 있을지 예상해보자.

앞서 몸으로 말해요. 게임을 한 후 다음과 같은 대화를 이어갔다.

◆ **선생님** : 얘들아, 우리가 이 '몸으로 말해요' 게임을 할 수 있었던 이유가 뭘까? 우리가 어떤
걸 가졌기에 이 게임을 즐길 수 있었을까?

☆ **학생** : 우리가 그 단어를 알고 있기 때문에요.

◆ **선생님** : 그런데 그 단어를 알고 있더라도 표현을 못 할 수 있어. 언제 표현을 못 할까?

☆ **학생** : 음...... 몸 중에 한 부분을 마음대로 못 움직이면 단어가 뭔지 알아도 표현을 못 하지
않을까요?

◆ **선생님** : 그렇지. 우리 몸을 이루는 많은 곳 중 한 부분만 아프더라도 우리는 아마 이 게임을 제
대로 즐기지 못했을 거야. 다들 한 번쯤 건강이 좋지 않아서 불편했던 적 있겠지?

☆ **학생** : 네! 지난달에 축구하다가 발목을 삐었는데 진짜 아파 죽는 줄 알았어요! 특히 급식 먹
으러 갈 때 빨리 못 가서 슬펐어요.

☆ **학생** : 저는 태권도 하다가 손목을 다친 적이 있어요. 저도 되게 아팠는데 특히 식판을 혼자
못 들었을 때가 제일 불편했어요.

☆ **학생** : 선생님, 저는 평소에 코가 안 좋아서 콧물이 자주 나요. 콧물이 날 때마다 코를 풀면 코 밑
이 따끔따끔해서 너무 힘들었어요. 게다가 냄새도 못 맡고 머리도 아프고...... 그날은 머
리가 너무 멍해서 친구들이랑 제대로 놀지도 못 했어요. 으 지금 생각해도 끔찍하다!

◆ **선생님** : 다들 한 번씩 몸이 아팠던 적이 있구나. 그러고 보니 얘들아, 우리 몸은 되게 많은 부
분들이 모여서 만들어졌네?

☆학생 : 맞아요. 팔도 있고 다리도 있고 코도 있고 눈도 있고 입도 있고요! 가만 보니 입이 없었
　　　으면 큰일 날 뻔 했네. 내가 좋아하는 라면도 못 먹고 말이야.

◆선생님 : 그런데 우리가 지금도 눈으로 볼 수 있는 부분 말고도 더 있지 않을까?

☆학생 : 아, 심장이요! 심장은 우리가 지금 볼 수는 없지만, 심장이 뛰니까 우리가 살아 있잖아요.

◆선생님 : 그렇지. 예리한데? 그런데 그런 보이지 않는 부분들이 심장 말고도 정말 많단다.

☆학생 : 선생님, 폐요! 혈관도 우리 피부 안에 숨겨져 있어요.

　이렇게 대화를 하면서 자연스럽게 우리 몸을 여행할 준비를 하였다. 나는 학생들과 대화를 하는 것으로 끝냈다. 하지만 돌이켜보니 모둠별로 인체 기관을 예상하는 활동으로 마무리했으면 더 좋지 않았을까 하는 아쉬움이 든다. 구체적으로 말하면 이젤 패드에 인체 테두리를 간단하게 그리고 학생들이 몸속에 어떤 기관들이 있는지, 그 위치와 생김새를 예상해서 그려보는 것이다. 이 글을 읽는 독자들은 꼭 한번 실천해보면 좋겠다.

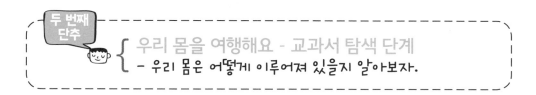

두 번째
단추
{ 우리 몸을 여행해요 - 교과서 탐색 단계
　- 우리 몸은 어떻게 이루어져 있을지 알아보자.

　지금부터 본격적으로 인체의 여러기관들을 배운다. 이번 활동에서는 교과서 내용을 위주로 학습하였다. 다만 학생들이 기관들의 생김새를 보다 사실적으로 알 수 있도록 사진과 동영상, 애니메이션을 많이 활용하였다. 특히 기관들이 움직이는 동영상을 많이 활용하여 학생들의 이해를 돕고자 노력했다. 동영상은 Youtube 사이트에서 각 기관의 이름을 검색하여 원하는 것을 선택하면 된다.

그리고 배운 내용은 수업 끝나기 10분 전에 교과서에서 제공하는 인체 모형에 스티커를 붙이고, 함께 퀴즈를 내고 푸는 방식으로 정리하였다. 마지막으로 학생의 흥미를 높여주는 정리 활동을 하나 소개하고자 한다. 바로 기억 상실 게임이다. 교실에서 적용해본 결과 학습 효과와 흥미 두 마리의 토끼를 잡을 수 있었다.

기억 상실 게임 방식은 아래와 같다.

{ 기억 상실 게임 }

01. 주어진 종이(쪽지 크기 정도)에 오늘 배운 기관의 이름을 다른 친구들에게 안 보이게 숨겨서 적는다.

02. 종이를 들고 다른 친구의 빈 등에 기관이 이름이 보이도록 붙인다. (본인의 등에도 다른 친구가 와서 붙인다.)

03. 만나는 한 친구에게 본인의 등에 붙어 있는 기관을 보여주고 그 기관에 대한 질문을 한다. 이때 '예' 또는 '아니오' 라고 대답할 수 있는 한 가지의 질문만 할 수 있다.

04. 한 친구에게 하나의 질문만 한다.

05. 등에 붙은 기관에 대한 확신이 들면 'OOO이 맞습니까?' 하고 확인한 후 맞으면 등 뒤의 종이를 떼어 확인한다.

※ 기억 상실 게임에서 기관 이름을 적을 때에 배운 내용을 누적해서 적으면 더욱 높은 학습 효과를 누릴 수 있을 것이다.

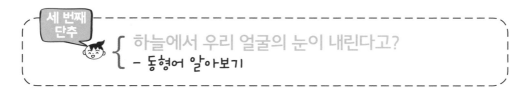

세 번째 단추

{ 하늘에서 우리 얼굴의 눈이 내린다고?
- 동형어 알아보기

과학 인체 단원은 감각 기관으로 마무리된다. 감각 기관 중에는 '눈'이 있다. 눈을 매개로 국어 8단원에 나오는 동형어를 다루고 넘어가기로 한다.

칠판에 '눈'을 적는다. 그리고 이 낱말을 보면 떠오르는 것을 개인 허니콤 보드에 그리도록 한다. 그리고 자신이 그린 그림을 칠판에 붙인다. 그리고 학생들 스스로 비슷한 것끼리 이어붙이도록 한다. 그러면 크게 두 갈래로 나뉜다. 바로 몸의 감각 기관인 눈과 하늘에서 내리는 하얀 눈으로 말이다. 여기에서 우연히 글자만 같고 뜻은 완전 다른 낱말이 동형어라는 개념을 정립하였다.

그런데 '눈'의 다른 의미를 나타내는 그림을 그린 친구가 있었다. 이 친구는 시력검사를 하는 판을 그렸다. 이 경우에는 많은 친구들이 그린 '빛의 자극을 받아 물체를 볼 수 있는 감각 기관'인 눈과 비슷하지만, 다르게는 '시력'을 의미한다. 이 예시가 다의어를 설명할 수 있는 좋은 동기 유발 자료가 되었다. 다의어란 두 가지 이상의 뜻을 가진 한 낱말이다. 솔직히 말해 이 의미는 학생들에게 이해하기가 어려웠다. 동형어도 어찌 보면 완전히 다른 두 가지 이상의 뜻을 가진 똑같은 모양의 한 낱말이기 때문이다. 때문에 나는 우리 반 아이들과 다음과 같이 우리 반만의 정의를 만들었다.

동형어	우연히 글자의 모양만 같고 완전히 다른 뜻을 가진 낱말
다의어	글자의 모양도 같지만 뜻도 어느 정도 연관성을 가진 낱말

개념을 정립하고 난 다음에는 또 다른 우리 몸과 관련된 동형어를 찾아보기로 했다. 학생들은 의외로 잘 찾았다. 배, 간, 대장 등의 동형어를 스스로 대답할 수 있었다. 그리고 이 동형어들을 보다 잘 기억할 수 있도록 개인별로 동형어 사전을 만들어 정리해두었다.

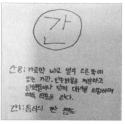

학생들이 만든 동형어 사전

“사람은 어떻게 살아가고 있을까요?”

꼬두람이
활동

내 캐릭터를 펼쳐봐! 놀라운 내용이 숨어 있을거야.

관련 교과 및
단원

✔ **과학 4.** 우리 몸의 구조와 기능

학습
개요

❶ 지금까지 배운 우리 몸의 여러 기관을 '반전 캐릭터 그리기' 활동으로
   정리하기

• 캐릭터 그리기에만 치중하지 않도록 주의하기

• 자신이 이해하기 어려운 기관을 몇 가지 선택해서 그리기. 이와 같이 반전
  캐릭터 그리기 활동은 우리 몸의 기관을 보다 확실히 이해하기 위한
  활동임을 반복적으로 강조하기.

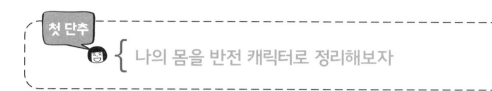

[**함께 만들어가는** *우리들의 수업 이야기*]

첫 단추 { 나의 몸을 반전 캐릭터로 정리해보자

지금까지 인체의 여러 가지 기관들을 배웠다. 모든 과목을 마무리할 때마다 드는 생각이 과학 인체 단원을 마무리 지을 때도 문득 들었다. '이 많은 기관들의 기능이 아이들 머릿속에 뒤죽박죽 얽혀있지는 않을까?'라는 걱정스러움 말이다. 어떤 방식으로 정리하면 효과적일지 많은 고민 끝에 미술 시간에 해본 경험이 있는 '반전 캐릭터 그리기' 방식과 접목하기로 결정하였다.

물론 글로 정리하는 것도 좋다. 하지만 인체 부분은 기관의 생김새도 중요하기 때문에 학생들이 기관을 직접 그려보는 활동도 의미가 있다고 보았다. 하지만 A4용지 또는 흰 도화지에 그냥 사람을 그리고 기관을 그리는 건 다소 지루할 수 있다. 그래서 종이를 접었을 때는 기관이 보이지 않지만 펼치면 기관이 보이는 〈반전 캐릭터 그리기〉 활동이 적합하다고 판단되었다.

활동을 시작하자 막상 나의 생각과는 방향이 다르게 흘러갔다. 학생들은 종이를 펼치기 전, 즉 접혀져 있을 때 보이는 캐릭터를 그리는데 집중했기 때문이다. 하지만 우리의 목표는 자신이 어려워하는 인체 기관을 직접 그려보고 그 기능을 정리하는 데 있었다. 때문에 학생들이 올바른 방향을 잡을 수 있도록 학습 목표를 반복적으로 그리고 지속적으로 이야기해주었다.

보다 적극적인 학생들은 '선생님, 소화 기관 말고도 순환 기관도 저는 어려운데 둘 다 그리고 설명을 적어도 될까요?'라고 묻기도 했다. 이와 같은 적극적인 면모가 활동 분위기를 긍정적으로 만들었다고 본다. 아마 글로만 작성했더라면 이와 같은 활발함이 보이지 않았을 것으로 예상된다.

학생들이 직접 만든 '인체 반전 캐릭터'는 복도에 모두 전시해두었다. 다른 반 친구들과 다른 학년 친구들의 엄청난 호기심을 끌었다. 우리 반 학생들은 내심 뿌듯해했다. 그리고 다음에 이루어진 학습 활동에 더욱 반짝이는 아이디어를 내고자 노력하는 모습을 보였다. 일석이조인 셈이다.

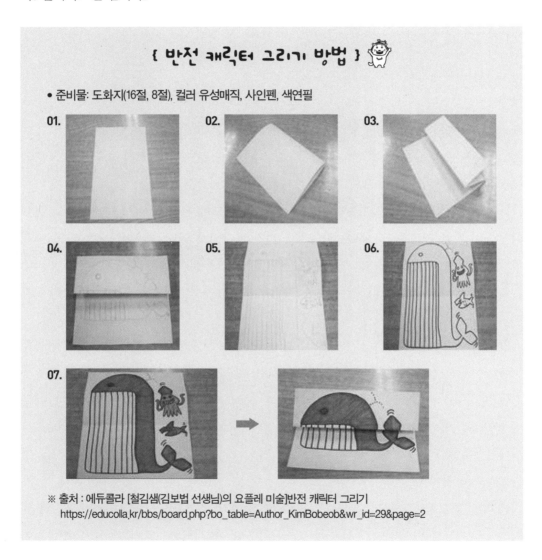

{ 반전 캐릭터 그리기 방법 }

● 준비물: 도화지(16절, 8절), 컬러 유성매직, 사인펜, 색연필

01. 02. 03. 04. 05. 06. 07.

※ 출처 : 에듀콜라 [철김샘(김보법 선생님)의 요플레 미술]반전 캐릭터 그리기
https://educolla.kr/bbs/board.php?bo_table=Author_KimBobeob&wr_id=29&page=2

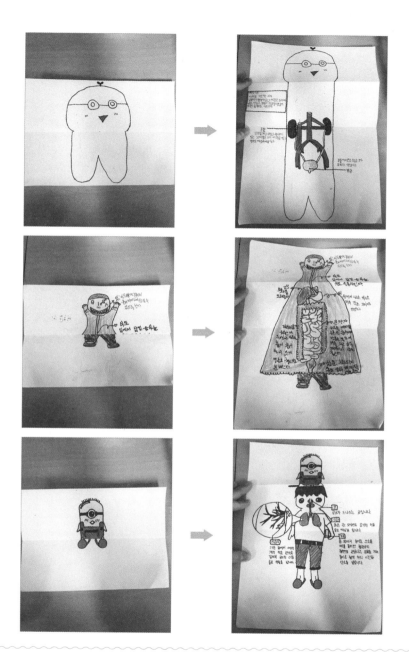

학생들이 완성한 인체 반전 캐릭터 그리기 작품이다. 아이들의 톡톡 튀는 창의력이 돋보여 나도 모르게 미소가 지어진다. 그리기의 즐거움과 내용의 복습이 함께 이루어진 재미있는 활동이었다.

꼭지 함께 시작되는 우리들의 역사

즐겁게 신나게 그리고 함께 상상력 발휘하기

 **마중활동**

- 상상해봐, 인류의 탄생!
  (보드게임으로 상상 나누기)

구석기, 신석기, 청동기 시대 사람들은 어떻게 생활했을까?

- 교과서 구석구석 살펴보기
  (구석기, 신석기, 청동기 시대 사람들의 생활 모습 알아보기)

- 오늘은 내가 건축가, 디자이너!
  (움집과 신석기 시대 옷을 만들어보자)

 **가온활동**

- 오늘은 내가 대장장이!
  (청동기의 제작 원리를 녹인 양초를 만들어보자)

지금 여기 나는
구석기, 신석기, 청동기 시대
사람이야

**꼬두람이
활동**

- 구석기, 신석기, 청동기 시대 사람이 되어
  쓰는 나만의 그림일기

" 함께하며 시작되는 우리들의 역사 "

마중활동

즐겁게 신나게 그리고 함께 상상력 발휘하기!

관련 교과 및 단원

- ☑ **사회 1.** 우리 역사의 시작과 발전
- ☑ **미술 2.** 소통과 디자인

학습 개요

★ ★ ★ ★

❶ 선사시대 사람들의 생김새와 생활모습 상상하기
  • 상상에는 맞고 틀림이 없으므로 편안하고 개방적인 분위기 형성하기

❷ 자신이 상상한 내용들 중 네 가지를 선택하여 각각 하나의 카드에 그려 네 개의 그림카드 만들기

❸ 모둠별로 개인이 만든 그림카드를 모두 모아 이야기 만들고 보드게임 하기
  • 이부(eeboo)사의 크리에이트 어 스토리(create a story) 보드게임에서 착안

❹ 보드게임을 하며 친구들과 함께 자신의 예상 공유하기

첫 단추 { 상상해봐, 인류의 탄생!

개인적으로 좋아하는 보드게임 중 하나를 소개하겠다. 미국 이부(eeboo)사에서 만들어낸 크리에이트 어 스토리(create a story)이다. 특정 주제와 관련된, 그림만으로 이루어진 36개의 카드가 들어있다. 상대방이 카드 중 몇 개의 카드를 뽑아 보여주면 그 카드만을 가지고 상상하여 이야기를 만들어내는 게임이다. 어찌 보면 경쟁의 요소가 들어가는 게임보다는 이야기 만들기 '놀이'라고 보는 것이 더 좋을 듯하다. 매우 단순하지만, 친구들의 톡톡 튀는 창의력이 담긴 이야기를 듣는 과정이 매우 흥미롭다.

우선 '인류의 탄생'을 주제로 떠오르는 네 가지의 그림을 도화지에 그려 그림 카드를 만들었다. 후에 이 그림 카드를 보고 이야기를 직접 만들기 때문에 글자는 일절 들어가지 않도록 언급하였다. 처음 탄생한 인류의 얼굴을 그리는 학생도 있었고 공룡, 원숭이 등 인류가 탄생했을 때의 주변 환경과 배경을 그리는 학생들도 있었다.

개인별로 만든 네 개의 카드가 완성되면 모둠(4~5명 기준)에는 16~20개의 카드가 모이게 된다. 게임 방법은 다음과 같다.

{ 크리에이트 어 스토리 }

01. 이끔이를 출발로 하여 돌아가면서 한 사람씩 카드를 6장 뽑는다.
02. 카드를 뽑은 사람을 제외한 나머지 사람은 6장의 카드를 보고 최대한 빨리 이야기를 지어낸다.
03. 이야기를 상상한 사람은 손을 들고 카드를 상상한 이야기의 순서에 맞게 나열한 다음 다른 친구들에게 이야기를 들려준다.

아이들은 저마다 나름대로의 생각으로 이야기를 지어냈다. 그리고 의미 있었던 점은 친구들의 이야기를 경청하며 학생들 스스로 논리성을 기준으로 동료 평가를 했다는 것이다. 그저 재미를 추구하지 않고 '있을 법한' 이야기를 지어내기 위해서 집중하는 아이들이 모습이 참 예뻤다.

각 모둠의 이야기 왕을 뽑은 다음에는 '미니 스피치 대회'를 열어 우리 반의 이야기 왕을 뽑아 보았다. 카드를 칠판에 붙이고 이야기를 실감 나게 펼치는 친구들 덕택에 듣는 학생들의 얼굴엔 그 어느 때보다도 다양한 표정들이 그려졌다.

학생들과 인류의 첫 생활에 대하여 보다 집중 있게 공유하다 보니 학생들은 스스로 의문점을 품었다. 정말로 자신들이 상상한 내용이 펼쳐졌는지 말이다. 사회 1단원 선사 시대와 만날 준비가 탄탄하게 갖추어졌다.

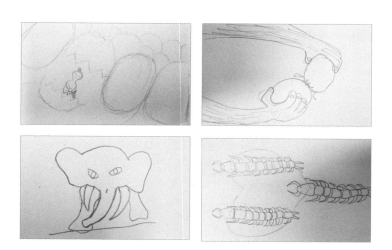

인류는 알에서 시작했고 돌을 깨어 사용하였으며 주변 환경에는 큰 동물과 발이 많이 달린 곤충이 있을 것이라는 생각이 드러나는 그림카드들이다. 이 외에도 창의적인 아이디어가 참 많았다.

" 함께하며 시작되는 우리들의 역사 "

구석기, 신석기, 청동기 시대 사람은 어떻게 생활했을까?

관련 교과 및 단원

- ✔ **사회 1.** 우리 역사의 시작과 발전
- ✔ **실과 3.** 나의 자립적인 의생활

학습 개요

★☆★

❶ **구석기, 신석기, 청동기 시대 사람들의 생활 모습을 교과서에서 찾고 이해하기**
  - 교사의 실감나는 설명과 다양한 그림, 사진, 다큐멘터리 동영상을 적극 활용하기

❷ **움집과 신석기 시대 사람들이 입은 옷 만들기**
  - 단순한 만들기가 아닌, 지식을 접목시킨 유의미한 만들기 활동이 되도록 하기

❸ **찰흙과 양초를 이용하여 청동기 만들어보기**
  - 청동기의 제작 원리를 실생활에 필요한 물품과 접목하여 몸소 체험해 보기

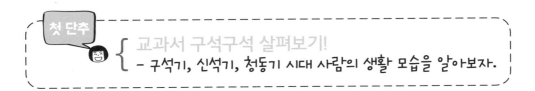

첫 단추 ⬤ 교과서 구석구석 살펴보기!
– 구석기, 신석기, 청동기 시대 사람의 생활 모습을 알아보자.

마중 활동에서 인류의 시작에 대해 예상해보았다. 그리고 학생들은 자신의 예상이 맞는지 커다란 의문점을 가졌다. 그 의문점에서 선사시대(구석기와 신석기) 사람들의 생활 모습을 배워가기 시작했다. 이 부분은 여러 가지 그림과 사진, 다큐멘터리 영상을 담은 ppt로 진행했다. 선사 시대 사람들의 생김새를 복구해놓은 사진을 보며 학생들은 엄청난 관심을 보였다. 그리고 생활 모습(사냥, 채집, 집 짓는 모습, 음식을 만드는 모습 등)을 담은 다큐멘터리 영상을 볼 때에는 그 어느 때보다도 집중하는 모습이 나타났다.

그리고 학생들에게 나의 설명을 최대한 실감 나게 전달하고자 노력했다. 학생들이 집중해야 할 부분에는 목소리의 크기를 크게 줄이고, 학생들의 흥미를 높이기 위해서 목소리에 변화를 주기도 하였다. 이와 같이 나의 설명을 기초로 하며 다양한 매체를 조미료로 활용하니 훨씬 감칠맛 나는 수업이 전개되었다.

여기서 한 가지 말하고 싶은 점이 있다. 요즘 ppt 또는 교사의 설명식 수업에 대한 부정적인 시각을 가지고 있는 사람들이 참 많다. 나는 이 점에 대해 매우 유감스럽게 생각한다. 교사의 설명식 수업도 교사가 어떻게 전달하느냐에 따라 차이가 엄청나다. 교사 목소리의 강약, 높낮이, 학생들과의 교감 등의 요소들이 큰 영향을 미친다는 점이다. 개인적으로 나는 학생들과 편안한 분위기 속에서, 음료 한잔을 하며 여유롭게 대화하는 것처럼 수업을 진행해나갈 때가 꽤 많다. 개그 코드나 동화 구연의 요소를 첨가해서 말이다. 그때 학생들의 눈동자를 유심히 보았다. 자신이 좋아하는 TV 프로그램을 보듯이 초롱초롱했다. 그리고 질문 빈도가 증가했다. 끄덕이는 표현도 많아지고 말이다. 더불어 나의 모습도 유심히 되돌아보았다. 나의 수업에 내가 빠져들고 있었다. 그러므로 수업에 반드시 거창한 자료, 있어 보이는 자료가 필요하다고 생각하지 않아도 좋다. 상황에 따라 교사 자체가 충분히 영양 가득한 수업 자료가 될 수 있기 때문이다.

선사시대를 마치고 청동기 시대로 넘어갔다. 유의할 점은 구석기, 신석기 시대는 문자가 없는 선사시대이고 청동기시대는 문자를 사용하는 역사시대라는 점이다. 이 부분은 학생들이 오개념을 가질 확률이 크므로 꼭 짚고 넘어가야 할 부분이라고 본다.

청동기 시대 내용도 ppt 위주로 진행하였다. 그런데 청동기 시대는 선사시대와 달리 본격적으로 전쟁이 일어나고 승패를 통해 계급이 생긴다. 이 점에 착안하여 ppt에 모둠별 게임을 중간중간 녹여보았다. 게임은 세 가지이다.

① 환호와 목책은 어디에?	유인물에 있는 청동기 마을을 확인한다. 다른 마을의 공격을 막을 환호와 목책을 어디에 설치하면 가장 좋을지 체크한다. 정답과 가장 가까운 곳에 체크한 모둠이 점수를 얻는다.
② 청동기 절대음감	절대음감 게임은 제시된 글자의 한 음절씩 높게 말하는 게임이다. 비파형동검 ➡ 비파형동검 ➡ 비파형동검 ➡ 비파형동검 ➡ 비파형동검 이와 같은 순서대로 한 음절씩 높게 말하면 된다. 모둠별로 연습 게임을 진행한 후 대표를 뽑아 정확하고 빠르게 끝낸 모둠이 점수를 얻는다. 절대음감 게임의 제시어를 청동기 시대의 유물 이름으로 한다면 교육적 효과가 더욱 높을 것이다.
③ 예상해봐, 고인돌 OX퀴즈!	고인돌 내용을 배우기 전에 학생들이 예측해보는 게임이다. OX를 표현하는 것에서 그치는 것이 아니다. 자신의 배경 지식을 접목시켜 선택한 이유를 말할 수 있도록 한다. 〈OX퀴즈 문항〉 ☑ 전세계 고인돌 중 절반 이상이 한반도에 있다. ☑ 고인돌은 주로 지배층이 묻히는 무덤이다. ☑ 고인돌에 살아 있는 사람을 묻었다. ☑ 죽은 사람(고인)이 묻히는 무덤이어서 고인돌이라고 이름을 붙였다.

게임을 접목하니 청동기 시대에는 공격과 방어가 빈번했다는 점, 고인돌과 관련된 기본 지식, 청동기의 여러 유물들을 자연스럽게 기억에 남길 수 있었다.

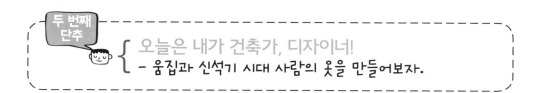

선사 시대의 내용을 지식만 아는 단계에서 그치고 싶지 않았다. 선사 시대는 학생들이 매우 흥미 있어 하고 직접 체험할 수 있는 부분들이 많았기 때문이다. 무엇보다 '교과서의 시작을 조금 더 재미있게 한다면 이어지는 역사에도 호기심을 가지지 않을까?'라는 생각이 들었다.

이와 같은 이유에서 선택한 것이 움집과 신석기 시대 사람들의 옷을 직접 만들어보는 것이었다. 두 활동 모두 다음과 같은 전제 조건을 지니고 있다.

01. 교사는 학생들이 필요로 하는 최소한의 준비물만을 제공한다.
02. 신석기 시대의 주변 환경을 생각하며 만든다.

이 점을 학생들에게 알려준 후 첫 번째로 움집 만들기를 시작하였다.

〈오늘은 내가 신석기 시대 건축가! – 움집 만들기〉

움집을 만들 때 학생들(모둠별)에게 나눠 준 준비물은 옹기토, 지푸라기, 나무젓가락, 하드보드지, 빵 끈이다. 그리고 움집이란 반지하로 된 집이라는 점을 반복하여 움집 작품에 잘 드러나도록 하였다.

모둠별로 튼튼한 움집을 만들기 위해 저마다 좋은 아이디어를 내었다. 모둠별로 비슷하게 낸 아이디어는 다음과 같다.

> **01.** 하드보드지에 옹기토를 조금 두껍게 얹고 가운데를 움푹 파낸다.
> **02.** 파낸 자리에 나무젓가락을 꽂아 움집의 기둥을 만든다. 천막 형태이기 때문에 위쪽은 나무젓가락을 모아 빵 끈으로 함께 묶는다.
> **03.** 나무젓가락 위에 지푸라기를 얹어 움집의 형태가 나타나도록 한다.

반면 차별성을 둔 모둠이 있었다. 그 내용은 아래와 같다.

> **01.** 신석기 시대에는 현재보다 자연환경이 더욱 많으므로 주변에 강을 표현한다. 강은 흰색 지점토로 만들고 푸른색 물감으로 칠한다.
> **02.** 신석기 시대에는 가축을 기르기 시작했으므로 움집 주변에 동물을 기르는 모습을 나타낸다. 동물은 아이클레이와 이쑤시개로 만든다.
> **03.** 선생님이 주신 지푸라기에 간혹 쌀알이 있는 것에서 착안하여 벼를 입체적으로 표현한다.
> **04.** 지푸라기가 바람에 날아갈 수도 있다. 그러므로 김밥을 마는 김발처럼 지푸라기들도 빵 끈으로 엮어 보다 튼튼하게 만든다.

아이들의 창의력에 감탄을 많이 한 시간이었다. 그리고 교사의 생각보다 학생들은 내용 흡수를 잘하고 응용력도 갖추고 있다는 점을 다시 한 번 깨달았다. 이 깨달음은 신석기 시대의 옷 만들기에서도 또 한번 느꼈다.

힘을 합쳐 튼튼한 움집을 만들어가는 과정이 참 대견스럽게 느껴진다.

〈오늘은 내가 디자이너! – 신석기 시대 사람의 옷 만들기〉

본격적으로 옷을 디자인하고 만들기 전에 5학년 실과에 나오는 기본 바느질을 익혔다. 홈질과 박음질을 위주로 반복해서 연습을 하였다. 연습을 할 때에는 가장 먼저 선이 미리 그려져 있는 A4용지에 바느질을 하였다. 바느질 선과 바늘이 통과하는 순서가 숫자로 나와 있기 때문에 익히기 쉬웠다. 다음으로는 부직포 조각에 직접 선을 그리고 홈질과 박음질을 해보았다.

2. 나의 옷 관리 (   )

홈질	- - - -	기본, 5mm	시침질	─── ───	임시 고정, 앞 2cm 뒷면 3mm
박음질	-------	튼튼, 5mm	매듭	•	처음과 끝, 3mm

■ 홈질

1

2

3

■ 시침질

1

2

■ 박음질

1   20 18 16 14 12 10 8 6 4 2
    19 17 15 13 11 9 7 5 3 1

2 32 30 28 26 24 22 20 18 16 14 12 10 8 6 4 2
    31 29 27 25 23 21 19 17 15 13 11 9 7 5 3 1

3

바느질 연습을 위한 학습지

이렇게 기본 바느질을 충분히 익힌 후 옷 만들기를 시작하였다. 옷을 만들 때 학생들이 공통적으로 준비한 것은 가정에서 쓰고 남은 천 또는 입지 않는 옷, 바늘, 실이다. 천을 고를 때에는 신석기 시대인들이 어떤 재료로 옷을 만들었을지 생각할 수 있도록 강조하였다. 대부분 학생들은 가정에서 흰색 천, 갈색 천, 초록색 천을 가지고 왔다. 물어보니 갈색 천은 동물의 가죽을 표현하기 위해, 초록색 천은 풀잎으로 만들었을 것 같다는 생각에서 들고 왔다고 답하였다. 그런데 흰색 천은 어떤 이유에서 들고 왔는지 참으로 궁금했다. 이 질문은 고이 아껴두었다. '학생들이 옷을 만드는 과정에서 몸소 답을 알려주지 않을까?' 하는 생각에서 말이다.

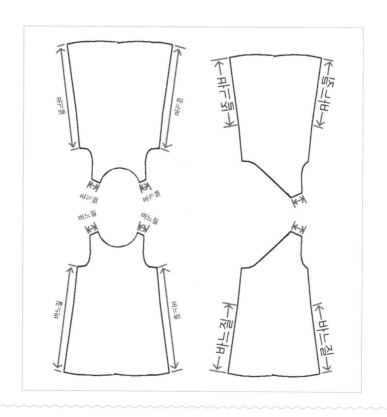

바느질 연습을 위한 학습지

먼저 천에 재단을 하였다. 선생님께 받은 원피스형, 오프숄더형 틀을 자르고 그 틀을 천에 대고 초크나 연필로 본을 뜬다. 그리고 여분을 두며 마름질을 하고 튼튼한 박음질로 재봉을 한다. 후에 자신이 원하는 무늬를 추가로 그린다. 여기에서 흰색 천을 들고 온 학생들의 아이디어가 발휘되었다. 흰색 천은 채색 도구의 색깔이 잘 드러나는 장점을 가지고 있다. 때문에 학생들은 동물의 가죽 무늬를 보다 강렬하게 나타낼 수 있었다. 호랑이와 기린의 가죽, 사자의 털 등을 미세하게 표현한 옷을 보며 나도 모르게 '와, 멋있다!'라는 말이 나왔다.

학생들이 직접 만든 옷은 미니 목각인형에 입혔고, 목각인형의 얼굴에 표정을 그려 넣어 나만의 신석기 시대 인형을 완성하였다.

학생들의 반짝이는 아이디어와 개성이 묻어난 신석기 시대 목각 인형이다. 저마다 포즈를 취하고 있으며, 한 친구는 나무로 만든 창을 인형에 붙이기도 했다.

{ 오늘은 내가 대장장이!

청동기를 만들기 위해서는 거푸집이 필요하다. 이 거푸집이라는 것이 학생들에겐 참 낯설게 다가오는 모양이다. 사회 교과서 한 페이지에 나와 있는 그림만으로는 이해하기가 어려웠다. 처음에는 이해를 돕기 위해 붕어빵 기계를 예시로 들었다. 붕어빵 기계의 틀이 거푸집이고 그 안에 넣는 반죽이 쇳물, 완성된 붕어빵이 청동기라고 설명하며 말이다. 실생활 예시를 드니 조금 고개를 끄덕였다.

이 부분도 체험 방식으로 진행하면 더 오래 남겠다는 판단이 들었다. 그래서 학생들과 함께 청동기 만들기에 도전하였다. 만들기 과정은 다음과 같다.

01. 자신만의 청동기를 머릿속으로 그리고 빈 종이에 그림을 그려 구상한다.

02. 찰흙 한 덩이를 반으로 잘라 덩어리 두 개를 만든다.

03. 한 덩어리에는 청동기 모양의 반쪽 형태를 새겨 파고, 나머지 덩어리에도 반을 새기고 판다.

04. 두 찰흙을 마주 보도록 붙인다. 이때 새기고 파낸 부분이 망가지지 않도록 힘을 잘 조절한다.

05. 붙인 찰흙의 위에 구멍을 만들어 촛농을 부을 수 있도록 한다. 여기까지 만든 이 찰흙 덩어리가 바로 거푸집이다.

06. 양초를 냄비에 중탕하여 녹인다. 우리는 집에 있는, 사용하지 않는 양초를 재활용했다. 요즈음 캔들 만들기 취미도 유행하고 있어 인체에 조금 더 무해한 재료들도 많이 나오고 있다. 인터넷 검색을 통해 그와 같은 재료를 구입해도 좋다.

07. 양초를 녹인 후에 찰흙 거푸집의 구멍에 촛농을 조심스럽게 붓고 심지를 꽂는다.

08. 양초가 굳을 때까지 약 30분 정도 기다린다.

09. 양초가 굳으면 겉에 있는 찰흙을 깬다. 깨고 나면 자신이 원하는 모양의 입체 청동기가 나온다.

자신이 만든 청동기 양초를 보는 학생들의 얼굴엔 뿌듯함이 한껏 묻어났다. 그리고 거푸집 및 청동기 제작 원리를 보다 쉽게 이해할 수 있었다. '열 마디 말보다 한 번의 체험이 낫다'는 나의 지론이 맞아떨어진 순간이었다.

학생들이 몸소 체험함으로써 이론만으로는 이해하기 어려웠던, 청동기를 만드는 원리를 쉽게 이해할 수 있었다.

" 함께하며 시작되는 우리들의 역사 "

꼬두람이 활동

지금 여기 나는 구석기, 신석기, 청동기 시대 사람이야!

관련 교과 및 단원

☑ **사회 1.** 우리 역사의 시작과 발전
☑ **국어 1.** 문학이 주는 감동
☑ **국어 7.** 인물의 삶 속으로

학습 개요

❶ **자신이 만약 구석기, 신석기, 청동기 시대의 사람이었다면 어떤 생활을 했을지 생각해보기**
  • 반드시 지금까지 배운 선사시대 및 청동기 시대 생활 모습을 바탕으로 하여 상상하고 생각하기

❷ **구석기, 신석기, 청동기 시대의 사람이 되어 하루 동안의 그림일기 작성 해보기**
  • 단순한 재미가 아닌 배운 내용을 정리하는 유의미한 활동이 되어야 한다는 점을 반복하여 알려주기

첫 단추
{ 구석기, 신석기, 청동기 시대의 사람이 되어 쓰는
나만의 그림일기

초등 사회과에서는 학생들이 갖추어야 할 역사적 사고력을 설명하고 있다. 역사적 사고력에는 다음과 같이 네 가지가 있다.

연대기적 파악력	인간의 삶과 여러 현상을 연대기 속에서 이해하는 능력. 즉 역사적 사건의 순서를 아는 것을 말하며 역사적 사고력의 기본이다.
역사적 탐구력	역사적 자료를 근거로 어떤 역사적 사건을 설명하는 것. 쉽게 말해 1차 사료와 2차 사료를 활용하여 일반화하거나 역사적 사건의 인과 관계를 파악하는 것이다. 역사적 사고력 중 가장 큰 비중을 차지한다.
역사적 상상력	사료에 직접 드러나 있지 않은 사항을 파악하기 위한 추론 및 해석 능력이다. 그리고 역사적 상상력은 구조적 상상, 감정이입적 이해 두 가지로 나뉘게 된다.

역사적 상상력	구조적 상상	관련 정보를 통해 증거의 간격을 메우는 것. 새로운 해석을 하는 능력
	감정이입적 이해	내가 사건의 주인공이 되어 보는 것이다. 여기에 추체험 학습 방법이 포함된다. • 추체험 학습이란? 다른 사람의 체험을 자기 체험처럼 느끼는 것. 또는 이전 체험을 다시 체험하는 것처럼 느끼는 것을 말한다.
역사적 판단력		역사적 사건이나 행위의 경중, 선악 등에 대해 평가하는 능력

나는 이 중에서 '역사적 상상력'에 눈길이 갔다. 두 가지 이유에서 말이다.

첫 번째로 학생들의 상상력과 창의력을 높여주고 싶었다. 이는 이번 해에 프로젝트를 시작한 이유이기도 하다. 요즘 학생들은 지식을 습득하는 데 치중되어 있다. 물론 지식을 습득하는 것은 학습의 기본이다. 하지만 점차 발전해가는 오늘날 시대는 꽉 찬 단편적 지식 주머니만을 요구하지 않는다. 기본적인 지식을 바탕으로 한 독특한 아이디어, 창의적인 사고력을 요구한다. 이와 같은 창의력이 개인의 발전 나아가 사회의 발전에 기여하게 된다.

두 번째로 역사적 상상력을 중심으로 하는 활동은 정리 활동으로 아주 적합하다고 판단하였다. 상상력이란 앞서 잠시 언급했다시피 무에서 유를 창조하는 것이 아니다. 기본적인 지식을 바탕으로 한 상상력이 진정으로 의미 있는 상상력이라 생각한다. 그러므로 역사적 상상력을 키워주는 활동을 한다면 학생들이 꼭 알아야 할 사회 교과의 지식을 되짚는 것과 동시에 한 발짝 더 나아갈 수 있다. 이는 지식과 적용이 함께 이루어지는 것으로 마무리 활동으로 좋다고 생각되었다.

이와 같은 역사적 상상력 중 5학년 학생들에게 친숙하게 다가갈 수 있는 '감정이입적 이해'를 선택하였다. 그리고 추체험 학습 방법으로 그림일기 써보기를 접목시켰다. 학생들이 직접 구석기, 신석기, 청동기 시대의 아이가 되어 하루 동안 있었던 일을 상상하여 적는 것이다. 사실 그림일기를 적는 것에 대해 유치하다고 생각하지 않을지 내심 걱정이 되었다. 하지만 기우였다. 학생들은 자신이 진짜 구석기, 신석기, 청동기 시대의 사람이 된 듯이 집중하는 모습을 보였다. 한 곳을 응시하며 곰곰이 생각해보는 학생, 자신의 생김새를 상상하며 입꼬리가 올라가는 학생 등 다양한 모습을 보니 내심 어떤 그림일기를 썼을지 궁금해졌다.

☆학생 1 : 아~ 청동이 만들어지니까 어쩔 수 없이 계급이 생길 수밖에 없었겠네. 흙으로는 무기를 만들어봤자 시시하게 싸움이 끝났을테니까.

◎학생 2 : 흙으로 칼 만들어봤자 상처도 안 났겠다.

◆학생 3 : 으~~~ 시시했겠다. 분명 신석기 시대인 중에 한 명은 나랑 똑같이 시시하다고 생각했을걸? 아마 그 사람이 청동을 찾아내지 않았을까?

그림일기를 쓰며 학생들이 스스로 이어간 대화이다. 이 상황을 보니 추체험 활동이 역사적 상황에 대한 맥락적 이해, 역사적 행위의 의도나 목적에 대한 이해를 극대화해줄 수 있다는 점을 다시 한 번 깨닫게 되었다.

타임머신을 타고 GoGo!
내가 만약 구석기, 신석기, 청동기 시대의 아이라면?

구석기, 신석기, 청동기 시대의 사람이 되어 하루 동안 있었던 일을 그림일기로 나타내어 봅시다.

5학년 2반 (   )번 이름 :

오늘의 날씨 :

제목 :

추체험 학습을 위한 그림일기 학습지이다. 학습지의 폰트를 딱딱하지 않은 것으로 골라 조금 더 그림일기의 효과를 내보았다. 이 부분이 학생들의 활동 흥미를 높이는 데 꽤 큰 기여를 했다고 본다.

우리의 뿌리 고조선을 찾아서

우리의 얼을 찾고
그 시대의 모습을 상상하기

- 나의 뿌리를 찾아서!
- 고조선은 어떠한 나라였을까?

모두가 행복해지는 우리 반의 규칙을 만들자!

- 모두가 함께 만들어가는 우리 반 8조법
- 내 손으로 선택하여 더욱 소중한 우리 반 8조법

조상의 얼과 지혜를
한 땀 한 땀 우리 가슴에 새기자!

- 내 마음 속에 새기는 우리 반 8조법 비석
- 8조법 실천을 통해 발견하는 우리 반 속
  나의 존재 가치

우리의 뿌리 고조선을 찾아서!

마중활동

우리의 얼을 찾고 그 시대의 모습을 상상하기

관련 교과 및 단원

☑ **사회 1.** 우리 역사의 시작과 발전
☑ **도덕 7.** 모두 함께 지켜요

학습개요

❶ **고조선 시대 유물 출토 지도를 통해 고조선의 영토를 예측하기**
 • 스스로 영토를 찾아보도록 하되 정답을 찾기보다는 자신이 생각한 근거를 설명할 수 있도록 발문하기

❷ **심화학습으로 유물 출토지가 한 영역에서 집중적으로 발견되는 이유를 추론하기**
 • 편안하고 허용적인 분위기에서 학생들이 자유롭게 찾을 수 있는 분위기 형성하기

❸ **고조선은 어떠한 나라였을까?' 1번 질문지를 개별로 작성한 후 모둠원 들과 함께 생각나누기**

❹ **고조선의 8조법을 통해서 그 당시의 생활모습 유추하기**

❺ **'고조선은 어떠한 나라였을까?' 2번 질문지를 개별로 작성한 후 모둠원 들의 생각공유하기**

첫 단추 { 나의 뿌리를 찾아서!

　지금까지 역사를 지도하면서 매번 느끼는 것은 '아무 관심도 흥미도 없는 학생들을 어떻게 역사 수업 속으로 끌어들일 수 있을까'에 대한 어려움이었다. 특히 교과서에서 나열된 고조선의 설명을 듣는 수업은 학생들의 현재 삶과는 아무런 연관이 없고, 더욱이 재미도 없다는 점에서 수업을 어떻게 진행할 것인지에 대한 의견이 분분하였다.

　그래서 첫 번째로 고조선의 영토를 설명하기 위해 학생들에게 교과서에 제시된 삽화나 그림을 보여주는 형태의 수업이 과연 무슨 의미가 있을까라는 문제의식에서 출발하였다. 그래서 학생들에게 고조선 시대를 대표하는 비파형 동검과 고인돌 유물이 발견된 장소를 통해 그 당시의 영토 범위를 유추해봄으로써 고조선의 영토 범위를 스스로 알아보도록 하였다. 이 활동은 먼저 학생들 개개인이 활동지에 제시된 고조선 시대 유물이 발견된 곳을 표시한 지도를 보고 스스로 고조선의 영토 범위를 정해보도록 하였다. 처음에는 학생들이 정답을 찾아야 한다는 생각에서인지 많은 고민을 하고 주저하는 모습을 볼 수 있었다. 하지만 시간이 지나면서 곧 스스로 문제를 해결하고자 몰두하는 모습을 보이며 열심히 활동에 참여하였다. 그 결과 스스로 고조선의 영토 범위를 예측하고 여기저기서 "아!" 하는 탄성이 들릴 때 이것이야말로 내가 원하는 사회 수업이고 학생들이 스스로 배워가고 성장하는 모습이 아닐까 하는 생각이 들었다.

　두 번째로는 개별로 해결한 고조선 영토에 대해서 모둠 친구들과 함께 서로의 생각을 비교하는 활동을 하였다. 친구들은 서로가 생각한 이유나 근거를 들어서 자신이 해결한 과정을 서로 공유하였다. 서로가 생각을 나누면서 함께 웃고 배워가면서 "그렇네!", "아니야, 여기에는 고조선 시대의 비파형 동검이 적게 발견되는 것으로 봐서 영토는 여기까지가 맞다고 생각해!"라며 서로에게 정보를 알려주고 그것을 통해서 함께 성장해가는 모습을 볼 수 있었다. 이러한 과정을 지켜보면서 학생들도 충분히 서로를 가르쳐주고 함께 성장할 수 있다는 확신을 가지게 되었다.

끝으로 모둠원들과 함께 고조선의 영토 범위를 결정한 후 유물이 발견된 까닭과 유물이 특정 지역에서 집중적으로 발견되는 이유에 대해서 의견을 나누었다.

이러한 활동을 통해 학생들은 더욱 많은 것을 얻고 배울 수 있는 의미있는 시간이었다.

고조선은 어떠한 나라였을까?

이름 : _____

☆ 문화재를 나라별로 바르게 분류하였는지 인터넷을 이용해서 직접 조사하고 기록하며 확인해보세요.

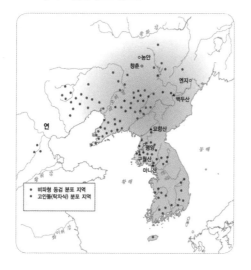

• 옆의 그림처럼 고조선의 영역을 표시한 까닭은 무엇일까요?

....

....

• 유물이 발견된 까닭은 무엇일까요? 유물이 한 영역에 집중적으로 나온 까닭은 무엇일까요?

....

....

드디어 학생들은 고조선에 대해서 관심을 가지고 배우고자 하는 반짝이는 눈빛을 보이기 시작하였다. 하지만 또 다른 고민이 생겼다. 이어지는 수업은 고조선의 8조법을 통해 그 당시 사회 생활 모습을 알아보는 시간이었다. 평소와 같으면 학생들에게 고조선의 8조법 중 지금 전해져 내려오는 3개의 법을 알아보고 이것을 통해 당시 사회 생활 모습을 설명하면 쉽게 끝나는 부분이다. 그런데 '이러한 수업이 과연 학생들에게 무슨 의미가 있을까?', '단순히 이것을 아는 것이 중요한 것일까?'라는 의문이 들었다.

그래서 먼저 학생들에게 고조선의 8조법 중에 전해져 내려오는 3개의 법을 소개하였다. 그리고 활동지를 통해 스스로 이 법을 통해 알 수 있는 것을 낱말이나 문장의 형태로 자유롭게 쓰도록 하였다. 낱말이나 문장을 쓴 후 왜 그렇게 생각하는지 이유나 근거를 반드시 쓰도록 하였다. 그런 후 모둠원들과 함께 자신이 생각한 8조법을 통해 알 수 있는 생활 모습이나 사실을 설명하도록 하였다. 끝으로 서로의 생각을 나눈 후 가장 합당하다고 생각되는 의견을 함께 정리하도록 하였다.

그러자 이전까지 내용 중심의 전달식 수업과는 다른 새로운 모습을 볼 수 있었다. 그것은 바로 학생들이 스스로 생각을 말하고 서로 웃으며 다른 사람의 의견을 공유하는 아름다운 모습을 볼 수 있었다. 그리고 그러한 활동이 단순히 웃고 생각을 나누는 데서 그치는 것이 아니라, 우리가 수업에서 알려주고자 하였던 학습 성취기준에 한발 한발 다가가고 있었다.

처음에 이러한 활동을 계획할 때 '과연 학생들이 교사가 생각한 학습 문제를 찾고 해결할 수 있을까?'라는 의문이 들었지만, 그러한 의심은 학생들의 활동을 지켜보면서 깨끗이 사라지고 있었다.

☆ 고조선의 8조법 중에 현재까지 내려오고 있는 3개의 법을 살펴보면서 그 당시 생활모습이 어떠했을지 상상하여 유추해보세요.

고조선 8조법	유추한 생활 모습
사람을 죽이면 사형에 처한다	
다치게 하면 곡식으로 갚아야 한다	
도둑질한 자는 노비로 삼는다 아니면 많은 돈을 내야 한다	

☆ 팀별 발표 내용을 들으면서 친구들이 유추한 고조선 시대의 생활 모습을 기록해보세요.

고조선 8조법	친구들이 유추한 생활 모습을 정리해서 적어보세요
사람을 죽이면 사형에 처한다	
다치게 하면 곡식으로 갚아야 한다	
도둑질한 자는 노비로 삼는다 아니면 많은 돈을 내야 한다	

"우리의 뿌리 고조선을 찾아서!"

모두가 행복해지는 우리 반의 규칙을 만들자!

✅ **사회 1.** 우리 역사의 시작과 발전
✅ **도덕 7.** 모두 함께 지켜요

❶ 마중 활동에서 8조법을 배움으로써 법의 필요성을 알고, 우리 학급에
  필요한 2학기 학급 규칙을 모둠별로 2개씩 정하기
  • 8조법과 비슷한 형태로 '규칙+벌칙'의 형태로 제시하도록 한다.

❷ 각 모둠별로 제시한 학급 규칙을 이젤 패드에 쓰고 분류하기
  • 학생 스스로 학급 규칙을 분류하도록 하되 불분명한 경우 학생들이 분류
  하도록 선생님이 도움 주기

❸ 분류된 항목들을 정리하여 컴퓨터에 제시하고, 규칙을 제시한 모둠원
  들이 나와서 그 학급 규칙에 대한 이유나 근거를 설명하기

❹ 이러한 토의과정을 거친 후 학생들 스스로 우리 학급에 필요한 규칙
  을 선택하는 투표를 거쳐 8개의 학급 규칙 정하기

이전 시간에 배운 고조선의 8조법에서 고조선의 생활 모습을 살펴보고 어떠한 사회였을지 추리해 보았다. 하지만 이것이 단순히 고조선의 사회 생활 모습을 상상하는데 그친다면 과연 어떤 의미가 있을까라는 생각이 들었다. 그래서 다시 우리 공동체 선생님들은 함께 모여 새로운 수업 활동을 준비하였다. 우리 반에서 친구들이 서로를 존중하고 멋진 반이 되기 위해서 스스로 학급 규칙을 만들기 위해 토의해보는 것은 어떨까 하는 생각이 들었다. 국어의 토의하기, 사회의 고조선 8조법, 도덕의 타인 배려하기를 직접 실천해보는 활동을 하기로 계획하였다.

앞에서 배운 고조선의 8조법을 함께 다시 정리한 후 모둠별로 큰 이젤 패드에 〈우리 반 2학기 학급 규칙 만들기〉라는 주제로 작성하도록 하였다. 먼저 이젤 패드에 우리 반이 더 멋지고 좋은 반으로 나아가기 위해서 필요하다고 생각하는 규칙을 개인당 최대 2개까지 포스트잇에 써서 이젤 패드에 붙이도록 하였다. 그리고 자신의 의견을 붙일 때에는 친구들에게 자신이 정한 규칙에 대한 이유를 설명하도록 하였다.

사실 이 활동을 할 때에 학생들이 장난스런 규칙이나 학생들이 원하는 활동 등을 넣지 않을까라는 우려가 있었다. 왜냐하면 그동안 우리 반 학생들은 선생님에게 "자유시간을 주었으면 좋겠다.", "창의적 체험활동을 많이 했으면 좋겠다." 등 학생들이 하고 싶은 활동을 요구하는 경우가 상당히 많았기 때문이었다.

그런데 실제 학생들이 원하는 학급 규칙을 조사한 경우를 살펴보면 교사가 원하는 학급의 모습과 일치하다는 것을 알게 되었다. 학생들이 친구들에게 바라는 모습은 서로를 배려하고 존중하며 자신이 맡은 일에 최선을 다하는 모습이 많았다. 예를 들어, 친구들에게 욕이나 별명, 상처를 주는 말 하지 않기 등의 의견이 많았다. 이러한 의견들은 실제 학급에서 친구들과의 싸움으로 이어지는 원인들이었다. 선생님이 미처 생각하지 못했던 부분에 대해서 이미 학생들은 인식하고 있었던 것이었다.

　이런 모습을 보면서 그동안 담임선생님이 모든 규칙을 정해주고 지킬 것을 말하는 것보다는 '학생들 스스로 자신들의 규칙을 정할 수 있는 시간을 주는 것이 좋지 않았을까'라는 생각을 하였다. 그리고 학생들이 학급에서 일어나는 문제점을 찾고 스스로 해결할 수 있다는 희망을 확인할 수 있는 소중한 시간이었다.

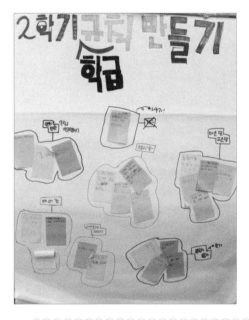 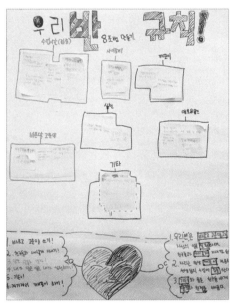

모둠원들이 제안한 우리 반 2학기 규칙이다. 먼저 개별로 자신의 의견을 제안한 후 기준에 따라 분류하여 다시 정리하였다. 실제 우리 학급에서 필요한 규칙들이었다.

두 번째 단추 { 내 손으로 선택하여 더욱 소중한 우리 반 8조법

모둠별로 학급의 규칙을 분류한 후 모둠 구성원들 한 명씩 자신이 제안한 학급의 규칙에 대한 이유나 근거를 발표하도록 하였다. 여기서 나는 1학기에 배운 토의의 절차에 따라 학생들이 활동을 하는 것에 주안점을 두었다.

실제 국어 수업에서 토의 활동은 학생들이 지식적인 부분에 더 신경을 쓰는 경우가 많아서 학생들의 삶과 관련된 토의로 연계되기 어려웠다. 하지만, 학생들은 이미 '우리 반 2학기 학급 규칙 만들기'라는 활동 속에 흠뻑 빠져 있었고 이러한 활동을 통해 토의 활동이 재미있고 진지하게 진행될 수 있을 것이라는 생각이 들었기 때문이다.

예상대로 학생들은 어느 때 보다 진지하게 토의에 빠져들고 있었다. 선생님도 모둠에 가서 학생들의 생각을 들어보고 함께 이야기를 나누었다. 학생들은 서로 자신의 생각을 이야기하면서 목소리가 높아지는 경우도 있었고 의견이 맞지 않아서 화를 내기도 하였다. 이럴 때 옆에서 선생님이 학생들이 본래의 주제로 돌아올 수 있도록 중재하는 것이 매우 중요한 역할이었다. 실제 토의를 하면서 있었던 일화를 소개한다.

☆**학생 1** : 친구를 넘어뜨리면 쉬는 시간을 빼앗아야 한다고 생각해. 왜냐하면 그 친구로 인해서 다칠 수도 있기 때문이야

◎**학생 2** : 내가 모르고 한 경우에는 어떡해?

◆**학생 3** : 나도 학생의 의견에 동의해. 저번에 사물함에 물건 가지러 가다가 친구 발에 걸려서 무릎이 까졌어.

☆**학생 1** : 그런 식으로 말하면 규칙을 정할 수가 없잖아.

◆**선생님** : 그래, 학생의 의견도 맞고, 다른 친구들의 의견도 맞다고 선생님은 생각해. 좀 더

구체적으로 정하면 어떨까? 일부러 그러는 경우도 있고 모르고 그러는 경우도 있지 않을까? 또 다른 경우도 있지 않을까?

◎학생 2 : 맞아요. 선생님. 그러면 일부러 넘어지게 했을 때로 정하면 좋을 것 같아요.

☆학생 1 : 그래. 그 외에도 발을 책상에서 빼고 있어 친구들이 넘어지게 하는 경우도 포함시키면 좋겠어. 저번에 친구가 책상 밖으로 발을 빼고 있어서 넘어진 경우도 있었어. 이건 고칠 수 있는 부분이야.

◆학생 3 : 좋아! 그러자.

1. 욕을 쓰는 사람은 3일 동안 고운 말을 쓴다.13
2. 장난을 심하게 치는 사람은 똑같이 당한다.9
3(2). 친구의 물건을 가져가면 청소를 한다.18
4(3). 수업시간에 많이 떠들면 뒤에 가서 10분간 서있는다.14
5(4). 친구의 별명을 부르면 청소를 한다.(횟수)9
6(5). 1인 1역을 안하면 2배로 한다.20
7. 준비물을 안 가져오면 청소를 한다.1
8(6). 남에게 상처되는 말을 하면 벽을 보고 5분 서 있는다.13
9(7). 친구 물건으로 장난치면 사과문 30자 쓰기13
10(8). 친구 넘어뜨리면 쉬는 시간을 뺏는다.10

모둠별로 토의에서 정한 2가지 규칙을 정리하여 TV 화면에 제시하였다. 그리고 각 모둠별로 제시한 의견에 대한 이유나 근거를 앞에 나와서 친구들에게 설명하도록 한 후 다수결로 우리 반 2학기 학급 규칙을 정하였다. 이로써 우리 반 학생 모두가 함께 참여하여 만든 우리 반 8조법이 완성되었다.

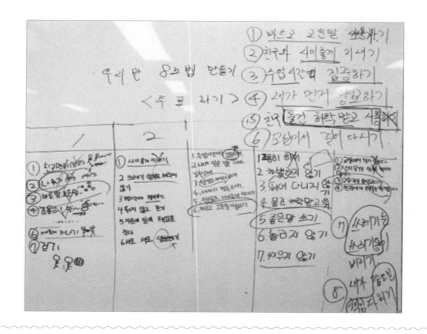

다른 학급에서는 칠판을 활용하여 결정하기도 하였다.

모둠별로 10분 동안의 토의를 거쳐 친구들에게 제안할 2가지 규칙을 결정하였다. 모둠원들 모두가 함께 참여하여 만든 만큼 그 어느 때 보다도 즐겁고 기대에 차 보였다. 그리고 규칙에 대한 근거 자료를 찾아서 자신들의 의견을 보충할 수 있는 시간을 주었다. 학생들은 휴대폰을 꺼내서 자신이 필요한 자료나 정보를 찾고 발표할 준비를 하였다.

나는 모둠별로 제안한 학급 규칙을 정리하여 TV 화면에 제시하고 모든 준비가 끝나길 기다렸다. 모든 준비가 완료된 후 모둠원들이 나와서 자신들이 정한 학급 규칙과 근거를 함께 설명하였다. 모두들 자신의 미래를 결정할지도 모른다는 생각에 진지하게 학급 규칙에 대한 설명을 듣고 있었다. 그런 다음 한 사람에게 5개의 투표권을 주어서 다수결로 결정하도록 하였다. 학생들 모두가 함께 진지하면서도 열심히 참여하는 모습을 보면서 '내가 바래왔던 교실의 모습이 이런 것이 아닐까'라는 생각이 들었다.

" 우리의 뿌리 고조선을 찾아서! "

꼬두람이 활동

조상의 얼과 지혜를 한 땀 한 땀 우리 가슴에 새기자!

관련 교과 및 단원

- ✔ **사회 1.** 우리 역사의 시작과 발전
- ✔ **도덕 7.** 모두 함께 지켜요
- ✔ **미술(금성-이은적) 2.** 소통과 디자인

학습 개요

★☆★☆

❶ 모둠별로 우리 반 8조법 가운데 자신들이 제안했거나 새기고 싶은 규칙 선정하기
- 우리 학급에 필요한 규칙을 토의의 과정을 거쳐 의견 수렴하기
- 자신의 의견에 대한 적절한 근거를 제시하고 상대방의 의견을 경청하기

❷ 선정된 규칙을 모둠원들과 함께 역할을 분담하여 함께 만들어 비석으로 제작하기
- 모둠별로 함께 협력하여 우리 반 8조법 비석을 완성하기

❸ 완성된 비석을 학생들과 함께 모두 읽고 실천 의지 다지기
- 실제 학급에서 일어나는 사건에 적용하기

❹ 우리 반 8조법 실천을 통해 나의 존재 가치 찾기
- '나'의 가치를 발견해봄으로써 자신의 소중함과 자존감을 알아가기

첫 단추
내 마음 속에 새기는 우리 반 8조법 비석

앞의 활동에서는 고조선의 8조법에 대해서 배우고 그것을 통해 그 시대의 생각과 사람들의 생활 모습을 유추하였다. 그리고 한 걸음 더 나아가 우리 반 학생들은 법의 필요성을 알고 우리 반 학급에 필요한 규칙을 함께 정하였다. 하지만 우리가 함께 정한 학급의 규칙을 학생들이 직접 체득하고 마음 깊이 새길 수 있는 활동이 필요하다는 생각이 들었다. 그래서 친구들과 함께 협동하여 우리 반 8조법 비석을 직접 만들어봄으로써 눈으로 확인하고 지킬 수 있도록 하는 방법을 찾게 되었다.

{ 우리 반 8조법 비석 만들기(우리 반 8조법 공포하기) }

01. 모둠별 대표를 선정한다.
02. 모둠원들과 상의하여 새기고 싶은 8조법 중 1~2가지를 선택한다.
03. 모둠별로 정한 8조법의 글자 수를 세어서 각자 자신들이 표현할 문구를 함께 선택한다.
04. 선택한 글자 수를 확인하여 5cmx5cm 크기로 자른다.
05. 자른 사포 윗면에 다양한 색연필을 이용하여 글자를 새긴다.
06. 글자를 완성한 학생들은 비석 만들기 활동에 참여한다.
07. 빈 상자를 2개 만들어 양면테이프를 이용하여 긴 쪽으로 이어 붙여서 길게 세울 수 있도록 한다.
08. 이어 붙여 만든 상자에 한지를 감싼다.
09. 완성된 상자 비석 위에 글자를 하나씩 붙이면서 친구들과 함께 그 의미를 새긴다.

다른 사람이 보기에는 이러한 활동이 의미가 없고, 보여주기식의 활동이 아닌가 하는 의문이 들 것이다. 물론 나 역시 이러한 활동을 계획하면서 과연 학생들이 우리 반 8조법의 의미를 이해하고 지킬까 라는 의구심이 들기도 했다. 하지만, 이후로 실제 우리 학급에서 일어난 사건을 통해 우리 반 8조법 비석 만들기 활동이 학급의 질서를 유지하는 데에 도움이 될 수 있다는 사실을 깨닫게 되었다. 실제 우리 학급에서 있었던 일화를 소개한다.

☆학생 : 선생님 방금 ㅇㅇㅇ이 욕을 썼어요.

◆선생님 : 그래, 그럼 선생님이 불러서 이야기를 해볼게.

☆학생 : 아니에요, 선생님 우리 반 8조법이 있잖아요. 우리 반규칙을 어겼으니 그걸로 벌을 줘야 해요.

◆선생님 : 미안, 선생님이 잊어버렸었네. 그럼 ㅇㅇㅇ을 불러올래. 같이 가서 우리 반 8조법을 보고 그에 맞는 벌을 주도록 하자.

☆학생 : 네, 선생님. 제가 보고 올게요. (잠시 후) 우리 반 8조법에 따라 ㅇㅇㅇ이 욕을 썼으니 3일 동안 바르고 고운 말을 써야 해요.

◆선생님 : 그래, ㅇㅇㅇ아. 넌 우리 반 8조법을 어겼으니 우리 모두가 정한 규칙에 따라 넌 3일 동안 바르고 고운 말을 써야 된다. 알겠니?

★ㅇㅇㅇ : 네, 선생님. 오늘은 너무 화가 나서 저도 모르게 욱했어요. 다음부터는 조심하겠습니다.

◆선생님 : 그래. ㅇㅇㅇ이 화가 나서 그런 것이라 이해한다. 하지만 우리 반 친구가 모두가 함께 만든 법이니 잘 따라줬으면 한다.

두 번째
단추

{ 8조법 실천을 통해 발견하는 우리 반 속
나의 존재 가치

우리 반 8조법 비석을 공포한 후, 학생들이 직접 실천할 수 있는 시간을 충분히 주었다. 그리고 인성교육의 측면에서 각자 내가 가지는 존재의 가치를 발견하면 어떨까 하는 생각을 하게 되었다. 내가 직접 참여하여 만든 8조법, 그리고 우리 반 8조법 실천을 통해 우리 반에서 나의 존재 가치를 발견하고, 스스로 자신의 소중함을 느끼는 자존감을 높여줄 수 있는 시간을 마련하고 싶었다. 다음은 학생들이 발견하고 글로 표현한 나의 존재 가치는 활동 결과물이다.

이 수업은 2차시 수업으로 이루어졌으며, 지도안과 활동지를 통해 어떻게 수업이 이루어졌는지 살펴보도록 하겠다.

(도덕, 창체)과 교수·학습 과정안

일시	9월 13일(목)	대상	5학년 5반	장소	5–5	지도교사	최경민
주제(차시)	우리 모두의 공익을 위한 8조법 만들기 (17~18/21)			교과서(쪽)	도덕(190쪽 191쪽) 창제(인성교육)		
성취기준	[6도03–01] 인권의 의미와 인권을 존중하는 삶의 중요성을 이해하고 존중의 방법을 익힌다.			교과역량 (인성덕목)	공동체 역량(자존감)		
학습목표	공동체 속에서 나의 존재 가치를 발견하고, 나의 존재 가치 선언문을 발표함으로써 자존감을 높일 수 있다.						
협력학습 전략	자기 존재 가치 발견하기 활동			교수·학습 모형	프로젝트 학습		

	차시	주요 내용 및 활동	관련 교과
1. 단원 차시 계획 (3꼭지 활동)	1~3	청동기 시대 사람들의 변화된 생활모습 알아보기	사회
	4~11	청동기 시대 유물을 만들고, 생활모습 글과 그림 표현하기	사회, 국어
	12	전해오지 않는 고조선 8조법 중 5개의 조항 상상하기	사회, 도덕
	13~14	우리 모두를 위한 우리 반 만의 8조법 만들기	도덕
	15~16	우리 반 8조법을 궁서 쓰기를 통해 비석으로 만들어서 세우기	사회, 도덕
	17~18	공동체 속에서 나의 존재 가치 발견하기	도덕, 창체
	19~20	8조법 실천 다짐 카드 만들고, 1주일간의 실천 다짐 계획 세우기	사회, 도덕
	21	일주일동안 실천했던 경험 발표하고 재 다짐하기	도덕,

2. 교수·학습 방법 설계	본 수업은 역사 기반의 2학기 프로젝트 학습 중 첫 번째 프로젝트 주제인 "인간의 탄생, 그리고 역사의 시작"으로써, 세 번째 꼭지활동의 가온활동에 해당한다. 현재 전해져 오는 3개의 조항이 모두 생명을 존중하고 인권을 강조하였음을 깨닫고, 우리 모두를 위한 우리 반만의 8조법을 만들기 위해서 공동체 속에서 자신의 존재 가치를 알아보는 시간을 마련하였다.

| 2. 교수·학습 방법 설계 | 각자가 자신의 존재 가치의 소중함을 깨닫고, 서로가 서로를 귀한 존재로 인식하고 대할 수 있도록 나의 존재 가치 선언문을 작성하도록 하였다. 이를 위해 우선 내가 생각하는 나라는 존재에 대해 글로 표현하고 친구들을 만나서 친구들이 생각하는 나라는 존재에 대해 알아본 뒤, 평소 좋아하고 존경하는 인물의 특성을 파악하고 정리함으로써 공동체 속에서 나의 존재 가치를 발견하도록 수업을 설계하였다. |

	성취기준	평가내용	평가기준			평가방법
			나눔	자람	싹틈	
3. 평가 계획	[6도03-01] 인권의 의미와 인권을 존중하는 삶의 중요성을 이해하고, 인권 존중의 방법을 익힌다.	공동체 속에서 나라는 존재의 가치를 발견하고 나의 존재 가치 선언문을 작성하여 발표한다.	평소 나라는 존재에 대한 깊은 관심과 이해를 가지고 있었으며, 활동을 통해 나의 존재 가치 선언문을 작성하고 발표한다.	나라는 존재의 소중함을 알고 있었지만, 큰 관심을 두지 않았으나 이번 활동을 통해 나의 존재 가치를 깨닫고 선언문을 작성하고 발표한다.	평소 나라는 존재의 소중함을 깨닫지 못했지만, 나의 존재 가치 선언문을 작성하면서 소중함을 깨닫고, 친구들에게 선언문을 발표한다.	관찰평가 발표평가

학습 단계	학습요항 학습형태(분)	인성교육중심 교수·학습 활동	자료 유의점 평가
도입	살펴보기 팀 내 (5)	◦ 내가 생각하는 나는 어떠한 존재일까? · 자료1을 활용하여 내가 생각하는 나를 소개하기에 적절한 단어 3개를 선정하고, 한 문장으로 나를 소개하는 글을 작성한다. · 팀별로 나를 소개하는 글을 돌아가며 발표한다.	활동지
	학습 문제	◦ 학습 문제 정하기 · 공동체 속 나의 존재가치는 무엇일까요?	
	활동 순서	◦ 활동 순서 · 나를 보면 무엇이 떠오르니? · 나에게 가장 의미 있는 단어는 무엇일까? · 공동체 속 나의 존재 가치 선언문을 작성해보자.	

학습 단계	학습요항 학습형태(분)	인성교육중심 교수·학습 활동	자료 유의점 평가
전개	나를 보면? 전체 (10) 나에게 의미있는 단어는? 개별 (10)	◎ 나를 보면 무엇이 떠오르니? · 나를 보면 떠오르는 단어 3개를 말해달라고 하고, 친구가 말하는 단어를 자료1에 정리하기 · 10명의 친구와 만나서 위의 활동을 반복하기 ◎ 나에게 가장 의미 있는 단어는 무엇일까? ① 평소 내가 좋아하는 혹은 배울 점이 많은 친구 3명 선정 ② 각각의 사람에 대해 내가 왜 좋아하고 배울 점이 많다고 생각하는지 그 사람들의 특징에 어울리는 단어를 2개씩 선정 ③ 자료1에 기록한 6개의 단어 중 가장 마음에 드는 단어 3개를 선정 ④ 친구들 10명을 만나서 친구들이 말해준 총 30개의 단어 중 나를 잘 표현한다고 생각이 드는 마음에 드는 단어 3개를 선정한다. ⑤ 3과 4에서 선정한 단어 중 마음에 드는 단어 3개를 최종적으로 선정한다.	
정리	정리하기 팀 내 (10) 발표하기 전체 (10)	◎ 나의 존재 가치 선언문을 작성해보자. · 나에게 가장 의미 있는 단어로 선정된 3개의 단어를 활용하여 자료1에 있는 양식을 활용하여, 우리 반이라는 공동체 속에서 나의 존재 가치를 찾고, 나의 존재 가치 선언문을 작성해보자(자료2 참고) ◎ 나의 순수 존재 가치 선언문 발표하기 · 모든 친구의 선언문을 발표하도록 하고, 부족한 시간은 다음 차시 동기유발 시간에 계속해서 발표하도록 한다. [차시예고] 나의 존재 가치 선언문 모두 발표하고, 나비 책을 만들고 자신의 존재 가치 선언문을 작성한 후 교실 전시하기	교사의 순수 존재 가치 선언문 사진

나의 존재 가치를 발견해요.

☆ 아래는 긍정적 존재 가치에 대한 단어들입니다. 자세히 살펴본 뒤, 활동에 참여해 보세요.

학구적인	지적인	배우는	사색적인	판단력이 있는
현명한	객관적인	정확한	이성적인	가능성이 있는
창의적인	유연한	독창적인	실천적인	도전적인
끈기가 있는	새로움을 찾는	지혜로운	예측을 잘하는	끝까지 해내는
열정적인	근면한	용감한	진취적인	힘이 넘치는
친절한	자상한	책임감이 있는	성실한	동정심이 많은
사랑하는	헌신적인	기뻐하는	감사하는	친밀한
상호적인	붙임성이 있는	낙관적인	진실한	올바른
공정한	이타적인	관심이 많은	사랑을 받는	포용력이 있는
지도력이 있는	정의로운	매력적인	협동적인	꼼꼼한
인내력이 있는	자율적인	사회성이 있는	합리적인	고마워하는
신중한	빈틈없는	충성심이 있는	격려하는	목표가 있는
겸손한	너그러운	공평한	생각이 깊은	탐구하는
용서하는	미를 즐기는	결단력이 있는	명랑한	여유로운
감상하는	호기심 많은	유머러스한	기대하는	평화로운
진심에서 우러나는	타인을 존중하는	자신을 통제하는	자신을 낮출 줄 아는	전체를 볼 줄 아는

☆ 나는 어떠한 사람일까요? 내가 생각하는 나라는 사람은 어떠한 사람인지를 1쪽에서 제시하는 단어를 3가지 선정하여 소개하는 글을 써보세요.

- 선정한 단어 3개를 적어보세요.

....

- 고른 단어 3개를 활용하여 나를 소개하는 글을 써보세요.

....

....

☆ 나는 어떠한 사람일까요? 내가 생각하는 나라는 사람은 어떠한 사람인지를 1쪽에서 제시하는 단어를 3가지 선정하여 소개하는 글을 써보세요.

번호	" "하면 무엇이 떠오르나요?	
1		
2		
3		
4		
5		
6		
7		
8		
9		
10		

☆ **우리 반에서 내가 좋아하거나 배울 점이 많은 친구의 특징을 찾아보세요.**

단계	내용	내용에 맞게 빈칸에 나의 생각을 솔직하게 적으세요.		
1	우리 반에서 내가 좋아하는 사람, 배울 점이 많다는 생각이 드는 친구를 3명 선정하여 적어보세요.			
2	내가 좋아하거나 배울 점이 많다고 생각이 드는 친구의 특징은 무엇인지 2가지씩 적어보세요.			
3	2단계에서 선택한 6개의 단어 중 마음에 드는 3개를 선택하고 적으세요.			
4	2번에서 적은 친구들이 나에 대해 말해준 30개의 단어 중 가장 마음에 드는 단어 3개를 선택하고 적으세요.			
5	4단계와 5단계에서 적은 6개의 단어 중 가장 마음에 드는 3개의 단어를 선택하고 적으세요. 이 단계에서 적은 단어 3개가 여러분이 우리 반에서 가지는 존재 가치입니다.			

☆ 앞에서 선택한 나의 존재 가치 3단어를 이용하여 우리 반에서 나의 존재 가치 선언문을
작성해보세요.(선생님이 보여주는 예시자료를 참고하며, 선언문을 발표 후 책을 만들어서
전시합니다)

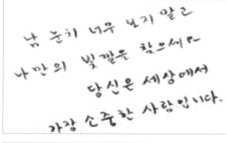

- 교사의 가치 선언문 예시 자료 그림

교사의 가치 선언문

나, 최경민은 진실하고 열정적이며 책임감 있는 사람입니다.

다른 아이들에게 진실되게 다가가는 교사가 될 것이며, 아이들의 성장과 발전을 위해 가지고
있는 교육에 대한 열정을 꾸준히 유지하고 실천할 것입니다.

또한 우리 아이들이 배움을 통해 한 단계 성장하고 발전할 수 있도록 교사로서의 책임감을 가
짐으로써 학교에서, 교실에서 수업을 통해 행복함을 느낄 수 있는데 작은 도움이 되었으면 좋겠
습니다.

---

66 철의 탄생과 함께 시작된 세 국가, 그리고 최초의 통일 국가 99

　우리가 프로젝트 학습을 기반으로 역사 수업을 새롭게 디자인하게 된 가장 큰 이유는 학생들로 하여금 역사 자료를 수집·분석·비판·해석·종합하는 과정, 즉 '역사가의 작업'을 간접적으로 체험하는 경험을 제공하기 위함이었다. 역사가로서의 활동을 경험한다는 것은 학습자 주도의 역사하기를 의미하는 것이고, 역사하기 활동을 통해 진정한 의미에서의 역사교육을 실천하기 위함이었다.

　이에 그동안의 단순 암기식 역사 수업을 지양하고, 역사적 사고력 신장을 역사 프로젝트 학습의 가장 큰 목표로 정하게 되었다. 우리가 이야기한 역사적 사고력이란 역사적 문제를 해결하는 과정이나 탐구의 과정에서 비판력과 판단력을 발휘하는 역량으로, 다양한 역사적 자료 가운데 최적의 자료를 탐색, 수집하고 이를 맥락적 차원에서 해석하고 구성하는 과정이라 정의 내렸다.

　이에 학생 주도의 역사하기를 위해서는 풍부한 역사자료, 학생 간 역동적 상호 작용, 다양성과 개방성, 그리고 교사의 적절한 안내가 요구되었고, 인터넷을 기반으로 한 웹 환경이 이를 충분히 제공해 줄 수 있을 것이라고 판단하였다. 물론 웹 환경을 통해 역사 자료를 풍부하게 제공한다고 하여 바로 역사교육의 효과를 볼 수 있는 것은 아니다. 역사 자료를 풍부하게 제공한다는 점에서 웹 환경이 주는 교육적 의미는 있지만, 보다 더 중요한 것은 웹이 제공하는 풍부한 자원과 기술을 적절히 활용하여 학습자로 하여금 고차원적인 교육적 경험을 가질 수 있도록 하는 것이다. 학습자들은 웹에서 제공하는 풍부한 역사 자료들 가운데 주제에 가장 효과적이고 적절한 자료를 선정하고, 이를 결과물로 제작하기까지의 탐구과정 속에서 끊임없이 선택하게 되고, 생각하는 훈련을 경험하게 된다. 그리고 학생들은 이 과정을 통해 능동적이고 창의적이며 비판적인 사고 활동이 일어날 수 있는 가능성을 제공받게 된다.

그래서 우리는 삼국시대, 그리고 통일 신라 시대에 대한 프로젝트 학습은 인터넷 환경을 적극 활용하는 블렌디드 러닝 기반 프로젝트 학습을 계획·실천하게 되었다. 블렌디드 러닝 기반의 프로젝트 학습은 인터넷이 제공하는 다양한 자원을 활용하여 학습자 주도 하에 스스로 정보를 찾고 활용하는 능력 신장을 통해 사고력을 배양해 가는 교수 학습 활동으로써, 학습자 주도의 역사 자료 수집·분석·정리 및 결과물 제작이라는 역사적 탐구 방법의 훈련을 통해 사고력을 배양하고자 하는 '역사하기' 학습 활동과 일치하기 때문이었다.

우리들이 함께 모여서 삼국시대와 통일 신라시대에 대한 프로젝트 학습을 계획하면서 가장 크게 느꼈던 문제점은 시대별로 배워야 하고 알아야 할 교육 내용, 각 시대별 문화 자료의 양이 방대하고, 모든 자료를 아이들에게 제공하는 것이 교실 현실상 불가능하다는 것이었다. 그래서 찾은 방안이 인터넷 활용이었다. 인터넷을 통해 고구려, 백제, 신라, 그리고 통일 신라시대와 관련된 다양한 역사적 자료를 찾고, 적절히 선정·활용하여 각자의 결과물을 만들어냄으로써 고차원적인 역사 수업 및 교육 경험을 제공하여 '역사가의 작업'을 간접적으로 체험할 수 있는 의미 있는 역사 수업을 진행하기로 하였다.

이에 우리들은 웹 환경을 활용한 블렌디드 러닝 기반 프로젝트 학습을 통해 "철의 탄생과 함께 시작된 세 국가, 그리고 최초의 통일 국가"라는 프로젝트 학습을 계획하고 실천하게 되었다.

꼭지 ① 삼국의 시작과 발전, 그리고 생활모습

마중활동

삼국은
어떻게 시작되었을까?

• 내가 그린 삼국의 건국 이야기

삼국은
이렇게 발전했구나!

• 내가 그린 역사지도로
  삼국의 발전 과정 알아보기

가온활동

**꼬두람이
활동**

삼국시대 사람들은
이렇게 살았어요.

• 몸으로 체험하는 삼국의 신분제도

"삼국의 시작과 발전 그리고 생활모습"

마중활동

삼국은 어떻게 시작되었을까?

☑ **사회 1** 우리 역사의 시작과 발전
☑ **국어 9.** 다양하게 읽어요

관련 교과 및 단원

학습 개요

★★☆☆

❶ **국어 9단원과 연계하여 글의 종류에 따라 읽기 방법이 달라짐을 학습하기**
  • 건국 이야기는 어떤 글의 종류에 해당되는지를 찾아 적절한 읽기 방법을 스스로 찾도록 지도하기

❷ **삼국의 건국 이야기를 읽고 스스로 해석한 내용을 중심으로 이야기 정리하기**
  • 삼국의 건국 이야기를 간단하게 마인드맵 형태로 정리하도록 하여 부담감 줄이기

❸ **삼국의 건국 이야기 중 가장 관심 있는 내용을 선택하여 만화로 표현하기**
  • 그 당시의 생활 모습을 생각하면서 자신이 창작하고 싶은 부분 허용하기

❹ **완성된 작품을 모둠원들과 함께 읽고 보충할 점이나 추가할 점 등에 대한 의견 나누기**
  • 다른 사람의 작품에 대한 비난 등은 하지 않도록 지도하기

❺ **교실 벽이나 별도의 공간에 작품을 전시하고 친구들과 함께 다른 사람의 작품에 잘된 점이나 자신의 작품에서 더 추가했으면 하는 점에 대해 생각하기**

첫 단추 { 내가 그린 삼국의 건국 이야기

교과서를 읽다 보면 [작은 이야기]에 삼국의 건국에 대한 이야기가 나온다. 물론 학생들에게 그냥 읽으라고 말하고 넘어갈 수도 있겠지만, 이제 막 역사에 대해 관심을 가지는 학생들에게 좀 더 쉽게 접근할 수 있는 중요한 계기를 만들어 주고 싶었다.

그래서 단순히 삼국의 건국 이야기를 읽기보다는 어떻게 읽는 것이 좋을지에 대해서 생각하게 되었다. 그 결과 국어 교육과정과 연계하여 수업을 진행하게 되었다. 국어 9단원을 통해서 다양한 종류의 책들을 어떻게 읽으면 좋은지에 대해 학습하였다. 이를 바탕으로 학생들은 적절한 방법으로 삼국의 건국 이야기를 읽음으로써 역사에 대한 흥미를 느끼고 수업 속으로 자연스럽게 빠져들었다.

하지만, 여기서 무엇인가 아쉬운 점이 있었다. 이렇게 이야기를 읽기만 한다고 해서 학생들이 역사를 이해하게 되는지에 대한 의문이 들었다. 그래서 삼국의 건국 이야기를 읽고 각자 자신이 이해한 내용을 친구들에게 소개하도록 하였다. 이때 소개 방법으로는 삼국의 건국 이야기 중 가장 기억에 남는 것을 만화 형태로 표현하여 친구들에게 소개하기로 하였다.

물론 이야기를 요약해서 글로 쓰거나 역할극으로 표현할 수도 있지만, 학생들이 가장 흥미를 가지고 쉽게 접근할 수 있는 방법이 만화라고 생각했기 때문이다. 그러자 학생들의 반응은 내가 생각한 것보다 훨씬 더 활동적이고 재미있어하며 수업에 녹아들었다.

처음에는 각자 표현한 만화를 모둠별로 친구들과 함께 돌려 읽고 더 추가하거나 수정했으면 하는 점에 대해서 의견을 나누도록 하였다. 그런 다음 보충하여 완성한 작품을 교실에 전시하여 친구들과 함께 감상하고 서로의 생각을 나누도록 하였다. 다음 이야기는 실제 우리 학급에서 있었던 수업 중 활동의 이야기이다.

☆학생 1 : 야! 이 그림 좀 봐! 너무 잘 그렸다. 나도 그림을 잘 그렸으면 좋겠어.

◎학생 2 : 그래. 그림은 매우 잘 그렸는데 저 그림을 봐! 그림은 잘 그리지 않았지만, 이걸 보면 신라가 건국된 이야기를 진짜 책으로 읽는 것 보다 더 쉽고 빠르게 이해할 수 있어!

☆학생 1 : 응 그러네. 그림을 잘 그리는 것도 중요하지만, 이야기를 재미있고 쉽게 표현하는 것도 좋은 방법이네.

◎학생 2 : 선생님은 누구 그림이 가장 잘했다고 생각해요?

◆선생님 : 선생님은 친구들의 작품이 모두 잘했다고 생각해! 그리고 작품마다 우리 반 친구들의 특징과 개성이 있어서 어느 작품이 낫다라고 비교는 할 수 없다고 생각해. 선생님이 바라는 것은 여러분 스스로 부족하다고 생각하는 점을 보면서 느끼고 배웠으면 한단 다. 처음부터 잘 하는 사람은 없지 않을까? ○○는 어떻게 생각하니?

◎학생 2 : 맞아요. 선생님. 저도 제가 그림을 못 그린다고 생각했지만, 제 그림을 보고 친구들 이 모두 내용을 잘 소개했다고 칭찬을 들었어요. 그리고 다른 친구들이 다음에는 그림 도 좀 더 자세하게 잘 표현하면 더 좋을 것 같다고 말해줬어요. 다음에는 더 잘할 수 있을 것 같아요.

실제 우리 반 학생들 간의 대화를 들으면서 함께 성장해가는 학생들의 모습을 볼 수 있었다. 이 수업을 통해서 삼국의 건국에 대해서 더 잘 이해하게 되었다는 측면도 있었 지만, 그것을 통해 학생 스스로 자신의 부족하거나 필요한 점을 알고 다른 사람의 좋은 점 을 배울 수 있는 것이야말로 이 수업의 최종 목표라는 생각이 들었다. 그리고 학생들을 통해서 교사인 나도 많은 것을 배우고 어떤 수업을 준비해야 할지 많은 고민을 던져주는 재미있는 수업이었다.

국어 비판적 읽기를 통해 삼국의 건국 신화를 글과 그림으로 표현한 아이들의 작품은 다음의 그림과 같다.

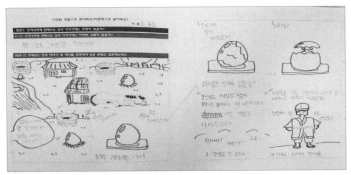

실제 우리 반 친구들이 그린 작품이다. 처음에는 학생들은 자신이 못하는 부분이 드러날까 매우 두려워했지만, 모두들 열심히 수업에 참여하면서 그런 걱정은 사라지고 진지한 모습으로 자신의 생각을 표현하기 시작했다.

다양한 방법으로 읽어봐요(비판적으로 읽어봐요)

☆ **우리나라에 전해오는 건국 이야기에는 무엇이 있을까?**

• 우리나라에 전해오는 건국 이야기에는 어떠한 것들이 있을까?

☆ **전해오는 건국 이야기 중 하나를 선정하여 8컷 만화로 표현해보세요.**

☆ **친구들이 그린 건국 이야기 만화를 살펴보면서 우리나라에 전해오는 건국이야기를 정리해 보세요.**

● 친구들이 그린 건국 이야기 만화를 모두 읽어보고, 건국 이야기를 종류별로 간단하게 요약해보세요.

건국 인물	주요 내용 정리

● 이와 같은 이야기를 무엇이라고 할까요? 그리고 이와 같은 글을 읽을 때는 어떻게 읽어야 할까요?

☆ **여러분은 어떻게 글을 읽게 되었나요?**

평가: 얼마나 잘 알고 있나요?		상황에 따라 글을 읽는 방법을 정리하면?
여러 매체에 따라 알맞은 읽기 방법을 골라 글을 읽는다.	☺ ☺ ☹	
여러 매체를 통해 자료를 조사하고, 글과 그림으로 조사한 자료를 표현한다.	☺ ☺ ☹	
글을 읽고 읽기 태도에 따라 방법을 달리하여 글을 읽는다.	☺ ☺ ☹	

" 삼국의 시작과 발전 그리고 생활모습 "

가온활동

삼국은 이렇게 발전했구나!

관련 교과 및 단원

✔ **사회 1.** 우리 역사의 시작과 발전

학습 개요

★☆☆☆

❶ 삼국의 시작에 대한 이해를 바탕으로 삼국의 발전 과정 이해하기 → 단순히 역사적 사실의 전달이나 암기보다는 학생들 스스로 삼국의 역사 지도를 보고 어떤 정보를 찾을 수 있는지에 대한 발문하기

❷ 삼국의 역사 지도를 OHP 필름을 활용해 직접 각 나라별 전성기 역사 지도 그려보기 → OHP 필름을 활용할 경우 따라서 그리는 데에만 집중하는 경향이 있으므로 중심이 되는 지역을 꼭 표시하고 화살표의 방향이 가지는 의미에 대해서 생각하도록 지도하기

❸ 삼국의 역사 지도를 완성하고 각 모둠별로 역사 지도를 통해서 알 수 있는 점 정리하기 → 개별 학습을 할 경우 어려움을 느끼는 학생들이 있으므로 모둠별 학습으로 하는 것이 부담감을 덜 느끼고 활동에 능동적인 태도를 보임

❹ 모둠별로 알게 된 점을 발표하고 친구들의 발표 내용 중 공통적인 부분을 표시하고 전체적인 정리하기 → 학생들 발표 내용을 통해 학습 결과를 최대한 도출하고 누락된 부분은 교사가 함께 발문을 통해 정리하기

첫 단추 { 내가 그린 역사 지도로 삼국의 발전 과정 알아보기

마중 활동을 통해 삼국의 건국 이야기를 재미있게 학습하였다. 이를 바탕으로 가온 활동에서는 삼국의 발전 과정과 전성기의 모습을 통해 역사적 사실을 도출해 내는 활동을 하였다. 하지만 삼국의 발전 과정과 전성기의 모습을 이해하는 부분은 학생들이 가장 싫어하고 어려워하는 내용이다. 역시 이 수업을 시작하자 대부분의 학생들 입에서 탄식과 한숨, 절망의 소리가 여기저기서 들려왔다.

그래서 수업공동체 선생님들과 함께 이 수업을 어떻게 지도할 것인가에 대해서 많은 고민을 하였다. 계속된 논의 끝에 우리가 도달한 결론은 학생들에게 역사적 사실을 전달하는 것은 오히려 앞으로 진행될 역사 수업에 대한 흥미와 호기심을 떨어뜨릴 수 있다는 점에 공감을 하였고, 학생들이 책에 있는 내용을 보는 것보다는 직접 활동을 통해서 역사적 사실을 스스로 찾아가도록 도움을 주자는 의견으로 모아졌다. 그래서 교과서에 있는 내용을 피동적 입장에서 수용하기보다는 능동적으로 학생들이 따라 그려봄으로써 스스로 역사 지도에 대해서 이해하고 역사적 사실과 의미를 찾도록 계획하였다.

먼저 교과서에 제시된 역사 지도를 보고 직관적으로 알 수 있는 역사적 사실이나 유추할 수 있는 정보를 기록하도록 하였다. 이때 역사에 대한 지식이 전혀 없는 학생들의 경우 많은 어려움을 겪을 수 있으므로 모둠별 활동으로 진행하였다. 처음에는 선행학습을 하였거나 역사에 관심이 많은 학생 중심으로 모둠 활동이 시작되었지만, 시간이 지나면서 주변에 있는 친구들도 하나씩 자신의 생각을 이야기하면서 흥미를 가지고 참여하는 모습이 하나둘씩 늘어갔다.

그런 다음 학생들에게 OHP 필름을 이용하여 삼국의 나라별 전성기 역사 지도를 따라 그려보도록 하였다. 이 때 주의할 점은 학생들이 지도를 그리는 활동이 중점이 아니라 지도를 그려보면서 지명과 그 시대의 나라 크기, 화살표의 방향이 의미하는 것 등에 대해서 발문을 하여 그 의미를 찾도록 하는 것이 중요하다고 할 수 있다. 예를 들어 백제의 전성기 역사 지도를 그릴 때, 백제의 수도가 어디인지, 지도에는 수도가 어떤 기호로 표시되었는지를 찾아보도록 하거나 화살표의 방향이 어느 쪽으로 뻗어가고 있는 지를 생각해보도록 하는 것이 중요하다. 그리고 역사 지도와 똑같이 그리고자 하는 학생에게 그림 보다는 지도에서 찾을 수 있는 정보에 대한 부분을 집중해서 그리도록 유도하는 것이 필요하다.

삼국의 역사 지도를 완성한 후에는 학생들과 함께 지도를 순서대로 백지도 위에 붙이도록 하였다. 그리고 각 모둠별로 앞에서 찾은 내용 외에 함께 토의하여 좀 더 역사적 사실을 찾아가도록 하였다. 각 모둠별로 충분히 생각할 시간을 주어서 함께 찾도록 하였다.

끝으로 모둠별로 알게 된 내용을 정리하여 발표하도록 하고 공통되는 내용을 함께 찾아서 칠판에 정리하였다. 그리고 추가적으로 더 필요한 부분을 직접 교사가 자신들이 만든 지도를 살펴보면서 함께 정리하면서 수업을 마쳤다.

그 결과 학생들은 스스로 무엇인가를 해냈다는 성취감과 역사적 사실을 지도를 통해서 알 수 있다는 신기함을 경험할 수 있었다. 물론 힘들고 어렵다는 친구들도 한 둘 있었지만, 대부분의 학생이 역사가 이렇게 재미있고 또 역사 지도에 많은 정보가 담겨 있다는 사실에 매우 놀랐다고 하였다.

사실 고학년을 지도하면서 역사적 사실을 학생들에게 전달하기 위해서 많은 노력을 하였지만, 교사가 생각한 만큼 전달되지 못하는 경우가 많았다. 지금 돌이켜보면 아마도 전체적인 숲을 보지 못한 채 숲속에 있는 나무 하나하나에 치중하여 수업을 하였던 지난날의 모습이 떠올랐다. 이 수업 방법이 무조건 옳다는 것이 아니라, '좀 더 수업에 대한 다양한 방법을 연구한다면 더 재미있고 즐거운 수업이 되지 않을까'라는 생각을 하게 되었다.

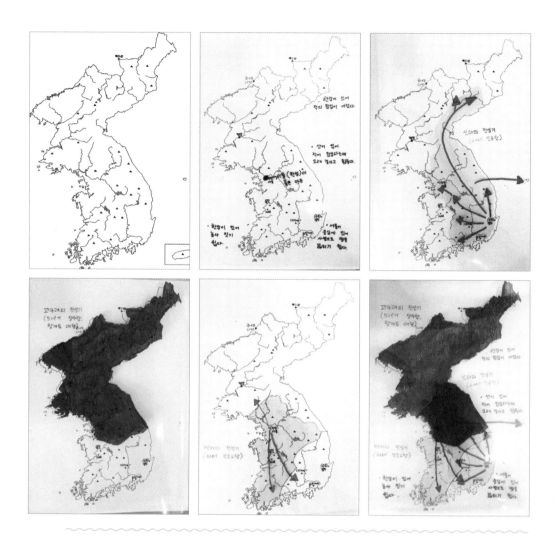

먼저 백지도를 제공한다. 그런 다음 OHP 필름 위에 나라별 중심이 되는 지명을 찾아서 표시하도
록 한다. 그리고 시대별 전성기 지도를 3장 완성한다. 완성된 지도를 백지도 위에 차례대로(시대
별로) 붙이도록 한다. 끝으로 학생들이 스스로 역사 지도를 보면서 역사적 사실을 찾도록 발문
하는 과정을 거쳤다.

실제 우리 반 친구들이 삼국의 나라별 전성기 역사 지도를 그리는 모습이다. 처음에 교과서를 펴고 수업을 시작했을 때 학생들의 모습은 매우 하기 싫은 눈치였지만, 활동을 하면서 학생들이 즐거워하고 역사 수업 속으로 점점 빠져드는 모습을 볼 수 있어서 교사로서 매우 보람된 순간이었다.

" 삼국의 시작과 발전 그리고 생활모습 "

삼국시대의 사람들은 이렇게 살았어요.

꼬두람이
활동

관련 교과 및
단원

- ☑ **사회 1.** 우리 역사의 시작과 발전
- ☑ **도덕 7.** 모두 함께 지켜요
- ☑ **미술(금성-이은적) 2.** 소통과 디자인

학습
개요

★ ★ ☆ ★

❶ **인권의 의미, 다양한 인권과 인권이 침해되는 사례 알아보기**
- 단순한 지식 전달의 수업이 아닌 배움과 삶이 하나로 연결되는 활동
  으로 구성하기

❷ **삼국 시대의 신분에 따른 사람들의 생활 모습 이해하기**
- 브레인라이팅과 브레인스토밍을 활용하여 삼국시대 사람들의 생활
  모습에 대한 이야기 모으기

❸ **모둠별로 삼국시대의 신분에 따른 생활 모습을 역할극으로 구성하기**

❹ **역할극 발표회 및 친구들과 소감 공유하기**
- 각 역할에 따른 친구들과 생각 나누기

첫 단추 { 몸으로 체험하는 삼국의 신분제도

실제로 사람이 학습을 하는 데 있어서 기억이 가장 오래가는 방법은 체험이라고 한다. 삼국 시대 사람들의 생활 모습을 어떻게 지도하면 좋을지에 대해서 고민을 하다 학생들이 각 신분에 따른 모습을 재현해 본다면 더욱 가슴에 와 닿고 오래 기억할 수 있지 않을까 하는 생각이 들었다. 그리고 실제 당시 사람들의 생활 모습을 역할극으로 표현한다면 각 신분별 사람들이 어떻게 생활했는지를 느낄 수 있을 것이라고 생각하였다.

이렇게 수업을 계획하면서 우리는 먼저 인권에 대한 의미를 알아보고 다양한 인권과 인권이 침해되는 사례를 살펴보기로 하였다. 이러한 과정을 통해 그 시대의 사람들에 대해 깊이 이해할 수 있을 것이라 생각하였기 때문에 도덕과 연계하여 수업을 진행하였다. 단순히 도덕 시간에 인권에 대해서 배우는 것에 그치는 것이 아니라 이것을 실제 체험하고 공감할 수 있는 활동을 제공하는 것은 우리 삶과 배움이 하나로 이어질 수 있다는 점에서 매우 의미있는 수업 활동이라고 생각하였다.

그런 다음 교과서를 통해서 삼국 시대에서 신분에 따른 사람들의 생활 모습을 이해하도록 하였다. 스스로 읽고 배운 내용을 역할극의 상황으로 설정하여 이야기를 구성하도록 하자 학생들은 수업에 적극적으로 참여하였다. 예전과 같이 교과서를 읽고 평민은 베로 만든 옷을 입고 초가집에 살았다는 교과지식을 알려주는것 보다 훨씬 더 살아있는 수업이 되었다. 학생들은 서로 어떤 역할을 맡을지 모르기 때문에 모든 신분에 대한 모습을 익히려고 노력하였다.

모둠별로 공정하게 어떤 역할을 할지 정하도록 하고 각 역할이 정해지면 그 역할에 맞게 상황을 만들어 역할극 대본을 만들도록 하였다. 학생들은 모두 신이 나서 자신이 맡은 역할에 필요한 소품과 재미있는 상황을 열심히 만들었다. 모두들 즐겁게 웃으면서 공부하는 모습을 보면서 내가 원하던 수업이 이런 것이 아니었나를 생각하게 되었다.

　각 모둠별로 연습하고 발표를 한 후에는 각 역할에 따른 자신이 느낀 점을 정리하여 친구들과 함께 공유하도록 하였다. 귀족을 한 친구들은 "너무 편하고 좋았다"고 말하는 반면, 노비를 한 친구는 "너무 불편하고 억울했어요"라고 하였다.

　아주 짧은 시간이었지만, 학생들은 인권에 대해서 많은 생각을 하게 되었고 소중함을 느낄 수 있는 시간이었을 것이다. 그리고 삼국 시대 사람들의 생활 모습을 직접 체험하면서 조금씩 역사 수업에 대한 거부감이 없어지고 즐겁게 수업에 참여하는 모습을 볼 수 있는 귀중한 시간이었다.

역할극 하기 전, 브레인라이팅과 브레인스토밍을 활용하여 삼국시대 사람들의 생활 모습이 어떠했을지 이야기를 모으고, 이야기를 바탕으로 그림으로 표현하여 역할극 배경으로 활용한 우리들

삼국시대 백성들에 삶의 모습은 비슷한 면이 많았지만, 고구려, 백제, 신라 사람들에 생활 모습의 특징이 잘 드러나게 역할극으로 표현한 우리들

문화재로 배우는 삼국 시대

삼국의 위대한 유산

마중활동

- 삼국의 보물을 찾아라!
- 난 ○○의 유물이야!

무엇이~♪ 무엇이~♪ 겹쳐질까~♪

- 우리가 본 문화재에 수학이 숨어있다고?

  (선대칭도형, 점대칭도형 분류하기)

가온활동

문화재 어디까지 그려봤니?

꼬두람이
활동

- 선대칭 도형으로 석가탑, 다보탑 그리기
- 점대칭 도형으로 팔각 우물, 수막새 그리기
- 카드 왕 뽑기 게임으로 배움을 정리해요.

" 문화재로 배우는 삼국시대 "

마중활동

삼국의 위대한 유산

관련 교과 및 단원

✔ **사회 1.** 우리 역사의 시작과 발전
　　3) 고구려, 백제, 신라의 건국과 발전

학습개요

❶ **삼국의 유물을 분류하기**
• 학생들 스스로 각 나라 문화의 특징을 정의하고 자유롭게 유물을 분류한다.

❷ **삼국의 유물 조사하기**
• 인터넷을 활용하여 어느 나라의 유물인지 조사하여 삼국 문화의 특징 찾아본다.

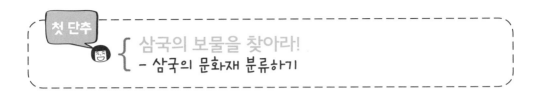

우리가 삼국시대의 문화를 배우던 방법은 단순히 교과서에 제시되는 대로 '강인하고 힘찬 고구려 문화, 화려한 백제 문화, 소박한 신라 문화'라고 암기를 하며 거기에 각 나라별 대표적인 유물 한, 두 가지의 이름을 외우는 것이었다.

문화는 집의 형태, 건축자재에서부터 생활용품, 종교용품, 등에 이르는 온갖 대상들에 대한 것이기에 한두 개의 유물로 대변될 수는 없을 것이다. 물론 많은 시간이 흘러 현재 남아있는 문화의 흔적이 부족하여 그 당시에 살았던 삶들을 되살려 직접 느껴 볼 수는 없겠지만 될 수 있는 한 다양한 예를 제시해 주면 학생들이 그 당시의 문화를 파악하는 데 도움이 되리라 생각하였으며 학생들의 감상에 대한 해석의 다양성을 존중하고자 하였다.

먼저 문화재청과 국립중앙박물관, 국립경주박물관, 국립공주박물관에서 고른 삼국의 유물 48개를 무작위로 섞은 학습지와 고구려, 백제, 신라, 학습지를 제시하여 학생들이 유물을 잘라 분류한 다음 나라별로 16개를 빈칸에 붙이도록 하였다. 유물 사진과 유물 이름이 들어간 칸의 크기가 나라별 빈칸의 크기와 같게 하여 잘라 붙이는데 용이하게 하였다.

분류를 하면서 왜 같은 나라로 분류하였는지 공통의 느낌과 특징은 무엇인지 기록을 하게 하여 자신의 생각을 남겨놓도록 하였다.

교과서에서 봤던 유물들은 쉽게 붙일 수 있었지만 처음 보는 유물은 각 나라의 특징을 스스로 생각하고 기준을 세워 분류를 해야 했다. 이를 통해 단순한 암기로 유물을 외우는 것이 아닌 삼국의 문화에 대해 본인 스스로 정의 내려 볼 수 있는 기회가 주어지게 되었다.

문화재청에서 문화재를 검색하고 정리하는 방법은 다음과 같다.

문화재 정보 찾기 📖

학생들에게 문화재 조사 활동을 제시하면 대부분 네**, 다*에서 검색 정보를 찾아 비슷한 내용밖에 없었는데 여기에 쉽게, 다양한 자료를 찾을 수 있는 곳이 있다.

문화재청 국가문화유산 포털이다.

국내 등재된 유, 무형 문화재는 모두 기록되어 있으며 기록유산의 표지뿐만 아니라 안의 내용도 볼 수 있고 3D프린터로 문화재를 출력할 수 있는 자료까지 있다. (건축물의 경우 건물의 상세한 도면까지, 무형 문화재의 경우 영상, 음향자료까지 갖추고 있다.)

문화재 검색 🔍

첫 페이지에서 [문화유산 검색]으로 들어가서 [문화재 검색] – [문화재 검색]을 클릭

여기에서 검색 조건을 달리하여 문화재를 검색할 수 있다.

- 지정 종목 : 국보, 보물, 사적, 무형문화재, 천연기념물 등
- 지역 : 행정구역별 분류
- 시대 : 선사시대부터 시대별 분류

국보 문화재 검색 🔍

| 조건 지정 | 종목 : 국보 | 지역 : 전체 | 시대 : 전체 |

문화재 검색 🔍

문화재 검색 🖨

🔍 **337**의 자료가 검색되었습니다.(부속문화재 포함)　　　　　　　🔳 QR코드목록　📊 엑셀저장　🔗 동영상

연번	종목	명칭	매체	소재지	관리자(단체)
1	국보 제1호	서울 숭례문 (서울 崇禮門)	📷	서울 중구	문화재청 덕수궁관리소
2	국보 제2호	서울 원각사지 십층석탑 (서울 圓覺寺址 十層石塔)		서울 종로구	종로구청
3	국보 제3호	서울 북한산 신라 진흥왕 순수비 (서울 北漢山 新羅 眞興王 巡狩碑)		서울 용산구	국립중앙박물관
4	국보 제4호	여주 고달사지 승탑 (驪州 高達寺址 僧塔)	📷	경기 여주시	여주시
5	국보 제5호	보은 법주사 쌍사자 석등 (報恩 法住寺 雙獅子 石燈)	📷	충북 보은군	법주사
6	국보 제6호	충주 탑평리 칠층석탑 (忠州 塔坪里 七層石塔)		충북 충주시	충주시

※ 위의 자료를 오른쪽 위의 엑셀저장을 통해 수정 및 가공할 수 있다.

문화재 기본정보

337개 문화재가 검색되었습니다.

연번	종목	번호	명칭	명칭(한자)	소재지	시대명	지정일	분류	수량/면적
1	국보	제1호	서울 숭례문	서울 崇禮門	서울 중구	조선시대	1962-12-20	유적건조물/정치국방/성/성곽시설	1동
2	국보	제2호	서울 원각사지 십층석탑	서울 圓覺寺址 十層石塔	서울 종로구	조선시대	1962-12-20	유적건조물/종교신앙/불교/탑	1기
3	국보	제3호	서울 북한산 신라 진흥왕 순수비	서울 北漢山 新羅 眞興王 巡狩碑	서울 용산구	신라	1962-12-20	기록유산/서각류/금석각류/비	1기
4	국보	제4호	여주 고달사지 승탑	驪州 高達寺址 僧塔	경기 여주시	고려시대	1962-12-20	유적건조물/종교신앙/불교/탑	1기
5	국보	제5호	보은 법주사 쌍사자 석등	報恩 法住寺 雙獅子 石燈	충북 보은군	통일신라	1962-12-20	유적건조물/종교신앙/불교/석등	1기
6	국보	제6호	충주 탑평리 칠층석탑	忠州 塔坪里 七層石塔	충북 충주시	통일신라	1962-12-20	유적건조물/종교신앙/불교/탑	1기
7	국보	제7호	천안 봉선홍경사 갈기비	天安 奉先弘慶寺 碣記碑	충남 천안시	고려시대	1962-12-20	기록유산/서각류/금석각류/비	1기
8	국보	제8호	보령 성주사지 낭혜화상탑비	保寧 聖住寺址 朗慧和尙塔碑	충남 보령시	통일신라	1962-12-20	기록유산/서각류/금석각류/비	1기
9	국보	제9호	부여 정림사지 오층석탑	扶餘 定林寺址 五層石塔	충남 부여군	백제	1962-12-20	유적건조물/종교신앙/불교/탑	1기
10	국보	제10호	남원 실상사 백장암 삼층석탑	南原 實相寺 百丈庵 三層石塔	전북 남원시	통일신라	1962-12-20	유적건조물/종교신앙/불교/탑	1기
11	국보	제11호	익산 미륵사지 석탑	益山 彌勒寺址 石塔	전북 익산시	백제	1962-12-20	유적건조물/종교신앙/불교/탑	1기
12	국보	제12호	구례 화엄사 각황전 앞 석등	求禮 華嚴寺 覺皇殿 앞 石燈	전남 구례군	통일신라	1962-12-20	유적건조물/종교신앙/불교/석등	1기
13	국보	제13호	강진 무위사 극락보전	康津 無爲寺 極樂寶殿	전남 강진군	조선시대	1962-12-20	유적건조물/종교신앙/불교/불전	1동
14	국보	제14호	영천 은해사 거조암 영산전	永川 銀海寺 居祖庵 靈山殿	경북 영천시	고려시대	1962-12-20	유적건조물/종교신앙/불교/불전	1동
15	국보	제15호	안동 봉정사 극락전	安東 鳳停寺 極樂殿	경북 안동시	고려시대	1962-12-20	유적건조물/종교신앙/불교/불전	1동
16	국보	제16호	안동 법흥사지 칠층전탑	安東 法興寺址 七層塼塔	경북 안동시	통일신라	1962-12-20	유적건조물/종교신앙/불교/탑	1기
17	국보	제17호	영주 부석사 무량수전 앞 석등	榮州 浮石寺 無量壽殿 앞 石燈	경북 영주시	통일신라	1962-12-20	유적건조물/종교신앙/불교/석등	1기
18	국보	제18호	영주 부석사 무량수전	榮州 浮石寺 無量壽殿	경북 영주시	고려시대	1962-12-20	유적건조물/종교신앙/불교/불전	1동
19	국보	제19호	영주 부석사 조사당	榮州 浮石寺 祖師堂	경북 영주시	고려시대	1962-12-20	유적건조물/종교신앙/불교/불전	1동
20	국보	제20호	경주 불국사 다보탑	慶州 佛國寺 多寶塔	경북 경주시	통일신라	1962-12-20	유적건조물/종교신앙/불교/탑	1기
21	국보	제21호	경주 불국사 삼층석탑	慶州 佛國寺 三層石塔	경북 경주시	통일신라	1962-12-20	유적건조물/종교신앙/불교/탑	1기
22	국보	제22호	경주 불국사 연화교 및 칠보교	慶州 佛國寺 蓮華橋 및 七寶橋	경북 경주시	통일신라	1962-12-20	유적건조물/교통통신/교통/교량	1기
23	국보	제23호	경주 불국사 청운교 및 백운교	慶州 佛國寺 靑雲橋 및 白雲橋	경북 경주시	통일신라	1962-12-20	유적건조물/교통통신/교통/교량	1기

지역 문화재 검색 🔍

조건 지정	종목 : 전체	지역 : 지역선택	시대 : 전체

시대별 문화재 검색 🔍

조건 지정	종목 : 전체	지역 : 전체	시대 : 시대지정

※ 삼국시대는 고구려, 백제 신라, 나라별 분류도 가능

조건을 중복으로 지정하여 더 자세히 찾아낼 수 도 있다.

신라 시대 경북지역의 국보 문화재 🔍

조건 지정 예	종목 : 국보	지역 : 경북	시대 : 신라

박물관 소장품 검색 🔍

[문화유산 검색]으로 들어가서 [박물관 소장품]

박물관에서 소장하고 있는 유물의 검색이 가능한데 검색 가능한 박물관의 수가 광범위하다.

소장 기관	국립1	국립 중앙 박물관, 국립 경주 박물관, 국립 부여 박물관, 국립 공주 박물관, 국립 광주 박물관, 국립 진주 박물관, 국립 청주 박물관, 국립 전주 박물관, 국립 대구 박물관, 국립 김해 박물관, 국립 제주 박물관, 국립 나주 박물관, 국립 익산 박물관
	국립2	국립 민속 박물관, 국립 수목원 산림 박물관, 국립 고궁 박물관, 국립 해양 문화재 연구소, 국립 한글박물관, 등 총 12곳
	공립	인천 시립 박물관, 강릉 오죽헌 시립박물관, 부산광역시립박물관 등 총 128곳
	법인/사립	대흥사 서산대사 박물관, 토도사 성보박물관 등 총 69곳
	학교	성신여자박물관, 홍익대학교 박물관 등 총 13곳

현장체험학습 사전 자료 조사 및 우리 지역의 문화재를 찾는데 좋을 것 같다

삼국시대의 다양한 문화재를 무작위로 나누어준 활동지 1

금제관식(국보 155)	금제태환이식(국보 90)	석수(국보 162)	금제허리띠(국보 192)
분황사모전석탑(국보 30)	금제십엽형이식(국보 156)	청동세발솥	화살촉
반가사유상(국보 118)	녹유골호(국보 125)	금제수식부이식(국보 157)	금제 굽다리접시(보물 626)
금제아홉마디목걸이(국보 158)	벽돌	현무도	금제 뒤꽂이(국보 159)
새날개모양금관장식(보물 618)	금동여래입상(국보 119)	노서동 금목걸이(보물 456)	정림사지5층석탑(국보 9)
은제팔찌(국보 160)	금제나비모양관장식(보물 617)	짐승 얼굴 무늬 수막새	기마인물형토기(국보 91)

삼국시대의 다양한 문화재를 무작위로 나누어준 활동지 2

천마총 금관(국보 188)	부뚜막 유물	금제관식(국보 154)	서수모양주전자(보물 636)
금동신발	동물은잔(보물 627)	무용총	금동미륵보살반가상(국보 83)
금동대향로(국보 287)	연화문 수막새	각저총 씨름도	불꽃무늬맞새김 금동관
유리그릇(국보 193)	장군총	금팔찌(보물 623)	의당금동보살(국보 247)
금동여래입상(국보 123-4)	광개토대왕릉비	신수문경(국보 161)	금구슬
사냥도	목걸이(보물 634)	연가7년명금동여래입상(국보 119)	금동보살 삼존입상(국보 134)

삼국 시대문화재를 나라별로 분류해보세요.

팀 이름 : _____

☆ 고구려 시대의 문화재라고 예상되는 그림을 아래의 빈칸에 붙여보세요.

• 왜 고구려 문화재라고 분류를 하게 되었나요? 그림을 보고 들었던 공통된 느낌 혹은
  특징은 무엇인가요?

....

※ 위의 양식에 따라 백제, 신라도 함께 제작하여 제시
※ 팀별로 문화재 사진만을 보고, 어느 시대의 문화재였을지 상상하여 분류하기

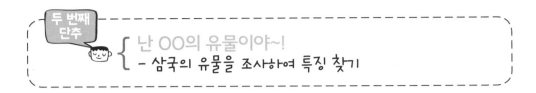

자신의 생각만으로 유물을 분류해 본 다음에는 인터넷을 활용하여 문화재청 사이트와 인터넷에서 유물이 어느 나라에 속하는지 조사하였다.

같은 이름을 가진 유물들이 있어 검색의 편리를 위해 국보와 보물의 일련번호를 유물 이름과 함께 기재해 두어 '국보 0호' '보물 00호'만 검색하여도 유물을 찾을 수 있었다.

스마트 폰을 활용하여 이미지 검색을 시도하는 학생들도 있었지만 제대로 검색이 되지 않았다.

조사를 마친 후 다시 삼국의 유물을 잘라 나라별 활동지에 붙이고 각 나라의 특징을 찾게 하였다.

스스로 기준을 세워 분류한 첫 번째 것과 조사를 통해 분류한 두 번째 것을 서로 비교 하면서 삼국의 문화에 대한 뚜렷한 자신만의 생각을 정립할 수 있었다. 다양한 유물들을 보면서 공통점을 찾아내어 각 나라만이 가진 고유한 특징을 찾아볼 수 있었다.

마지막으로 삼국 문화재의 특징을 친구들과 이야기하면서 자신의 생각을 친구에게 전 달하고 친구의 다른 생각을 받아들여 서로의 의견을 교환하는 활동을 하였다.

특히 우리 아이들은...

문화재 중에서 반가사유상의 경우 학생들이 처음에는 삼국 중 한 나라에 모두 붙여 뒀 었지만, 조사를 통해 삼국 모두가 반가사유상을 제작했다는 것을 알게 되면서 삼국의 문화가 서로 단절되어 전쟁만 한 것이 아닌 서로 영향을 주고받고 함께 공유했다는 역사 적 사실을 알 수 있었다. 이것이 바로 역사관의 역할이고, 역사적 사고력 함양의 증거가 아니었을까 하는 생각을 하게 된다.

문화재 분류하고 조사하기

☆ 문화재를 나라별로 바르게 분류하였는지 인터넷을 이용해서 직접 조사하고 기록하며 확인해보세요.

문화재 이름	조사 내용 정리	나라 구분	분류 확인

※ 국가문화유산포털(http://www.heritage.go.kr)사이트를 이용하여 제시된 문화재에 대해 조사하고 나라 구분이 제대로 되었는지 확인하는 활동지

문화재를 시대별로 바르게 분류하고, 특징 알아보기

☆ 조사 결과를 바탕으로 백제의 문화재를 바르게 찾아 빈칸에 붙이세요.

• 백제 문화재를 보면서 어떠한 느낌이 드나요? 어떠한 특징을 가지고 있었을까요?

....

....

※ 위의 양식에 따라 고구려, 신라도 제작하여 제시
※ 실제 문화재 조사 자료를 바탕으로 나라별로 분류하고, 각 나라별 문화재의
   특징에 대해 팀별로 이야기를 나누고 정리하고 기록하는 활동지

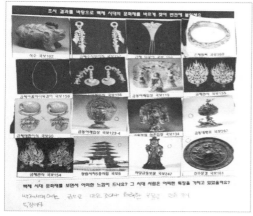

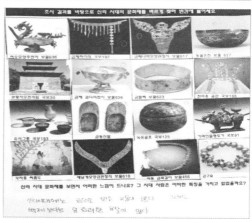

컴퓨터실에서 문화재를 시대별로 구분하여 바르게 문화재를 분류한 후, 각 시대별 특징을 발견하고, 함께 배우고 알게 된 내용을 발표를 통해 공유하는 우리들

" 문화재로 배우는 삼국시대 "

가온활동

무엇이~ ♪ 무엇이~ ♪ 겹쳐질까~ ♪

관련 교과 및 단원

✔ **수학 2.** 합동과 대칭
✔ **사회 1.** 우리 역사의 시작과 발전
    3) 고구려, 백제, 신라의 건국과 발전
    4) 삼국 통일과 발해의 건국

학습개요

★★★

❶ **문화재를 선대칭도형과 점대칭도형으로 분류하기**
  • 선대칭도형과 점대칭도형을 분류하며 도형의 성질을 찾아본다.

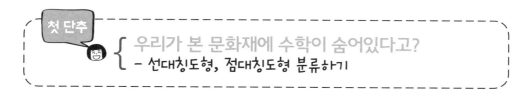

첫 단추

우리가 본 문화재에 수학이 숨어있다고?
– 선대칭도형, 점대칭도형 분류하기

찬란한 문화를 꽃피웠던 삼국과 통일 신라.

이 시대의 다양한 문화재를 학생들이 사진으로만 보고 넘어간다면 얼마나 아름다움에 대해 놓치고 지나가는 것들이 얼마나 많을까?

나는 이 찬란한 문화재들을 수학 수업과 연계하여 학생들이 눈에 또박또박 넣고 싶었다. 수학 시간에 배운 선대칭과 점대칭 개념을 활용하여 문화재들을 나열 후,

선대칭 또는 점대칭, 그리고 선대칭 점대칭이 모두 가능한 문화재는?

이런 식으로 아이들이 분류해보게 하였다.

결과는 성공적이었다. 아이들은 눈앞에 놓인 문화재들을 오리고 진지하게 분류하느라 교실이 아주 조용해졌다.

누가 먼저 해내나?

이야기하지 않아도 왜 아이들은 경쟁이 붙는 것인지 분류하느라 조용한 교실에 한 남학생이,

"저 다했어요!"

라고 귀엽게 외치며 정적을 깼다. 그 순간 분류하느라 어려움을 느낀 한 학생은 짝에게 이 문화재는 선대칭인지 점대칭인지 묻기 시작했고 서로 분류하는 방법을 이야기해주기 시작했다.

이렇게 선대칭도형과 점대칭도형의 특징과 명칭을 문화재를 활용하여 함께 활동지, 그리고 질문과 활동을 통해 학습한 다음 삼국시대와 통일 신라 시대의 유물을 선대칭도형과 점대칭도형으로 분류해 보았다.

이때 제시했던 유물 중에는 아이들에게 말을 하지는 않았지만, 교사들의 판단하에 발해 시대의 유물도 함께 제시를 하였다. 통일 신라에 이어지는 프로젝트 학습 활동이 발해를 알아보는 것이어서 미리 발해에 대한 문화재를 말없이 활동지에 포함을 한 후, 추후 발해 관련 프로젝트 학습 활동지 이를 활용하여 발해라는 나라에 대한 궁금증과 이해를 높이기 위한 동기유발 자료로 활용하기 위함이었다.

그리고 활동을 하면서 선대칭도형에 해당하는 문화재의 경우에는 대칭축을 그어 대칭축을 따라 접어서 완전히 겹쳐지는지, 점대칭도형에 해당하는 문화재의 경우에는 대칭의 중심을 표시하고 180도를 돌려서 완전히 겹쳐지는지를 직접 살펴보면서 찾도록 하였다.

유물이고 사진 자료다 보니 수학 교과서에서 제시하는 도형들에 비해서 학생들이 찾기 어려워하는 점도 있었지만, 유물의 모양을 관찰하여 특징을 찾아내는 것에 흥미를 가지고 집중하였다.

파악하기 어려운 것들은 자신의 생각을 근거로 하여 친구들과 의견을 나누며 함께 활동지를 완성하고 선대칭도형과 점대칭도형의 특징과 성질을 도출해 낼 수 있었다.

아래의 삼국시대와 통일 신라시대 문화재를 살펴보고, 분류해보세요.

이 름 : _____

☆ **아래는 삼국시대 및 통일 신라시대 문화재 그림입니다.**

※ 문화재 사진에 선대칭도형의 경우에는 대칭축, 점대칭 도형의 경우에는 대칭의 중심을 표시한 뒤 활동하세요.

☆ 왼쪽의 신라시대 문화재 그림을 오린 뒤, 선대칭도형과 점대칭도형으로 분류하여 붙여보세요.

- 문화재 중 선대칭도형에 해당하는 문화재를 아래의 빈칸에 붙여보세요.

- 문화재 중 점대칭도형에 해당하는 문화재를 아래의 빈칸에 붙여보세요.

- 문화재 중 선대칭도형이면서 점대칭도형에도 해당하는 문화재를 아래의 빈칸에 붙여보세요.

☆ **문화재 분류를 통해 알게 된 선대칭, 점대칭 도형의 성질을 정리해 보세요.**

- 선대칭 도형의 특징은 무엇일까요? 그림과 글로 표현하여 정리해보세요.

- 점대칭 도형의 특징은 무엇일까요? 그림과 글로 표현하여 정리해보세요.

- 선대칭도 되고 점대칭도 되는 도형의 특징은 무엇일까요? 그림과 글로 표현하여 정리해 보세요.

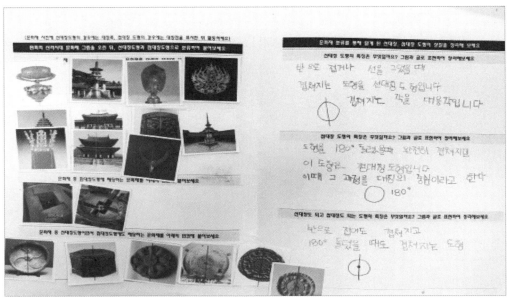

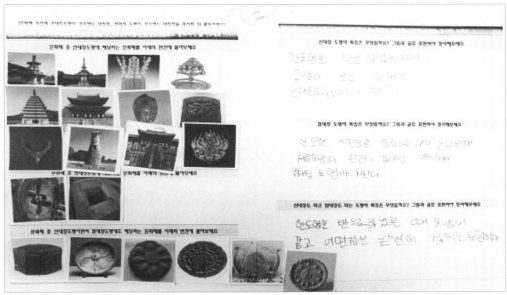

선조들의 문화재를 통해 수학을 더 깊이 있게 이해하고, 수학이 우리의 삶과 직결되는 교과임을 깨닫게 된 우리들

"문화재로 배우는 삼국시대"

꼬두람이 활동

문화재 어디까지 그려봤니?

관련 교과 및 단원

- ✔ **수학 2.** 합동과 대칭
- ✔ **사회 1.** 우리 역사의 시작과 발전
  4) 삼국 통일과 발해의 건국

학습 개요

❶ **선대칭 도형의 특징을 활용하여 석가탑, 다보탑 그리기**
- 문화재 그리기보다 선대칭 도형의 특징을 적용하는데 중점 두기

❷ **점대칭 도형의 특징을 활용하여 팔각 우물, 수막새 그리기**
- 팔각 우물과 수막새를 통해 고구려와 발해의 관계 유추하기

선대칭 도형의 특징을 이용하여 통일 신라의 대표적 유물인 석가탑과 다보탑을 그려보았다.

탑의 절반 모습만 제시하여 학생들이 나머지 모습을 쉽게 그릴 수 있도록 대칭축과 함께 모눈종이를 제시하였다. 완벽히 같은 모습으로 그리기보다는 대략적인 탑의 형태를 표현할 수 있도록 하면서 선대칭도형의 특징을 익히는 데 중점을 두었다.

학생의 개별적인 능력 차이에 따라 석가탑을 다 그린 학생들에게 심화 단계로 다보탑을 제시하였는데 시간 안에 끝내지 못한 학생도 쉬는 시간을 이용하여 다보탑 그리기까지 완성하였다.

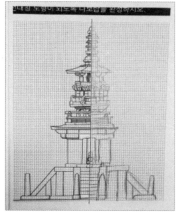

선대칭 도형의 성질을 이용하여 다보탑과 석가탑을 그림으로 표현하여 완성한 작품

선대칭 도형 성질을 이용하여 석가탑, 다보탑 그리기

☆ 선대칭 도형이 되도록 석가탑을 완성하시오.

☆ 선대칭 도형이 되도록 다보탑을 완성하시오.

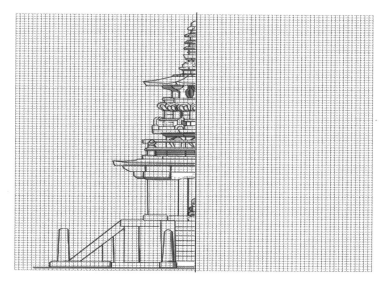

점대칭 도형으로 팔각 우물, 수막새 그리기

발해가 고구려를 이은 나라라는 증거인 팔각 돌우물과 수막새로 점대칭 도형을 그려 보았다.

고구려의 수도인 평양의 정릉 사의 우물과 중국 닝안의 발해 궁터에 위치한 우물이 같은 팔각형의 돌우물이며 고구려와 발해의 지붕 기와의 끝부분인 수막새의 연꽃무늬가 동일한 모양이라는 것에 점대칭을 그려보면서 고구려와 발해의 관계를 생각해 볼 수 있었다.

선대칭 그리기와 마찬가지로 점대칭도형의 성질에 집중할 수 있도록 하였다. 그리고 여기서 제시한 문화재가 바로 발해와 연관된 문화재였다. 특히 수막새의 경우에는 다음 프로젝트 학습을 통해 고구려와 발해 수막새를 직접 판화로 표현하고 비교해보는 시간을 가지게 된다. 이를 통해 발해가 고구려를 계승한 우리나라의 역사임을 스스로 깨닫고 배우게 된다.

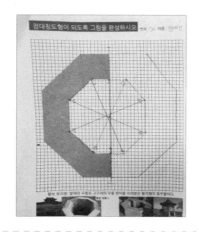

점대칭 도형의 성질을 이용하여 팔각 우물과 수막새를 그림으로 표현하여 완성한 작품

점대칭 도형 성질을 이용하여 팔각 우물, 수막새 그리기

☆ 점대칭 도형이 되도록 그림을 완성하십시오.

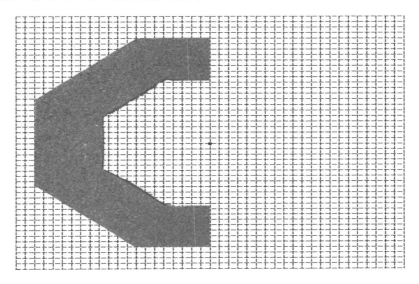

☆ 점대칭 도형이 되도록 그림을 완성하십시오.

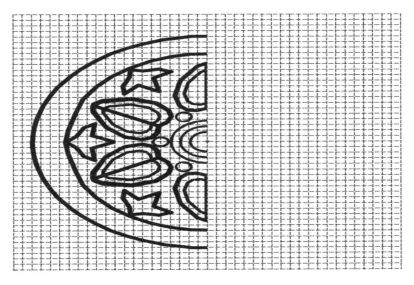

세 번째
단추

{ 카드 왕 뽑기 게임으로 배움을 정리해요

늘 그렇듯이 수학 수업을 프로젝트 학습과 연관 짓고 나서는 아이들이 얼마나 배우고 알고 있는지가 걱정이 되기도 하고, 교사로서 궁금하기도 하다.

그래서 보통은 게임을 활용하여 배움 내용을 함께 정리하고, 프로젝트 학습과 게임을 통해 알고 배운 내용을 스스로의 성찰 일기 작성을 통해 정리하는 시간을 가지게 된다. 이번 세 번째 단추 역시 이러한 학습 과정이라고 볼 수 있다. 우리들의 수학 학습 이야기가 더 궁금한 독자가 있다면, 우리들의 이전 이야기인 "프로젝트 학습, 즐거움으로 배움을 요리하다, 2018, 공동체"를 참고하여 함께 읽어보면 좋을 것 같다.

게임을 통해 수학을 배우고, 게임 결과를 활용하여 앞서 배운 역사를 다시 한번 더 경험하고 체험하게 된 우리들

카드 왕 뽑기 게임 방법 알기

① 선대칭도형 카드, 점대칭도형 카드, 선대칭이면서 점대칭인 도형 카드, 선대칭과 점대칭 모두에 해당하지 않는 도형 카드를 준비한다. 카드의 총 개수는 '아이들의 수×5'를 준비한다.

② 아이들은 준비된 카드를 무작위로 5개를 고른 뒤, 게임을 시작한다.

③ 교실을 돌아다니며 게임을 하고자 하는 친구를 만나고, 서로 가위 바위 보를 한다.

④ 가위, 바위, 보에서 이긴 친구는 상대방이 가지고 있는 5장의 카드 중에서 가지고 가고 싶은 카드를 한 장 골라간다.

⑤ 가위, 바위, 보에서 친 친구는 이긴 친구가 주는 카드를 한 장 받아서 간다.

⑥ 이렇게 게임을 반복하면서, 가지고 있는 카드 5장이 모두 같은 종류의 카드로 만들어지게 되면 교실 앞에서 교사에게 확인을 받고, 순서대로 줄을 서게 되고, 줄의 앞에 선 친구가 오늘의 카드 왕이 되는 게임이다.

⑦ 우리 반은 이 활동에 이어서 나보다 앞에 있는 친구는 모두가 나의 왕이 되고, 삼국시대 신분제와 연관 지어 하루 동안 왕이 시킨 일들(3가지)을 하게 되는 벌칙도 함께 진행하였다.

⑧ 이는 앞의 프로젝트 학습에서 이루어졌던, 삼국시대의 신분제도 역할극과 연관된 활동으로써 역할극과 달리 실제 신분제를 경험하고 체험하면서 느꼈던 점, 알게 된 점, 생각하게 된 점에 대해 다시 한 번 더 이야기하고 공유하는 시간을 하교 시간에 가지기도 하였다.

⑨ 공유와 이야기를 통해, 아이들은 신분제도의 불합리함, 불평등함에 대해 다시 한번 더 느끼게 되고, 신분제가 왜 사라질 수 밖 에 없었는지를 스스로 깨닫는 소중한 시간을 경험하였다.

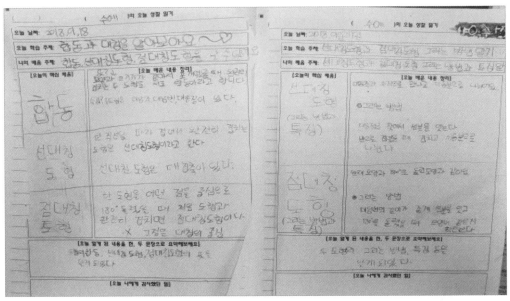

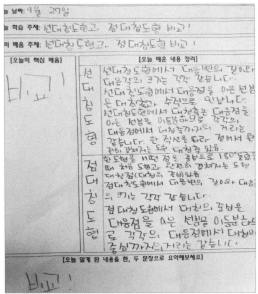

프로젝트 학습과 게임을 통해 배우고 알게 되어 향상된 수학적 지식과 사고력을 글로 표현하여
정리하는 우리들

3곡지 최초의 통일국가 신라, 그리고 발해

※긴급 속보※ 고구려, 백제, 신라가 하나로 합쳐지다!

- 최초의 통일 국가!

  삼국 중 어느 나라일까요? 함께 상상하고 응원해보자!
- 삼국통일, 그 기나긴 여정

  교과서를 통해 삼국통일의 과정을 이해해보자
- 신라의 왕이여,

  지혜로운 결정을 내리소서!

고구려의 후예 발해민족이 되어보자!

- 발해의 건국을 알고

  발해와 고구려를 비교해보자
- 짝과 함께 고구려와 발해의 수막새 판화를 찍어보자
- 판화를 찍은 고구려와 발해의 수막새를

  〈비교와 대조〉의 짜임으로 글쓰기

발해와 신라! 그 찬란한 발전의 길을 함께 걷기

- 신라와 발해의 찬란한 발전과 생활 모습을 함께 보자!
- 여러분을 초대합니다. 조상들의 발자취가 숨쉬는

  오태 미니 역사박물관 – 준비 단계
- 여러분을 초대합니다. 조상들의 발자취가 숨쉬는

  오태 미니 역사박물관 – 관람 단계

최초의 통일 국가 신라, 그리고 발해

마중활동

※긴급 속보※ 고구려, 백제, 신라가 하나로 합쳐지다!

관련 교과 및 단원

☑ **사회 1.** 우리 역사의 시작과 발전
☑ **국어 3.** 토론을 해요

학습개요

❶ **삼국 통일의 주축이 어떤 나라일지 상상해보기**
• 삼국 통일을 이끈 나라가 어느 나라일지 선택한 후 그 이유와 함께 포스트잇 정리하고 친구들과 함께 이야기하며 통일한 국가를 예상하기

❷ **삼국 통일의 과정 이해하기**

❸ **'신라가 외세를 이용하여 삼국통일을 해야만 했는가?'를 주제로 토론 하기**
• 역사 주제로 토론을 시작하는 것은 학생들에게 부담감을 줄 수 있음. 그러므로 실생활과 관련된 주제의 토론을 먼저 한 후 역사 토론을 진행 하는 것이 좋음

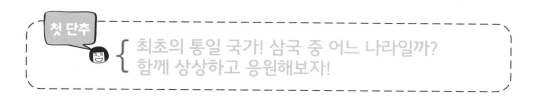

첫 단추 { 최초의 통일 국가! 삼국 중 어느 나라일까?
함께 상상하고 응원해보자!

"고구려, 백제, 신라가 사이좋게 오래오래 잘 지냈다면 참 좋았을 텐데…… 만약 한 나라가 삼국을 통일하게 된다면 어느 나라가 통일했으면 좋을까?"

이 질문으로 세 번째 꼭지 활동의 문을 열었다. 그리고 칠판에 삼국시대 지도를 크게 그렸다. 아이들은 포스트잇에 자신이 응원하는 나라와 그 이유를 적었다. 그리고 나라별로 자유롭게 붙이게 하였다. 이를 통해 학생들이 삼국시대 각 나라의 위치를 한 번 더 확인하게 되었다. 그다음 교사는 각 나라별로 응원하는 이유를 학생들이 나와 자유롭게 읽어보게 하였다. 아이들은 저 나름대로의 의견을 자유롭게 펼쳤다.

"남녀 모두 말을 타며 호전적인 모습을 가진 고구려가 통일했으면 좋겠습니다. 왜냐하면 그래야 다른 나라와 전쟁을 하면 늘 이길 수 있기 때문입니다!"
"세련된 문화재를 가진 백제를 응원합니다. 위치상으로도 중심에 있어서 다른 나라와 교류하기 좋았을 듯 합니다."
"한강 유역을 가장 마지막에 차지했던 신라가 계속 그 기세를 이어서 승승장구할 겁니다."

하지만 주변 나라가 삼국에게 영향을 끼친다면 각 나라의 상황은 어떻게 달라질까? 하고 칠판에 주위 나라인 당나라, 일본을 표시하였다. 이 나라들이 삼국 중 어떤 나라와 손을 잡고 다른 나라를 침략한다면? 삼국과 밀접한 영향을 주고받았던 주변 나라들을 통해 나라끼리 우호적 관계, 적대적 관계를 생각해보게 하였다. 삼국통일 시기 여러 나라의 관계를 알아볼 준비가 되었다.

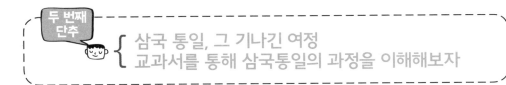

두 번째 활동에서 학생들은 자신이 응원한 나라가 통일을 했는지 의문점을 가진 상태에서 시작되었다. 그리고 신라가 삼국통일을 하였음을 먼저 알려주었다.

"아~ 선생님, 고구려가 통일했어야 하는데요!"
"히히 내가 맞혔다!"

학생들은 이미 삼국 중 누가 통일을 한 것인지 알고 있는 학생들의 눈과 자신이 지지한 나라가 통일이 되지 않았음에 안타까움을 나타내는 학생들의 눈으로 나뉘었다. 최초의 통일 국가라는 점에서 의의를 교사가 직접 이야기해주며 대신 이 통일이 불완전한 통일이라는 점을 우리가 직접 알아보자고 이야기하며 삼국 통일 시기 여러 나라의 관계와 삼국 통일 과정을 교과서를 통해 살펴보았다.

이때 수나라의 뒤를 이어 고구려를 침략했던 당나라와의 전쟁을 그린 영화 '안시성'의 한 장면을 20분 관람하였다. 고구려에게 치욕을 입은 당나라와 백제에 거절당한 신라가 연합하게 된 이유를 여기서 이끌어내었다. 이때 교사는 영화 자료가 즐거움으로만 끝나는 것이 아니라 픽션을 가미한 역사 자료로서의 가치를 숙지시키면서 영화가 수업 자료로서 가치 있을 수 있도록 방향을 잡아줄 필요가 있다. 삼국통일의 과정을 이해하기 위해 선덕여왕, 김춘추, 김유신, 계백, 을지문덕, 대조영 등 대표적 인물을 중심으로 역사를 파악한다고 초등 사회과에서 설명하고 있다. 인물을 중심으로 역사를 파악하는 능력은 역사적 사고력 중 역사적 상상력, 그중 내가 사건의 주인공이 되어보는 추체험 학습을 통해 효과적으로 이루어질 수 있다. 또한 학생들은 삼국통일 당시 신라 사람이 되어 삼국통일의 의의를 토론을 통해 풀어나갈 수 있을 것이다.

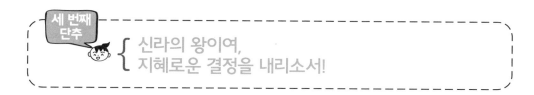

신라는 삼국통일을 위해 당나라의 힘을 빌렸다. 고구려와 백제를 혼자서 감당하지 못했기 때문이다. 당나라와 힘을 합쳐 삼국통일을 이루어내었지만 당나라에게 땅의 일부를 내어주게 되었다.

☆학생 1 : 답답하다. 조금만 버텨서 혼자 힘으로 통일했으면 땅 안 넘겨줘도 됐을 건데!

◎학생 2 : 그러면 지금 우리 땅이 좀 더 넓어졌겠지?

뒷자리에서 이런 말이 나왔다. 같은 모둠 친구들은 고개를 끄덕끄덕했다. 그런데 맨 앞줄 친구는 의견이 달랐다.

◈학생 3 : 신라왕도 최대한 고구려랑 백제랑 잘 지내보려고 했잖아. 근데 두 나라가 다 거절했고. 나 같아도 괘심해서 당나라 힘을 빌렸을거 같은데?"

어떤가! 토론을 출발하기에 참 좋은 분위기라는 예감이 느껴지지 않는가? 잽싸게 이 기회를 잡아 치열한 토론을 해보자고 하였다. 〈신라는 삼국통일을 위해 당나라의 도움을 받아야 하는가?〉를 주제로 말이다. 대신 본격적인 역사 토론을 하기에 앞서서 우리는 다음과 같은 과정을 거쳤다.

국어 3. 〈토론을 해요〉 단원을 공부하며 토론 절차 알기

⬇

'신라는 삼국통일을 위해 당나라의 도움을 받아야 하는가?'
근거자료 및 반박 예상하기

⬇

'신라는 삼국통일을 위해 당나라의 도움을 받아야 하는가?' 를
주제로 역사 토론하기

지금부터 각 단계에 대한 우리들의 활동을 풀어가겠다.

 국어 3. 〈토론을 해요〉 단원을 공부하며 토론의 절차 알기

첫 번째 단계는 토론의 절차를 이해하는 것이다. 결론부터 말하자면 나는 교과서를 거의 사용하지 않았다. 교과서에는 특정 듣기 자료가 있고 토론의 절차 명이 미리 나와 있다. 그리고 자료를 들으면서 절차에 해당하는 내용을 적어보는 방식으로 토론의 절차를 알게끔 되어 있다. 하지만 개인적으로 듣기 자료는 학생들의 생활과 밀접한 연관이 없어 학습 동기를 심어주기에 부족하다는 느낌을 받았다. 그래서 학교생활과 아주 밀접한 토론 주제를 학생들이 스스로 선택하고 직접 이야기를 하면서 토론의 절차를 자연스럽게 습득할 수 있도록 방향을 잡았다.

일단 토론의 주제를 정해보았다. 1학기 때 토의와 토론의 차이점을 살펴본 경험이 있다. 그래서 토론의 주제는 토의와 달리 찬성과 반대로 나뉠 수 있어야 한다는 점을 미리 알고 있었다. 때문에 주제 잡기는 꽤 편했다.

토론의 주제로는 매우 여러 가지가 나왔다.

01. 학교에서 슬리퍼를 신어도 되는가?

02. 일기는 써야 하는가?

03. 쉬는 시간에 스마트폰을 이용해도 되는가?

04. 쉬는 시간에 슬라임을 가지고 놀아도 되는가?

이 밖에도 많은 것들이 나왔다. 하지만 가장 많은 표를 얻은 주제는 〈쉬는 시간에 교실에서 슬라임을 사용해도 되는가?〉였다. 우리 반은 슬라임을 쉬는 시간마다 가지고 노는 친구들과 그렇지 않은 친구들이 명백하게 나뉘었다. 슬라임을 좋아하는 친구들은 슬라임의 느낌에서 즐거움과 편안함을 느낀다고 한다. 하지만 슬라임을 만질 때 소리와 냄새로 불편함을 느끼는 친구들도 많았다. 즉, 슬라임이 다른 친구들에게 피해를 준다고 생각하는 것이다. 찬성과 반대로 명확히 나뉘었고, 우리 반의 공동의 문제라는 점을 감안할 때 좋은 주제라고 생각했다.

잠깐 짚고 넘어가자면 토론 주제에 대한 아이디어를 내놓을 때 어긋난 의견을 내는 경우도 있다. 우리 반의 경우 '복도에서 뛰어도 되는가?'라는 의견이 나왔다. 복도에서 뛰는 것은 반대의 입장이 훨씬 많고 도덕적으로 생각했을 때 당연히 뛰지 않아야 하기 때문에 토론 주제로 적합하지 않다.

하지만 문제는 이 아이디어를 낸 친구에게 다른 학생들이 '야, 그건 아니지'라고 단정 짓는 말을 한다는 것이다. 이 경우 그 친구의 자신감은 생각보다 크게 떨어진다. 여기서 교사의 역할이 매우 중요하다.

"이 친구가 아이디어를 내주었기 때문에 우리는 앞으로 토론 주제를 정할 때 실수를 줄일 수 있을 거야. 아이디어를 내줘서 참 고맙구나."라는 격려와 앞으로의 실수를 줄여나갈 수 있는 따뜻한 한 마디를 잊지 말자.

이제 본격적으로 토론을 하며 절차의 내용을 알아보았다. 그 과정은 아래의 세 단계로 정리할 수 있다.

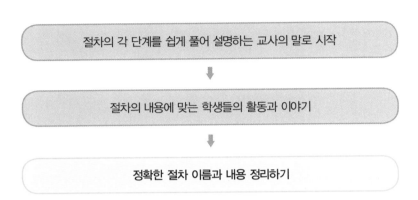

	교사의 말 : '쉬는 시간에 교실에서 슬라임을 사용해도 되는가?' 에 대한 너희의 의견을 상대편에게 설득해보자. 상대방을 너희 편으로 끌어올 수 있도록 아주 탄탄한 자료를 가져와야겠지? 핸드폰으로 객관적인 자료를 검색해보면 좋겠구나.		
주장 펼치기	찬성측	주장	쉬는 시간에 교실에서 슬라임을 사용해도 된다.
		근거	① 슬라임을 만지면서 마음이 편안해진다. 그 근거자료로 슬라임이 ASMR 효과(Autonomous Sensory Meridian Response·자율 감각 쾌락 반응)가 있고 이 ASMR 효과는 사람의 마음을 편안하게 해 줄 수 있다는 연구 결과를 들 수 있다. ② 슬라임을 좋아하는 친구들과 함께 모여 우정을 다질 수 있는 기회이기 때문이다. 근거 자료로는 슬라임으로 친하지 않았던 친구들과 더 가까워질 수 있었던 나의 경험을 들 수 있다.
	반대측	주장	쉬는 시간에 교실에서 슬라임을 사용하면 안된다.
		근거	① 슬라임은 피부에 좋지 않기 때문이다. 슬라임에는 알레르기와 호흡기 질환을 유발할 수 있는 물질이 있다는 뉴스 기사가 있다. 만약 교실에서 사용한다면 다른 친구들에게도 건강에 좋지 않은 영향을 줄 수 있다. ② 끈적이는 슬라임이 자칫 다른 친구의 책상에 튀었을 때 불쾌감을 줄 수 있기 때문이다. 그 근거 자료로는 옆의 짝이 슬라임을 만지다가 튀어 내 옷에 묻어 기분이 좋지 않았던 경험을 들 수 있다.

주장 펼치기	이야기 후 정리하는 토의절차 내용	➡ 자신의 의견을 펼치는 단계의 이름은 '주장 펼치기'이다. ➡ 주장은 ~한다 / 근거는 왜냐하면 ~ 때문입니다. 의 형식을 갖춘다. ➡ 근거를 들어 주장을 펼쳐야 한다. ➡ 근거에 대한 구체적인 자료를 제시해야 논리적 측면에서 유리하다.
반론 하기		교사의 말 : 이제는 상대편을 공격하는 시간이야. 창과 창의 대결이지! 상대편의 근거와 자료 중에 '내가 조사해 봤는데 이건 논리적으로 맞지 않아!'라는 부분을 공격해보자. 그리고 궁금한 점이 있으면 질문을 해도 괜찮아.
	반대측 공격	찬성 측은 슬라임이 ASMR 효과로 마음을 편안하게 해 준다고 하였다. 하지만 이 기사는 검증이 되지 않았다는 또 다른 뉴스 기사가 있다. 그리고 슬라임의 소리가 다른 친구들에게 불편함을 주어 불만을 가진 학생이 우리 반에 많다. 과연 다른 친 구에게 피해를 주면서 자신의 편안함을 위해 슬라임을 사용해야 하는가? 찬성 측은 슬라임을 통해 우정을 다질 수 있다고 말했다. 공통점으로 친해지는 건 인정한다. 하지만 그 슬라임을 꼭 쉬는 시간에 사용해야 하는가? 앞에서 말했다시 피 슬라임은 다른 친구들에게 피해를 줄 수 있으므로 교실 밖에서 사용해야 한다.
	찬성측 공격	반대 측은 슬라임이 피부에 좋지 않다는 근거를 들었다. 하지만 현재 나와 있는 슬 라임은 모두 KC 인증을 받아 판매되고 있다. 그러므로 안전하다. 반대 측은 슬라임이 잘 지워지지 않아 피해를 준다고 하였다. 하지만 지금까지 슬 라임은 끈적임 없이 잘 떼어졌고 혹여나 자국이 남더라도 뜨거운 물로 바로 지울 수 있다. 그리고 그 친구에게 진심 어린 사과를 하고 더욱 조심하면 괜찮다고 생각 한다.
	이야기 후 정리하는 토의절차 내용	➡ 상대편의 주장과 근거를 논리적으로 비판하는 단계의 이름은 '반론하기'이다. ➡ 자신의 의견을 뒷받침할 수 있는 자료인지 생각한다. ➡ 믿을 만한 자료인지 생각한다.
주장 다지기		교사의 말 : 선생님이 10~15분의 시간을 줄게. 방금 너희들에게 들어온 공격을 방어할 수 있는 시간이야. 공격이 잘못됐다는 것을 증명해야 하는 거지! 동시에 너희의 주장을 한 번 더 요약할 거야. 주장 펼치기에서 한 주장-근거-근거자료-들어온 공격-공격에 대한 방어 순서로 정 리하면 OK!
	찬성측	주장	쉬는 시간에 교실에서 슬라임을 사용해도 된다.
		근거	슬라임은 우리에게 편안함을 주고 새로운 친구와 가까워질 수 있는 기회 를 주기 때문이다.

주장 다지기		방어	하지만 반대 측은 슬라임의 ASMR 효과가 검증이 되지 않았고 우정을 다질 수는 있지만 교실 안에서 사용할 경우 다른 친구들에게 피해를 준다고 하였다. 여기에 대해서 우리는 어느 정도 수긍한다. 하지만 교실에서 함께 생활하므로 슬라임을 사용하고 싶어 하는 친구들의 자유도 지켜주어야 한다고 생각한다.
	반대측	주장	쉬는 시간에 교실에서 슬라임을 사용하면 안 된다.
		근거	슬라임은 건강에 좋지 않고 다른 친구들에게 튀어 불쾌감을 줄 수 있기 때문이다.
		방어	하지만 찬성 측은 판매되는 슬라임은 모두 KC 인증을 받았고 뜨거운 물로 잘 지워지며 진심 어린 사과를 하면 괜찮다고 하였다. 이 반박은 잘못되었다. KC 인증을 받아도 슬라임이 공장에서 가게로 오는 과정에서 안 좋은 물질로 바뀔 수 있다는 뉴스 기사가 있다. 그리고 뜨거운 물로 지우다가 화상을 입을 가능성도 있기 때문에 슬라임을 교실에서 사용하면 안 된다고 생각한다.
	이야기 후 정리하는 토의절차 내용		➡ 상대편에서 제기한 반론이 잘못되었음을 지적하고, 자기편의 주장을 요약하는 단계의 이름은 '주장 다지기' 이다. ➡ 반론이 잘못되었음을 지적할 때에도 구체적이고 객관적인 자료를 제시하는 것이 좋다.
판정 하기	교사의 말 : 자, 이제 너희의 의견을 다 말한 것 같구나! 이제는 뭘 해야 할까? 그렇지. 이제 승패를 가려야겠지? 승패를 가리기 위해선 기준을 세워야 해. 어떤 기준을 세울지 말해볼까?		
	학생들의 의견		① 근거자료가 믿을만한가? ② 토론 주제와 관련된 말을 했는가? ③ 상대편에게 예의를 지키며 말했는가? ④ 토론에 적극적으로 참여하였는가? ➡ 이 기준에 비추어 보았을 때 보다 설득력 있는 자료를 내세운 반대 측이 승리하였다.
	이야기 후 정리하는 토의절차 내용		➡ 토론의 마지막 절차는 '판정하기' 이다. ➡ '판정하기' 에서는 찬성 측과 반대 측의 잘한 점과 아쉬웠던 점을 정리한다. ➡ 적절한 판단 기준을 세운다.

실생활 토론을 마치고 토론의 절차(주장 펼치기 ➡ 반론하기 ➡ 주장 다지기 ➡ 판단하기)를 질문과 답변 형식으로 이야기하며 칠판에 정리하는 것으로 마무리하였다. 학생들의 경험과 깊게 관련된 주제여서 그런지 토론 자체가 생생하고 활기차게 흘러갔다. 덕분에 교과서로 공부하는 것보다 토론의 절차를 더욱 확실하게 알게 되었다. 토론이 끝나고 한 학생이 다가와 이렇게 말했다.

"선생님 역사 토론은 언제 해요? 빨리해요 빨리!"

여기서 잠깐!

Q1: 토론할 때 자리 배치는 어떻게 하셨나요?

A1: 토론의 형식은 여러 가지이며 형식에 따라 자리 배치도 다양해진다. 이번 활동에선 찬반 토론을 사용했다. 그래서 아래 그림과 같이 자리를 배정했다. 찬성과 반대가 거의 반으로 갈렸기 때문에 13명, 14명으로 나뉘었다. 13명과 14명을 한 줄로 배열하는 건 너무 좁았기 때문에 찬성과 반대를 각각 두 줄로 나누어 앉았다.

Q2 : 각 절차에서 발표하는 친구는 한 명인가요?

A2 : 네. 이번 토론에서는 한 친구가 다른 친구들의 의견들을 모아 대표로 발언했습니다. 그런데 처음이다 보니 친구들의 의견을 한꺼번에 모으지 못하는 경우가 있습니다. 때문에 대표 친구의 발언이 끝나고 덧붙이고 싶은 추가 내용이 있는지 물었습니다. 덧붙일 내용이 있을 경우 다른 학생에게도 발언권을 주었습니다.

02 '신라는 삼국통일을 위해 당나라의 도움을 받아야 하는가?'
근거자료 조사 및 반박 예상하기

　본격적으로 역사 토론의 장에 빠져들 시간이다! 사실 '신라는 삼국통일을 위해 당나라의 도움을 받아야 하는가?'라는 주제는 학생들의 입장에서 쉽지 않다. 하지만 앞서 조금 더 쉬운 주제로 워밍업을 해보았고, 어려운 주제에도 부딪혀보는 것이 좋은 경험이 될 것이라 생각했다.

　실생활 토론과는 달리 주장 펼치기에 필요한 근거자료를 찾는데 더욱 많은 시간을 주었다. 학생들은 컴퓨터실에서 2시간~3시간 정도의 시간을 할애하였다. 조사 내용은 다음 페이지에 나와 있는 [활동지 1]에 작성하였다. 그리고 [활동지 1]을 바탕으로 [활동지 2]에 보다 체계적으로 내용을 정리하며 본격적인 토론을 준비했다. 아주 진지한 눈빛들이었다. 내심 역사 토론이 어떻게 진행될지 기대가 되었다.

여기서 잠깐!

Q1: 조사 과정에서 주장을 바꾸는 것을 허용하시나요?
예를 들면 처음에는 찬성이었지만 근거자료 조사를 하면서 반대편으로 옮기고 싶어 하는 학생들이 있어요. 이 경우에는 어떻게 하시나요?

A1: 학생들은 아직 토론을 배워가는 출발점에 있습니다. 때문에 주장을 바꾸는 것도 허용했습니다. 특히나 역사 토론의 경우 배경지식이 풍부하지 않은 상태입니다. 자료 조사 과정에서 몰랐던 부분을 알게 되죠. 저는 이 깨달음만으로도 큰 의미가 있다고 봤습니다. 오히려 처음 주장을 무조건 지켜야 한다고 하면 앞으로의 토론 활동에 거부감을 가질 수 있다고 생각합니다. 다만, 이 말은 꼭 했습니다. "너희의 처음 생각을 끝까지 밀고 나가보는 것도 좋지! 어렵겠지만 이 경험을 통해서 분명 너희는 한 뼘 더 성장해 나갈 거야." 군중 심리로 모든 학생들이 하나의 주장으로 쏠리는 걸 막기 위해서요.

신라는 삼국통일을 위해 당나라의 도움을 받아야 하는가?

☆ 여러분은 지금부터 신라의 왕입니다.
신라와 당나라가 연합을 해서 통일을 이루어야 할지 자신의 의견을 정리해보세요.

이 름 : _____

주장	자신의 의견
근거 및 근거자료 ①	
근거 및 근거자료 ②	
근거 및 근거자료 ③	

• 상대편에서 할 수 있는 예상되는 반론이나 질문에는 무엇이 있을까요?

....

....

☆ 나의 주장을 아래의 단계(PREP²⁾)에 맞게 정리하여 기록해봅시다.

토론 주제		
나의 주장 (P)		
이유 근거 (R)	①	
	②	
	③	
설명 (E)	①	
	②	
	③	
마무리 정리 주장 (P)		

2) PREP: Point(~합시다), Reason(왜냐하면~), Example(설명하면~), Ponit(그러므로~합시다)의 약
   자로, 토론 글을 쓰는 단계를 의미함.

'신라는 삼국통일을 위해 당나라의 도움을 받아야 하는가?'
토론 활동하기

드디어 역사 토론의 막이 열렸다. 학생들은 각자의 생각을 자신감 있게 펼쳐나갔다. 절차에 따른 학생들의 의견을 들여다보자.

주장 펼치기	찬성측	주장	신라는 당나라의 도움을 받아야 한다.
		근거	① 신라가 당나라의 도움을 받지 않는다면 고구려와 백제의 군사에 의해 신라 백성들의 대부분이 목숨을 잃기 때문이다. 신라는 고구려 백제의 군사력을 합한 것만큼의 강한 군사를 가지고 있지 않다. 그리고 한 나라의 왕은 백성들을 지켜야 할 의무가 있다. 그 의무를 다하기 위해 신라는 당나라의 도움을 받아야 한다. ② 신라가 당의 힘을 빌려 통일을 하지 않았더라면 삼국이 싸우는 틈을 타 외세가 한반도 전체를 지배할 수 있기 때문이다. 예를 들면 고구려, 백제, 신라가 서로 싸우며 힘이 약해진 틈을 타 당나라 또는 일본과 같은 외세가 한반도 전체를 정복할 수도 있다. 이 근거 자료로는 6·25전쟁을 하는 틈을 타 소련과 미국이 우리나라를 지배한 것에서 알 수 있다.
	반대측	주장	신라는 당나라의 도움을 받으면 안 된다.
		근거	① 당나라와 연합하는 것만이 신라가 사는 길은 아니기 때문이다. 당나라는 끊임없이 우리나라를 공격해 온 외세이다. 항상 한반도를 삼키고자 하는 욕심을 가진 국가라는 걸 알아야 한다. 외세에 의해 신라가 피해를 보느니 한민족인 고구려 또는 백제에게 항복하는 것이 훨씬 효과적인 방법이라고 생각한다. ② 나라를 위한 마음과 자식을 잃은 마음은 다르기 때문이다. 김춘추가 자신의 딸을 죽인 백제에 복수를 하고자 하는 마음이 당나라와 손을 잡는 데 한몫을 했다. 자식을 잃은 마음은 이해하지만 딸의 복수를 위해 당나라와 손을 잡는 것은 너무나 위험한 행동이다.
반론 하기	반대측 공격		① 찬성 측은 당나라의 도움을 받지 않는다면 신라의 백성들이 고구려와 백제 군사에 의해 목숨을 잃는다고 했다. 하지만 당나라도 배신을 하고 신라를 위협할 수 있다. 과연 고구려, 백제에 의해 잃는 목숨과 당나라에 의해 잃은 백성들의 목숨 중 어느 것이 더 안타까울까?

반론 하기	반대측 공격	② 찬성 측은 당나라의 힘을 빌리지 않는다면 삼국이 계속 서로 싸우게 되고, 그 틈을 타 외세가 한반도를 집어삼킬 수 있다고 했다. 하지만 통일을 한다고 해서 삼국의 평화가 바로 찾아오는 것은 아니다. 문화가 서로 달라 오히려 통일 후에 더 혼란스러울 수 있다.
	찬성측 공격	① 반대 측에게 질문을 하겠다. 만약 가족 중 한 사람이 다른 사람에 의해 죽음을 당했다면 어떨 것 같은가? 복수하고 싶다는 생각이 드는 것이 당연하지 않나? 과연 그 자신의 가족을 죽인 사람에게 함께 살자고 제안할 수 있겠는가?
주장 다지기	찬성측	
	주장	신라는 당나라의 도움을 받아야 한다.
	근거	고구려와 백제로부터 신라 국민들을 지켜야 하며 삼국이 싸우는 틈을 타 한반도 전체가 외세에게 지배당할 수 있기 때문이다.
	방어	하지만 반대 측은 통일을 하는 것이 더 혼란스럽고 외세의 지배를 받을 수 있는 가능성이 더 높다고 반박했다. 하지만 고구려와 백제 사람들이 환영할만한 정책을 편다면 이 문제는 해결할 수 있다고 생각한다.
	반대측	
	주장	신라는 당나라의 도움을 받으면 안 된다.
	근거	당나라는 항상 한반도 지배를 노리고 있는 적군이기 때문이다. 당나라의 도움을 받을 바에 고구려와 백제에게 항복하는 것이 우리 민족을 위한 방법이라고 생각한다.
	방어	하지만 찬성 측은 가족을 죽인 백제에게 어떻게 항복할 수 있냐고 반박했다. 백제의 계백 장군은 황산벌 전투에 나가기 전 자신의 가족을 죽였다. 전투에서 진다면 자신의 가족들이 모두 노예가 되기 때문이다. 한 나라의 왕이라면 이 슬픔도 이겨내야 하고 이겨낼 수 있다고 생각한다.
판정 하기	학생들의 의견	① 객관적이고 신뢰할 수 있는 자료를 사용했는가? ② 토론 주제와 관련된 말을 했는가? ③ 상대편에게 예의를 지키며 말했는가? ④ 토론에 적극적으로 참여하였는가? ➡ 주장 펼치기의 근거 자료는 찬성 측이 보다 설득력 있었다. 하지만 반박하기 단계에서는 반대 측이 날카롭게 비판하는 모습을 보였다. 이에 따라 우리는 무승부로 판정했다.

사실 역사 토론에 앞서 기대감도 있었지만 약간의 불안함도 있었다. 주제가 어려웠기 때문이다. 하지만 학생들은 나름대로 진지한 자세로 임하였고 노력만큼 첨예한 발언이 오고 갔다. '열두 살이 이런 근거자료를 찾았다니!'라는 감탄을 자아내는 학생도 있었다. 뿐만 아니라 평소와는 달리 토론을 할 때 아주 논리적이고 날카롭게 사고하는 친구들도 발견할 수 있었다. 개인적으로는 만족하는 토론 수업이 되었다.

물론 소극적인 학생들도 있었다. 모든 학생이 하나도 빠짐없이 적극적으로 참여한다는 건 드물다는 걸 알고 있다. 하지만 또 다른 주제로 토론 수업을 반복한다면 그 학생도 토론의 묘미를 느낄 것이라고 확신했다.

배드민턴 경기에서 두 선수가 셔틀콕이 떨어뜨리지 않고 계속 주고받는 모습을 본 적이 있는가? 그때 선수들과 관객들은 엄청난 집중을 하게 되고 짜릿함을 느낀다. 토론도 마찬가지였다. 학생들도 그 짜릿함을 느낀 듯하다. 토론이 끝난 후 학생들끼리 박수를 치고 '와~긴 여정이었다!'라는 뿌듯함을 표현하는 모습을 보니 말이다.

토론에 참여해봅시다.

☆ 여러분은 지금 신라 사람입니다. 당나라와 연합을 해야 할까?를 주제로 토론에 참여해보세요.

주장을 펼치기 위해 나의 주장을 정리해봅시다	
상대편 주장과 근거를 메모해보세요	
상대편의 주장과 근거를 살펴보면서 잘못되었거나 궁금한 점에 대해 반론을 적어보세요	
상대팀의 반론을 듣고서 나의 주장과 근거를 다듬어보세요	

토론과 관련된 활용하면 좋을 내용 정리

☆ **토론 단계 및 단계별 사회자 대본 예시**

① **단계 토론 주제와 규칙 설명하기**

> **대본 예시**   지금부터 '우리는 당나라와 연합을 해야 하는가' 라는 주제로 토론을 시작하겠습니다. 토론 규칙과 예절을 지켜서 서로를 배려하며 토론하여 주십시오.

② **단계 찬성과 반대 측 주장 펼치기(입론)**

> **대본 예시**   먼저, 찬성 편이 주장 펼치기를 하겠습니다. 주어진 시간은 2분입니다.
> 이어서 반대편 주장 펼치기를 하겠습니다. 주어진 시간은 총 2분입니다.

③ **단계 협의 시간 가지기**

> **대본 예시**   이제 10분간 서로의 주장에 대해 협의하는 시간을 가지겠습니다. 양쪽 토론자는 상대측 토론자의 주장에 대해 협의를 하고, 그에 따른 반론을 준비해주세요.

④ **단계 서로의 주장에 대해 반론하기**

> **대본 예시**   이번 시간은 상대편의 주장과 근거에 대한 문제점 혹은 궁금한 점을 찾아서 발표하고, 서로 답변을 하는 시간입니다. 후에 주장을 펼친 반대 측부터 반론을 시작하도록 하겠습니다. 반론을 할 때는 적절한 근거를 가지고 제시를 하며, 서로에게 인신공격이 되는 말은 삼가주시기 바랍니다. 주어진 시간은 2분입니다.

⑤ **단계 자신의 주장 다지기**

> **대본 예시**   지금부터 반론하기를 통해 나눈 이야기와 토론을 참고하여 각자의 최종 주장과 근거를 마무리하고, 주장을 다져서 최종 주장을 발표하는 시간입니다. 10분 동안 서로의 주장을 마무리할 수 있는 시간을 드리겠습니다. 그리고 각 팀별로 2분의 시간 동안 최종 주장을 발표해주시기 바랍니다.

⑥ **단계 판정하기**

> **대본 예시**   판정단께서는 활동지를 활용하여 각 팀의 토론 결과를 판정해주시고, 판정 결과를 각자 발표해주시기 바랍니다.

판정 내용	판정 결과
역사적 사료를 참고하면서 적절한 근거를 들어서 주장을 펼쳐서 설득력이 높고, 더 신뢰가 간다.	
상대편의 주장과 근거의 문제점을 찾아 적절한 이유와 근거를 들어가며 반론을 제시한다.	
상대편의 반론에 적절한 근거와 이유를 들어서 답변한다.	
상대편의 반론에 대해 자신의 주장과 근거를 다시 정리하여 주장을 분명하게 발표한다.	
토론의 규칙을 잘 지키고, 상대편의 의견에 집중하여 들어주며, 예의 바른 태도와 상대방을 배려하는 모습으로 토론에 참여한다.	

학생들이 근거자료를 열심히 모으고 연습을 통해 토론절차를 지켜 열정적으로 토론하는 모습이 대견했다.

" 최초의 통일 국가 신라, 그리고 발해 "

고구려의 후예 발해민족이 되어보자!

☑ **사회 1.** 우리 역사의 시작과 발전
☑ **국어 4.** 글의 짜임
☑ **미술** 판화 관련 단원

관련 교과 및 단원

학습개요

★★☆☆

❶ 발해의 건국 과정을 알고 발해와 고구려를 비교해 보자.

❷ 짝과 함께 고구려와 발해의 수막새 판화 찍기

❸ 판화를 찍은 고구려와 발해의 수막새를 '비교와 대조' 짜임으로 글쓰기

[함께 만들어가는 우리들의 수업 이야기]

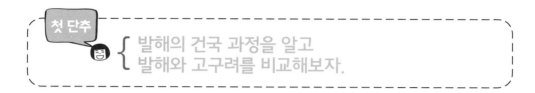

첫 단추
{ 발해의 건국 과정을 알고
발해와 고구려를 비교해보자.

발해라는 나라를 소개하기에 앞서 발해가 고구려를 계승한 나라라는 근거를 PPT 자료를 통해 제시하였다. 바로 발해가 일본에 보낸 외교 문서이다. 여기 사료에서 '고구려'라고 표현한 부분은 고구려를 계승했음을 보여준다.

☆학생 1 : 발해의 사신이 고구려 땅을 회복하길 원한다고 합니다.
◎학생 2 : 발해 사람들이 다 고구려 사람인 거에요?
◆학생 3 : 발해왕이 고려왕이라고 표현했어요.

이를 통해 역사적 자료를 근거로 역사적 사건을 설명하는 것인 역사적 탐구력을 향상하길 기대할 수 있다. 발해가 일본에 보낸 외교문서를 통해 학생들이 발해가 고구려를 계승한 나라임을 이끌어내었다. 그런 후에 사회 교과서로 스스로 학생들이 발해와 고구려를 비교하기 활동으로 학습 후 정리 활동을 보드게임을 통해 정리하였다. 학생들은 자신의 말로 공부를 정리하는 것을 무척 즐겼다. 정제되지 않은 단어가 있어도 모둠에서 함께 보드게임을 통해 서로의 말을 좀 더 간단하고 명확한 말로 정리해주기도 한다. 여기서 소개하는 보드게임은 전 교과에서 활용이 가능하다. 특히 배운 내용을 정리하는 단계에서 활용을 한다면 서로 배운 내용이 무엇이었는지를 즐거운 게임형식을 정리할 수 있는 의미 있는 놀이기반 수업이 될 수 있을 것 같다.

우선은 주제에 대해 내가 알고 있는 것, 혹은 나의 생각을 네가지로 정리하여, 포스트잇에 간단하게 적는다. 각자 적은 포스트잇을 번갈아 가면서 붙이되, 전체 모양이 사각형이 되도록 포스트잇을 붙인다.

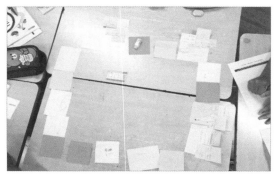

순서를 정하여 주사위를 돌리고, 주사위의 수만큼 말을 움직인다. 말이 멈춘 곳의 아이디어를 적은 친구가 어떠한 생각인지를 발표하고, 그에 따라 발표를 들은 친구들은 자신의 생각을 덧붙여서 다른 포스트잇에 적은 뒤, 발표하고 포스트잇을 붙여준다.

보드게임 활용 교수-학습 과정안

학습 단계	학습요항 학습형태(분)	인성교육중심 교수·학습 활동	자료 유의점 평가
도입	개인 (10) 학습문제 활동순서	○ 프로젝트 학습을 통해 학습한 내용 살펴보기 • 사회 1단원 전체를 팀별로 함께 살펴보면서 스스로 배우고 학습하게 된 내용이 무엇인지 살펴본다. • 배우고 알게 된 내용 중 핵심이 된다고 생각되는 것을 4가지 선정하고, 키워드로 정리하여 자료① 에 각각 적는다. ○ 학습 문제 정하기 • 프로젝트 학습을 통해 무엇을 배웠니? ○ 활동 순서 안내 • [활동1] 보드게임판 만들기 • [활동2] 보드게임을 통해 배운 내용 이야기 나누기 • [활동3] 프로젝트 학습을 통해 배운 내용 스스로 정리하기	① 큰 사이즈의 포스트잇
전개	모둠 내 (3) 모둠 내	○ [활동1] 보드게임판 만들기 • 각자 적은 포스트잇을 활용하여 보드게임판을 만든다. ① 각자 적은 포스트잇을 모두 연결하여 보드판을 만든다. ② 주사위를 굴려 말(말은 공용으로 하나만 사용)을 이동하고, 이동한 칸에 적힌 내용을 적은 사람이 팀원에게 설명한다. 말이 이동할 때는 방향에 관계없이 이동하는 사람이 움직이면 된다. ③ 설명을 들은 팀원은 그 설명에 추가하여 더 아는 내용을 이야기하고, 작은 포스트잇에 간단하게 적어서 해당 포스트잇 주변에 붙인다. ④ 모든 키워드에 대한 이야기가 끝날 때까지 위의 활동을 반복한다. ○ 학습정리 보드게임을 통해 배운 내용 이야기 나누기 • 학습 정리 보드게임 방법에 따라 이번 프로젝트 학습의 핵심 단원인 사회1단원에 대해 무엇을 배웠는지 키워드를 중심으로 하여 서로 배운 내용을 이야기 나눈다.	② 주사위, 게임, 말 ③ 작은 사이즈의 포스트잇
정리	모둠 내 ↓ 개별 (10)	○ 학습정리 보드게임을 통해 알게 된 내용 정리하기 • ④를 활용하여 글과 그림으로 사회 1단원에서 학습하고 배운 내용을 스스로 정리한다. • 정리할 때 비주얼 씽킹을 활용하여 시각화하여 정리할 수 있도록 노력한다.	④ 코넬노트법을 활용한 성찰일기

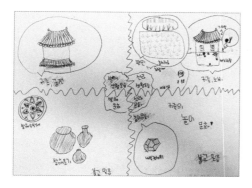

보드게임을 통해 배우고 알게 된 내용을 비주얼 씽킹으로 정리하는 아이들

 { 짝과 함께 고구려와 발해의 수막새 판화를 찍어보자.

수막새가 무엇일까? 수막새란 기왓등의 끝에 붙여 만든 기와이다. 프로젝트 역사 수업을 하며 교사 위주의 지식 중심 수업을 지양하여 왔다. 오늘은 아이들이 수막새가 무엇인지 그 당시 사람이 되어 수막새 모양을 재현해 보기로 하였다. 기왓등을 직접 만드는 것은 아니고, 미술 판화 수업과 연계하여 고구려와 발해의 수막새를 판화로 찍어 비교해 보는 활동이다. 수막새 문양을 그림으로 보고 넘어가는 것보다는 직접 판화를 찍어 고구려와 발해의 수막새 문양을 비교해보면 문양을 더 자세히 관찰할 수 있고 짝과 각자 고구려와 발해 수막새 하나씩을 맡아 제작하면 공통점과 차이점을 발견하기에 효과적일 것 같았다. 그래서 직접 판화를 제작하게 되었다. 수막새 판화 찍기 과정은 다음과 같다.

{ 수막새 판화 찍기 }

● 준비물: 고무판, 조각도, 잉크, 롤러, 장갑 등

01. 고무판 한 개를 짝과 반으로 나눈다.

02. 한 사람은 고구려의 수막새 문양을 다른 사람은 발해의 수막새 문양을, 선택한다.

03. 각자 선택한 수막새 도안의 뒷면에 먹지를 만든 다음 도안 뒤에 고무판을 놓고 도안을 따라 그린다.

04. 고무판에 도안이 그대로 따라 그려지면 조각도로 수막새 도안을 새긴다. 이때 장갑을 끼고 칼날이 눈으로 향하지 않도록 주의를 주면서 조심히 새길 수 있도록 지도한다.

05. 화선지를 대고 찍어낸다.

진지한 모습으로 열심히 따라 그리고 조심스레 고무판을 파내던 모습들.

"우와! 하트모양이 그대로 잘 나왔다!"

기대했던 것보다 학생들의 결과물이 문양이 선명하고 비교하기에 적절했다. 자신과 짝이 만든 수막새 판화 결과물을 가지고 바로 다음 활동으로 넘어갔다.

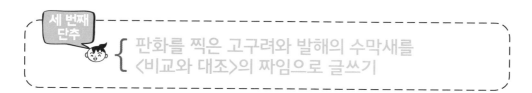

세 번째
단추

판화를 찍은 고구려와 발해의 수막새를
〈비교와 대조〉의 짜임으로 글쓰기

본격 비교와 대조 글을 쓰기도 전에 학생들이 이미 짝과 함께 웅성웅성 본인들의 판화 작품에 대한 서로의 평가가 시작되었다.

☆학생 1 : 네 껀(발해 수막새) 내 꺼(고구려 수막새)보다 하트모양이 더 섬세하네.

◎학생 2 : 고구려가 발해보다 가장자리에 테두리 줄이 더 많다.

◆선생님 : 그렇지. 이렇게 너희가 수막새를 자유롭게 평가하는 것을 보다 체계적인 글로 표현해 보면 어떨까? 국어와 연계하여 글의 짜임 중 어떤 형식의 짜임으로 글을 표현하면 좋을까?

◆학생 3 : 비교와 대조 짜임이요!

그리고 자연스럽게 〈비교와 대조〉 형식의 글쓰기가 시작되었다.

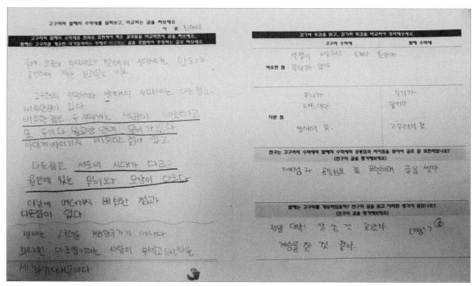

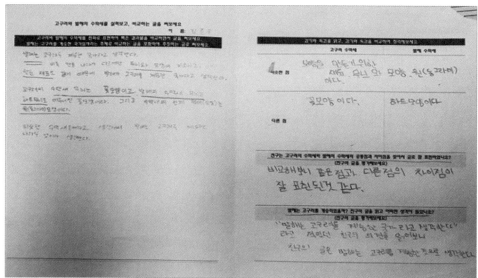

사진으로 보면 비슷해 보이는 고구려와 발해의 수막새를

직접 관찰하여 판화로 표현하니 공통점과 차이점을 보다 섬세하게 찾아냄을 알 수 있었다.

비교하는 글은 어떻게 쓰면 좋을까?

이 름 : _____

☆ 감기와 독감을 읽고, 감기와 독감을 비교하여 정리해보세요.

	감기	독감
비슷한 점		
다른 점		

☆ 노인은 늘고, 아이는 줄고를 읽고, 비교하여 정리해보세요.

	노인은 늘고(고령화 문제)	아이는 줄고(저출산 문제)
해결 방법		

• 두 대상의 공통점과 차이점을 설명한 글을 비교하는 글이라고 합니다. 비교하는 글을 어떻게 읽으면 좋을까요?

....

....

고구려와 발해의 수막새를 살펴보고, 비교하는 글을 써보세요.

이 름 : _____

☆ 고구려와 발해의 수막새를 판화로 표현하여 찍은 결과물을 비교하면서 글을 써보세요. 발해는 고구려를 계승한 국가일까라는 주제로 비교하는 글을 포함하여 주장하는 글로 써보세요.

_____

_____

_____

_____

_____

_____

_____

_____

_____

_____

☆ **친구의 글을 읽고 정리해보세요.**

	고구려 수막새	발해 수막새
비슷한 점		
다른 점		

- 친구는 고구려의 수막새와 발해의 수막새의 공통점과 차이점을 찾아서 글로 잘 표현하였나요? (친구의 글을 평가해보세요)

....

....

- 발해는 고구려를 계승하였을까? 친구의 글을 읽고 어떠한 생각이 들었나요? (친구의 글을 평가해보세요)

....

....

"최초의 통일 국가 신라, 그리고 발해"

발해와 신라! 그 찬란한 발전의 길을 함께 걷기

관련 교과 및 단원

☑ **사회 1.** 우리 역사의 시작과 발전
☑ **수학 2단원.** 합동과 대칭

학습 개요

★ ☆ ☆ ☆

❶ **신라와 발해의 찬란한 발전과 생활 모습을 함께 보기**
• 통일 신라와 발해의 문화재를 선대칭, 점대칭으로 분류하기
  – 문화재 선대칭(다보탑과 석가탑), 점대칭(유리정) 그리기

❷ **여러분을 초대합니다.**
  조상들의 발자취가 숨 쉬는 오태 미니 역사 박물관
  – 준비 단계

❸ **여러분을 초대합니다.**
  조상들의 발자취가 숨 쉬는 오태 미니 역사 박물관
  – 관람 단계

첫 단추 { 신라와 발해의 찬란한 발전과 생활 모습을
함께 보자!

아이들은 고구려를 계승한 발해에 대해 동기부여가 되어 있으며 발해 사람이 되어 수막새를 제작한 것에 대해 뿌듯해했다.

이 분위기를 이어 역사 강사의 발해 관련 동영상 (tvN '어쩌다 어른' 설민석 편, 발해가 역사 전쟁에 놓인 까닭은?)을 20분 동안 시청하였다. 자신들도 한번 텔레비전에서 봤었던 사람이 배우고 있는 발해에 대해 이야기해주니 아이들도 영상 속으로 쏘옥 몰입한 모습이었다. 이 영상을 보기 전 이것을 보고 나서 왜 발해가 우리의 역사인지를 아는 것이 중요하다고 짚어주는 것이 중요하다. 학생들은 영상을 시청하기 전 무엇을 염두에 두고 보아야 하는지를 알고 영상을 시청해야 시청 중 중요한 내용을 메모하기도 하고 더 관심을 갖고 시청하는 모습을 보인다.

영상이 끝나고 왜 발해가 고구려를 계승한 민족인지에 대해서 학생들과 질문하고 정리하는 시간을 갖고 바로 다음 활동으로 넘어갔다. 정리하는 시간은 앞서 설명을 했던 보드게임 형식을 활용하였다.

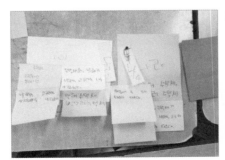

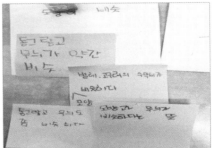

선사시대부터 시작하여 통일 신라와 발해까지 숨 가쁘게 달려왔다. 학생들은 또 다른 시대, 고려 시대로 넘어갈 시점에 서 있었다. 나는 항상 새로운 내용으로 넘어갈 때 고민이 생긴다.

'학생들이 많은 내용을 배우면서 지치지는 않았을까?'

'숨 돌릴 틈 없이 바로 새로운 내용으로 넘어가도 괜찮을까?'

'지금까지 배운 내용을 정리하는 활동이 필요하지 않을까? 어떻게 해야 의미 있게 정리 활동이 될까?'

준비 단계	
☑ 준비 단계	
구석기~청동기(고조선)	5-2
고구려	5-6
백제	5-1
신라	5-3
통일 신라	5-4
발해 및 가야	5-5

우리 동학년의 경우 제비뽑기를 통해 정하였다.

학생들이 준비할 것 : 유물 피라미드 모형
☑ 학생 개인별로 나라에 맞는 유물을 하나 고른다. 자신이 평소 헷갈리는 내용과 관련된 유물 또는 더 알고 싶은 유물을 선택하면 된다. 선택한 후에는 관련된 내용을 조사한다.
☑ 조사한 내용을 피라미드 모형으로 표현한다.

{ 피라미드 책 만드는 방법 }

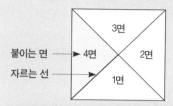

- 준비물: 도화지(8절), 색연필, 사인펜, 자, 가위, 풀 등

01. 도화지의 짧은 쪽을 삼각형 모양으로 접어 올려 정사각형이 되도록 자른다.

02. 대각선 방향으로 접었다가 편다.

03. 접힌 대각선 중 하나를 사각형의 중심점까지만 가위로 자른다.

04. 자르는 선의 오른쪽 면부터 1면, 2면, 3면에 내용을 쓰고 꾸민다.(면은 쓰지 않는다.)

05. 1면과 4면을 겹쳐서 붙인다.

☑ 수수깡에 유물 사진을 붙인다. 피라미드 책 꼭지 부분에 작은 구멍을 뚫고 그 사이에 유물 사진을 붙인 수수깡을 끼워 완성한다.

☑ 반 별로 특색 있는 교실 형태를 만들어 개별 작품을 전시한다. (ㄷ자 형태, 모둠 형태 등등)

교사가 준비할 것 : 활동지 및 스탬프

☑ 학생들이 다른 반의 박물관을 관람하면서 작성할 활동지를 준비한다. (뒷 페이지에 첨부된 활동지를 참고)

☑ 대충 관람하는 학생이 있을 수 있다. 이를 방지하기 위해 관람 후 활동지를 작성하고 각 박물관에 계시는 선생님께 스탬프를 받아야 한다. 이때 필요한 스탬프를 대형 지우개에 조각도로 파서 간단히 완성한다. 시간이 없다면 라벨지에 스티커를 인쇄하여 사용할 수도 있다. 라벨지 인쇄는 한글 파일의 문서 마당을 이용하면 간편하게 만들 수 있다.

미니 역사 박물관 활동은 여러 가지 교육적 효과를 충족시켰다.

☑ 미술 활동과 결합하여 진행되므로 학생들의 재미와 흥미를 높일 수 있다.
☑ 한 반이 하나의 나라를 담당하여 꾸미므로 반 학생들이 다 함께 어울려 참여할 수 있다.
☑ 여러 내용 중 자신이 약하다고 생각되는 부분이나 더 알고 싶은 점을 조사하므로 배운 내용을 조금 더 탄탄하게 다질 수 있다.
☑ 개인별로 모든 반을 탐방하기 때문에 교과서에서 볼 수 없었던 다양한 내용을 알아갈 수 있다. 즉, 심화 학습이 동시에 이루어질 수 있다.

이렇게 박물관 활동을 결정한 후에 반 학생들에게 알려주었다. 다른 반 친구들이 우리 반에 와서 구경을 한다는 점이 아이들에게는 엄청 큰 행사로 느껴진 듯하다. 모두들 한껏 기대하는 표정이었다.

2시간 정도 컴퓨터실에서 원하는 유물을 조사하였다. 내용을 조사할 때 사진도 함께 한글 파일에 작성하여 나의 이메일로 제출하였다. 프린트기가 없는 가정이 많기 때문에 컬러 인쇄의 경우 이렇게 파일로 받아 교사가 직접 하는 편이 빠르다.

"얘들아, 항상 기억해두자. 조사라는 것은 본 내용을 그대로 베껴 쓰는 것이 아니야. 너희가 조사한 내용을 다른 친구들이 보았을 때 이해할 수 있을지를 생각해보면 좋겠다. 읽는 사람의 입장이 되어 보는 거야."

이 말을 컴퓨터실에서 참 많이 말했다. '조사=컴퓨터에서 검색한 내용 베껴쓰기'라고 생각하는 학생들이 여전히 많았기 때문이다. 특히나 이번 활동에선 조사 내용을 다른 친구들에게 알려주게 된다. 그러므로 자신과 다른 사람들이 이해할 수 있도록 쉬운 낱말을 사용하여 풀어쓰도록 도와주었다. 학생들의 눈에 진지함이 묻어났다.

내용과 준비물이 모두 갖춘 후 피라미드 모형 만들기를 2시간 동안 하였다. 그리고 박물관 관람 전날 개별 모형 작품을 각 반마다 재량껏 전시했다. 기준을 세워 모둠별로 작품을 모아놓기도 했으며 ㄷ자로 관람 동선을 잡은 반도 있었다. 그중에서도 5학년 5반은 가장 다채로운 방법을 사용하였다. 교실 가운데에 영화관 좌석을 축소해 놓은 듯한 계단식 모형을 만들어 두었다. 그리고 피라미드 모형을 배치하여 아주 근사한 자태를 뽐냈다. 더욱 상세한 설명을 이젤 패드와 색지 병풍에 적어 교실 곳곳에 두어 풍부한 볼거리를 제공했다.

우리가 추천하는 또 다른 활동!

☑ 팜플렛 만들기 : 우리 반 박물관을 대략적으로 소개하는 팜플렛을 한 사람당 하나씩 만든다. 그리고 바구니에 모아 필요한 친구들이 가져갈 수 있도록 교실 입구에 둔다.

☑ 벽보 만들기 : 내용은 팜플렛 만들기와 같다. 박물관을 소개하는 대략적인 내용을 색지에 그림과 글로 표현한다. 이 벽보를 복도에 게시해 놓으면 박물관 관람을 기다리는 친구들의 지루함을 덜어 주는 역할을 톡톡히 한다.

☑ 타이틀 만들기 및 동선 표시 : 간혹 어떤 반이 어떤 국가 박물관인지 헷갈릴 수 있다. 그러므로 교실 앞에 하드보드지로 삼각 간판을 만들어 국가 이름을 적어 놓으면 좋다. 그리고 절연 테이프를 이용하여 교실 바닥에 관람 동선을 표현한다면 보다 질서정연한 관람을 유도할 수 있다.

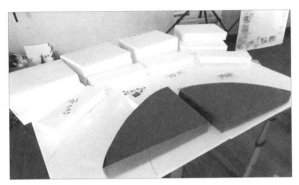

5학년 5반의 계단식 전시 모형. 곳곳에서 선생님과 학생들의 정성을 느낄 수 있다!

이젤 패드와 색지에 더 자세한 설명을 적어 전시해 놓았다.

전시 전날 교실 바깥에 큼직한 간판을 걸어 놓기도 하였다.

오태초 미니 역사 박물관을 관람하고
가장 기억에 남은 전시실을 선택해보세요.

☆ **어디?**

....

☆ **무엇?**

....

☆ **왜?**

....

• 선택한 전시실 및 문화재를 통해 알 수 있는 그 시대 생활 모습을 그림으로 표현해보세요.

☆ (   )의 오태초 미니 역사 박물관 견학 이야기

• 언제?
....

• 어디서?
....

• 누구?
....

오태

석기~고조선관 **관람 학습지**

☆ 석기~고조선 관을 관람하고, 관람 스탬프를 받고 석기~고조선 관의 특징을 글로 표현해보세요.

스탬프란	특징을 글로 표현해보세요.

☆ 가장 관심 있게 보았던 문화재를 적고, 그 문화재를 통해 알 수 있었던 그 시대 사람들의 생활 모습을 상상하여 적어보세요.

관심 깊었던 문화재	문화재를 통해 상상한 그 시대 사람들의 생활 모습은?

자기 평가: 얼마나 알게 되었나요?(간단하게 글로 표현해보세요.)	
유물과 유적을 통해 선사시대 사람들의 생활 모습 중 무엇을 파악하게 되었나요?	
단군의 건국 이야기를 알고, 우리 역사 최초의 국가가 고조선이라는 사실을 어떻게 이해하게 되었나요?	

자기 평가: 석기~고조선 관을 관람하면서 배운 내용을 비주얼 씽킹으로 표현해보세요.

고려관 **관람 학습지**

☆ 고려 관을 관람하고, 관람 스탬프를 받고 고려 관의 특징을 글로 표현해보세요.

스탬프란	특징을 글로 표현해보세요.

☆ 가장 관심 있게 보았던 문화재를 적고, 그 문화재를 통해 알 수 있었던 그 시대 사람들의 생활 모습을 상상하여 적어보세요.

관심 깊었던 문화재	문화재를 통해 상상한 그 시대 사람들의 생활 모습은?

자기 평가: 얼마나 알게 되었나요?(간단하게 글로 표현해보세요.)	
유물과 유적을 통해 고려 사람들의 생활 모습 중 무엇을 파악하게 되었나요?	
역사 박물관 관람을 통해 고려와 주변 국가의 문화 교류에 대해 무엇을 알게 되었나요?	

자기 평가: 고려 관을 관람하면서 배운 내용을 비주얼 씽킹으로 표현해보세요.

오태

통일 신라 관 **관람 학습지**

☆ **통일 신라 관을 관람하고, 관람 스탬프를 받고 고구려 관의 특징을 글로 표현해보세요.**

스탬프란	특징을 글로 표현해보세요.

☆ **가장 관심 있게 보았던 문화재를 적고, 그 문화재를 통해 알 수 있었던 그 시대 사람들의 생활 모습을 상상하여 적어보세요.**

관심 깊었던 문화재	문화재를 통해 상상한 그 시대 사람들의 생활 모습은?

자기 평가: 얼마나 알게 되었나요?(간단하게 글로 표현해보세요.)	
유물과 유적을 통해 통일 신라 사람들의 생활 모습 중 무엇을 파악하게 되었나요?	
역사 박물관 관람을 통해 삼국의 통일 과정에 대해 무엇을 알게 되었나요?	

자기 평가: 통일 신라 관을 관람하면서 배운 내용을 비주얼 씽킹으로 표현해보세요.

오태

고구려 관 관람 학습지

☆ 고구려 관을 관람하고, 관람 스탬프를 받고 고구려 관의 특징을 글로 표현해보세요.

스탬프란	특징을 글로 표현해보세요.

☆ 가장 관심 있게 보았던 문화재를 적고, 그 문화재를 통해 알 수 있었던 그 시대 사람들의 생활 모습을 상상하여 적어보세요.

관심 깊었던 문화재	문화재를 통해 상상한 그 시대 사람들의 생활 모습은?

자기 평가: 얼마나 알게 되었나요?(간단하게 글로 표현해보세요.)	
유물과 유적을 통해 고구려 사람들의 생활 모습 중 무엇을 파악하게 되었나요?	
역사 박물관 관람을 통해 고구려의 발전 과정에 대해 무엇을 알게 되었나요?	

자기 평가: 고구려 관을 관람하면서 배운 내용을 비주얼 씽킹으로 표현해보세요.

오태

백제 관 **관람 학습지**

☆ 백제 관을 관람하고, 관람 스탬프를 받고 백제 관의 특징을 글로 표현해보세요.

스탬프란	특징을 글로 표현해보세요.

☆ 가장 관심 있게 보았던 문화재를 적고, 그 문화재를 통해 알 수 있었던 그 시대 사람들의 생활 모습을 상상하여 적어보세요.

관심 깊었던 문화재	문화재를 통해 상상한 그 시대 사람들의 생활 모습은?

자기 평가: 얼마나 알게 되었나요?(간단하게 글로 표현해보세요.)

유물과 유적을 통해 백제 사람들의 생활 모습 중 무엇을 파악하게 되었나요?	
사 박물관 관람을 통해 백제의 발전 과정에 대해 무엇을 알게 되었나요?	

자기 평가: 백제 관을 관람하면서 배운 내용을 비주얼 씽킹으로 표현해보세요.

신라 관 관람 학습지

☆ 신라 관을 관람하고, 관람 스탬프를 받고 신라 관의 특징을 글로 표현해보세요.

스탬프란	특징을 글로 표현해보세요.

☆ 가장 관심 있게 보았던 문화재를 적고, 그 문화재를 통해 알 수 있었던 그 시대 사람들의 생활 모습을 상상하여 적어보세요.

관심 깊었던 문화재	문화재를 통해 상상한 그 시대 사람들의 생활 모습은?

자기 평가: 얼마나 알게 되었나요?(간단하게 글로 표현해보세요.)

유물과 유적을 통해 신라 사람들의 생활 모습 중 무엇을 파악하게 되었나요?	
역사 박물관 관람을 통해 신라의 발전 과정에 대해 무엇을 알게 되었나요?	

자기 평가: 신라 관을 관람하면서 배운 내용을 비주얼 씽킹으로 표현해보세요.

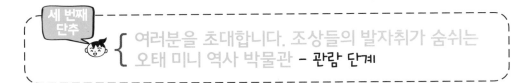
선생님과 학생들이 모두 협동하여 박물관 준비에 최선을 다하였다. 되짚어보면 미니 역사 박물관이라고 했지만, 그 과정은 '미니'가 아닌 느낌이었다고나 할까? 준비를 갖추고 드디어 박물관 관람이 시작되었다. 관람은 다음 규칙으로 진행되었다.

01. 개인별 관람 학습지를 들고 박물관 예절을 지키며 관람한다.
02. 한 박물관당 10분씩 관람하게 된다.
03. 관람 순서는 자신의 옆 반부터 시작하였다.
    예) 3반의 경우 4 ➡ 5 ➡ 6 ➡ 1 ➡ 2 ➡ 3 순서로 관람하게 된다.
04. 관람을 하면서 학습지를 작성하고 각 박물관에 계시는 선생님께 확인을 받고 스탬프 란에 스탬프를 찍는다.

학생들은 두근거리는 마음으로 입장했다. 반마다 각자 다른 특징을 담고 있어서 '이 박물관은 어떤 모습을 하고 있을까?'라는 기대감이 학생들의 얼굴에서 뿜어져 나왔다. 관람을 하면서 학생들의 대화를 간간히 들어보았다.

"야, 이거 봐봐. 청동 무늬 거울이 그냥 이름인 줄 알았는데 아니었어.
거울 이름이 따로 있는데 되게 웃기다."
"뗀석기도 마찬가지야. 종류 되게 많은데?"

이 대화를 들으면서 나름대로 우리 공동체의 활동 목적을 달성한 기분을 느꼈다. 여섯 반의 학생들이 차분히 관람을 하고 스탬프를 찍으며 흐뭇한 표정을 지었다. 새로운 활동에 즐겁게 참여하는 모습들이 얼마나 예쁘던지!

교실로 돌아온 우리 반 아이들에게 소감을 물었다. 대부분의 학생들이 다른 교실을 돌아다니며 몰랐던 지식을 알게 되어 알찬 시간이었다고 말했다. 그리고 앞으로 또 다른 주제의 박물관도 꾸미면 좋겠다는 의견도 있었다. 그때는 교실을 원형으로 꾸미고 창문에도 여러 가지 사진들을 붙이면 괜찮겠다는 아이디어도 냈다. '이번 정리 활동이 학생들의 시야를 넓히는 소중한 기회였구나!'라는 생각과 함께 적극적으로 참여해 준 아이들에게 대한 고마움이 번졌다.

함께하는 역사 박물관 관람 과정

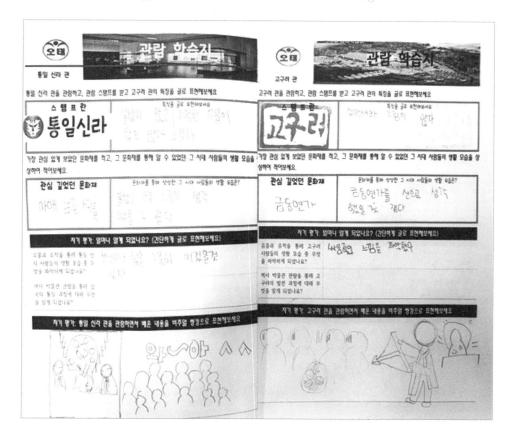

친구들과 옹기종기 모여 관람하고 활동지를 정리하는 학생들의 모습이다.

꾸욱~ 스탬프를 찍어주는 선생님과 아이들

" 새로운 통일 국가, 강대한 고려 "

역사 교육은 과거에 일어난 역사적 사건이나 사실, 인물과 현상 등에 대해 보다 넓게, 그리고 보다 깊게 이해하는 것이 그 목적이라 할 수 있으며, 역사자료를 수집하고 분석 및 해석하는 활동을 통해 역사적 사고력을 기르는 것이 주요 목표라고 정의할 수 있다. 물론 역사적 사고력에 대한 개념이 모호하고, 아직도 정확한 정의가 무엇인지 논의가 계속되고 있지만, 역사적 사고력 함양이 역사 교육의 핵심적인 목표라는 사실에는 모두가 동의를 하고 있다.

역사 교육의 핵심 목표라고 할 수 있는 바람직한 역사적 사고력 배양이란 궁극적으로는 역사 자체를 사고하기 위함이고, 이를 위해서는 역사적 사건이나 사실에 대한 직·간접적인 정보에 대한 비판적인 사고 처리 능력을 요한다. 2015 개정 교육과정 내용 체계 역시 조사, 분석, 비평, 적용, 추론, 탐구, 해석 등 넓은 의미의 탐구 방법에 속하는 요소들이 사회 교과 기능에 포함되어 제시되고 있는데, 이러한 것들이 바로 역사적 사고력의 하위범주에 속하는 요소들이라고 할 수 있다. 즉, 역사적 사고력은 교사나 교과서에 의해 정리, 전달되어지는 사실을 암기하는 것만으로 함양될 수 없으며, 역사적 사실과 정보에 대한 비판, 검토, 해석, 비평이라는 역사가의 연구 방법을 간접적으로 경험함으로써 가능해진다.

이에 역사 교육은 학생들이 스스로 작은 역사가가 되어 역사 자료와 문서를 토대로 역사가가 사용하는 연구 방법을 적용하여 자신의 탐구를 직접 수행할 수 있는 기회가 제공되어야 한다고 할 수 있다. 이는 역사가가 역사를 서술할 때 사용하는 증거의 수집, 분석,

비판, 해석의 과정에 학습자들도 직접 참여시킬 수 있는 역사 수업이 도입될 때 아이들은 역사를 보다 실제적이고 생생하게 학습할 수 있다고 버스톤(W.H.Burston)이 언급한 내용과도 일치한다.

따라서 "더불어 아름다운 우리 5학년" 공동체에서는 텍스트, 교수자 중심의 역사 사실 전달 위주로 진행되는 역사 수업을 지양하고, 학습자들이 직접 역사적 삶의 흔적인 역사를 찾고, 조사하고 이해하며, 직접 표현해보는 역사 수업을 진행하기로 하였다. 이는 기존의 학습자 중심의 '역사하기' 훈련과 그 맥을 같이 한다고 할 수 있으며, 여기서 역사하기란 학습자들이 역사 지식과 정보를 단순 기억하는 학습 활동에서 벗어나 '학습하는 방법'을 익혀 학습자 스스로가 중심이 되어 전개하는 학습활동을 의미한다.

특히, 이번 "새로운 통일 국가, 강대한 고려" 프로젝트 학습은 통일, 문화, 그리고 전쟁이라는 세 가지 키워드를 가지고 계획하게 되었다. 특히 고려라는 국가가 강대국으로 성장하고 발전하기 위해서, 그리고 하나가 되어 협력하기 위해 어떻게 노력하였는지를 역사적으로 사고하고 탐구할 수 있도록 전개하였다. 역사적 인물 속에서 발견할 수 있는 인성적인 요소를 발견하여 우리들의 존재 가치를 발견하고, 고려 시대의 대표적 문화 및 유물을 직접 표현하고 만들어보면서 그러한 것들이 가지는 의미가 무엇인지를 사고하고 탐구하는 과정을 거치며, 침략에 맞서 하나가 되기 위해 어떠한 노력을 하였는지 증거를 수집·분석·비판·해석해보는 과정에 직접 참여하는 경험을 통해 역사를 보다 실제적이고 생생하게 학습할 수 있도록 구성하였다.

관련 교과 단원 추출 및 교과 구성표

활동주제	관련 과목	관련 단원	주요 내용
후삼국 인물에서 발견하는 나의 존재 가치	국어	1. 문학이 주는 감동	후삼국 시대의 인물과 관련된 책을 읽고, 그들에게서 인성적인 측면에서 배울 수 있는 점이 무엇이었는지에 대해 간단하게 글로 쓴 뒤, 시화, 편지쓰기, 노랫말 개사하기, 상장주기 등 다양한 방법으로 독서 감상화를 쓰고 공유하기
	사회	2-1. 후삼국 통일	
	창체	독서대회	
	창체	인성교육(인권)	역사적 인물을 통해 알 수 있었던 긍정적인 면을 바탕으로 우리 반에서 나의 존재 가치를 발견하고, 고려 시대의 연등 만들기 활동과 연계하여 나의 존재 가치 선언문을 작성하여 연등 완성하기
	사회	2-1. 후삼국 통일	
찬란하게 빛난 아름다운 고려	사회	2-2. 세계 속의 고려	연등회에 거란, 여진, 일본, 아라비아 등 다양한 국가가 함께 참여했음을 역사적 사실을 통해 함께 발견하고, 고려 시대에 주변 국가와의 활발한 무역 활동을 통해 문화가 더욱 발전하고 아름다울 수 있었음을 무역 활동을 통해 학습하기
	사회	2-2. 세계 속의 고려	고려 시대의 다양한 문화재를 배우고, 상감기법을 적용한 고려청자, 그리고 함께 하나가 될 수 있도록 내가 지켜야 할 것이 무엇인지를 발견하여 우리 반 팔만대장경 직접 만들고 전시하기
	도덕	6. 인권을 존중하는 세상	
	과학	2. 산과 염기	팔만대장경판전의 과학적인 통풍구조로 인해 습도를 줄이고 온도를 일정하게 유지시켜주는 문화의 우수성을 함께 배우면서 습도가 무엇인지 과학 시간을 통해 함께 실험을 통해 학습하기
용감무쌍했던 강대한 고려	사회	2-3. 북방 민족의 침입과 극복	용감무쌍했던 강대국 고려의 다양한 전투 과정을 나라별 시대별로 구분지어서 연표로 나타내기
	국어	1. 문학이 주는 감동	활발한 무역 활동을 통해 다양한 교류가 있었던 반면에 잦은 침략과 전투를 벌이게 된 이유가 무엇일지, 그리고 이로 인해 고려 말 사람들의 생활 모습과 정치는 어떠했을지 상상하여 글로 표현하기
	사회	2-3. 북방 민족의 침입과 극복	고려의 저항 과정을 비주얼 씽킹으로 표현하고, 학습하고 배운 내용을 바탕으로 보드게임을 통해 서로 가르쳐주고 배우며 정리하기

교과 및 차시 구성안

주제 / 교과	새로운 통일 국가, 강대국 고려	
	관련 성취기준	단원 연계성
국어	[6국05-02] 작품 속 세계와 현실 세계를 비교하며 작품을 감상한다.	역사 인물 관련 문학작품을 읽고, 그 속에서 배울 수 있는 인성적인 측면을 발견하고 다양한 방법으로 독서 감상화 표현하기
사회	[6사03-03] 고려를 세우고 외침을 막는데 힘쓴 인물의 업적을 통하여 고려의 개창과 외침 극복 과정을 탐색한다. [6사03-04] 고려청자와 금속 활자, 팔만대장경 등의 문화유산을 통하여 고려 시대 과학 기술과 문화의 우수성을 탐색한다.	역사 인물을 통해 나의 존재 가치 발견하기 고려의 문화 및 전쟁에 대해 활동을 통해 학습하기
과학	[6과06-01] 습도를 측정하고 습도가 우리 생활에 영향을 주는 사례를 조사할 수 있다. [6과06-02] 이슬, 안개, 구름의 공통점과 차이점을 이해하고 비와 눈이 내리는 과정을 설명할 수 있다.	팔만대장경의 우수성에 대해 배우면서 습도에 대한 궁금증을 해결하고자 과학단원을 활용하여 습도에 대해 학습하기
도덕	[6도02-02] 인권의 의미와 인권을 존중하는 삶의 중요성을 이해하고, 인권 존중의 방법을 익힌다.	함께 하나가 되기 위해 서로의 인권을 존중하는 방법을 글로 표현하여 우리 반 팔만대장경판 만들기
창체		인성교육(인권) 학교행사(독서대회)

꼭지

후삼국 시대, 인물에서 찾은 나의 존재

 마중활동

후삼국 통일의 영웅들
- 난세는 영웅을 만들고 영웅은 난세를 구한다

역사 속 인물들
- 내가 만난 역사 인물
  (역사 인물의 위인전, 이야기 책 읽기)
- 나의 업적을 널리 알려라
  (역사 위인 시화 그리기)
- 역사 위인 팝아트
  (역사 인물의 모습을 팝아트로 나타내기)

 가온활동

역사 인물의 어깨에 올라
- 그래! 역사 인물은 이런 사람이야!
  (역사 인물의 삶 속에서 긍정 단어, 인성요소 찾기)
- 나도 할 수 있어!
  (나의 존재 가치 선언문 작성하기)

 꼬두람이 활동

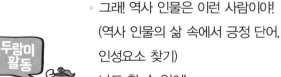

" 후삼국 시대, 인물에서 찾은 나의 존재 "

마중활동

후삼국 통일의 영웅들

관련 교과 및 단원

- ✔ **사회 2-1.** 후삼국 통일
- ✔ **미술 3.** 주제를 살려서

학습개요
★★★★

❶ **후삼국의 통일 과정 조사하기**
- 통일 신라 말기의 상황과 후삼국의 통일 과정을 연표로 표현하면서 후삼국 통일의 의의를 찾을 수 있도록 한다.

❷ **후삼국의 통일 과정 만화로 표현하기**
- 후삼국의 통일 과정의 특징과 분수령이 되는 부분을 찾아내며 활약한 인물에 관심을 가질 수 있도록 한다.

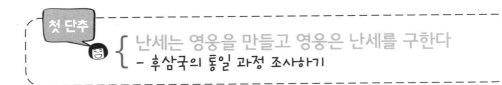

첫 단추 { 난세는 영웅을 만들고 영웅은 난세를 구한다
– 후삼국의 통일 과정 조사하기

기원전 57년 건국한 신라가 676년 삼국을 통일하고 당을 물리치면서 한반도를 차지하지만 935년도에 멸망하고 만다. 천년에 가까운 세월 동안 유지되던 신라는 왜 멸망을 한 것일까?

학생들에게 신라 중기의 왕들과 후기 왕들의 재위 기간을 비교하게 하면서 어떤 차이가 있는지 그러한 차이의 원인과 결과는 어떠한 것들이 있을지를 추측해 보도록 하였다.

그 당시의 모습을 지금의 기준으로는 추측에 어려움이 있기에 차이점(신라의 신분제도인 골품제도, 교통수단, 통신수단)에 대해 학생들에게 설명이 필요하였다.

신라 말기의 상황과 멸망, 후삼국의 등장, 고려의 통일 과정에 발생한 일들을 조사 활동을 통해 찾아 후삼국의 통일 과정을 연대표로 표현하도록 하였다.

그리고 완성한 연대표를 바탕으로 후삼국의 통일 과정을 앞서 설명을 했던 보드게임을 활용하여 서로의 생각과 의견을 다양하게 알아보면서, 과거의 역사적 사실에 대해 다양한 방향으로 생각하고 이야기해보는 시간을 가졌다.

이어서 보드게임을 통해 알게 된 다양한 생각과 이야기들을 모아 후삼국 통일 과정을 만화로 표현하여 나타내었다. 후삼국 통일 과정에서의 중요한 역사적 사건과 함께 활약한 인물들을 하나의 캐릭터로 만들어 인물들이 한 일들을 바탕으로 인물의 성격을 부여하여 만화 속에 녹여 내도록 하였다.

① 신라 말기 왜 신라는 멸망하고, 후삼국의 시대로 접어들게 된 것일까를 비주얼 씽킹으로 표
　현하여 나타낸 우리들

② ③ 보드게임을 통해 후삼국 통일 과정에 대해 다양한 생각과 아이디어에 대해 이야기를 나누
　는 우리들

④ 후삼국의 통일 과정을 만화로 표현하여 나타내는 우리들

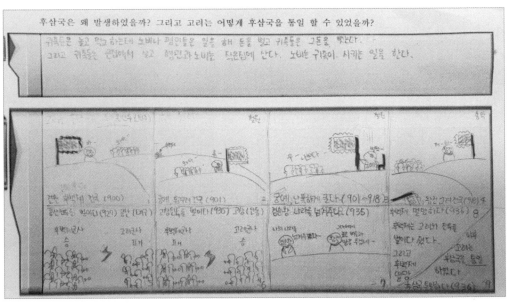

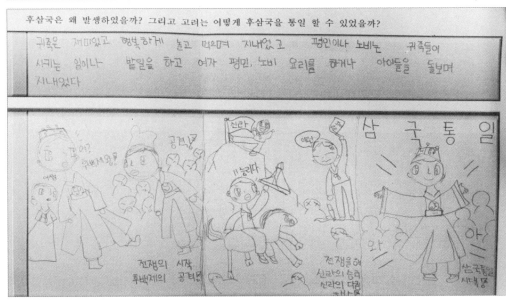

연대표를 만들면서 학생들은 역사적 사건이 발생한 순서와 사건의 원인과 결과를 찾아 비교해 볼 수 있다.

후삼국 시대, 인물에서 찾은 나의 존재

가온활동

역사 속 인물들

✓ **국어 1단원.** 문학이 주는 감동
✓ **사회 1단원.** 우리역사의 시작과 발전
　　　　2단원. 세계와 활발하게 교류한 고려
✓ **창체.** 독서 대회

관련 교과 및 단원

학습개요

❶ **역사 인물이 주인공인 위인전 읽기**
　• 역사 인물의 본받을 점, 긍정적인 점 찾기

❷ **역사 위인 시화로 나타내기**
　• 역사 위인의 업적을 시로 나타내기

❸ **팝 아트 그림 그리기**
　• 역사 위인의 초상화 팝아트로 나타내기

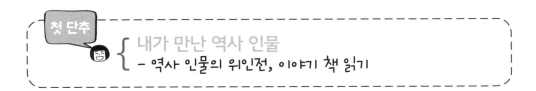

첫 단추

내가 만난 역사 인물
– 역사 인물의 위인전, 이야기 책 읽기

한명의 역사 인물을 골라 위인전, 이야기책을 읽게 하였다. 학생들 간에 역사 인물이 중복되지 않고 다양한 역사 인물을 선택하도록 하였다.

5학년 사회 교과서 내용에 맞추어 구석기 시대부터 조선의 병자호란까지의 인물 중에서 선택하도록 하였다. 전기문과 함께 역사 인물의 팝아트 초상화를 그리기 위해 초상화가 있는 역사 인물을 고르고자 했지만, 초상화가 남아 있는 인물의 수가 적고 초상화도 대부분 후대에 상상을 통해 그려진 것이 대부분이라 아쉬웠다.

고조선 ~ 통일 신라	단군	주몽	유리왕	소수림왕	광개토대왕
	장수왕	을지문덕	양만춘	김춘추	김유신
	원효	장보고	최치원		
고려	왕건	서희	강감찬	문익점	공민왕
	정도전	정몽주	최무선		
조선	이성계	황희	세종	장영실	세조
	신사임당	권율	류성룡	이순신	김시민
	임경업	소현세자			

구석기 ~ 조선 중기 역사 인물

★ ∴

학교 도서관에서 갖추고 있는 도서의 양이 부족하여 학생들의 집에 있는 책, 만화로 된 책들 중에서도 읽을 수 있도록 하였고 전기문이 없는 역사 인물은 인터넷 검색 활동을 통해서 인물의 업적을 찾도록 하였다.

역사 인물 선택의 시대 제한 없이 학생 스스로 역사 인물을 고르도록 하니 안중근, 소프트뱅크의 손정의, 손흥민까지 학생의 관심사가 반영된 역사 인물이 등장하였다. (역사 인물을 지정한 것과 비교 하였을 때 이전까지 우리는 역사 인물은 왕이거나 큰 전쟁에서 이긴 장군들만 해당된다는 고정관념에 빠져있었던 건 아닐까?)

스스로 아침 독서 시간 점심 시간, 주말 등을 활용하여 책을 읽으면서 역사 인물의 긍정적인 요소, 본받을 점을 찾도록 하였다.

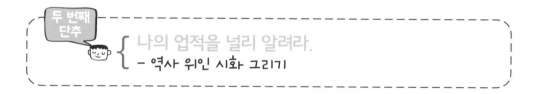

책을 읽으면서 찾은 위인의 업적과 그러한 일을 할 수 있었던 위인의 인성 요소/긍정적인 점, 자신의 느낌을 [역사 위인 소개하기] 활동지에 적을 수 있도록 하였다. 그리고 이 글을 바탕으로 8절지에 글과 그림으로 나타내었다.

형태에 제한을 두지 않고 시화, 독서감상문, 편지, 일기, 노래가사 바꾸기 등으로 자유롭게 표현할 수 있도록 하였다.

작성한 인물의 업적은 개인별로 동영상 촬영을 하여 YouTube에 게재하고 QR코드를 만들어 역사 위인 팝업 초상화(211쪽)에 붙여 스마트 폰을 이용하여 쉽게 접근할 수 있게 하였다.

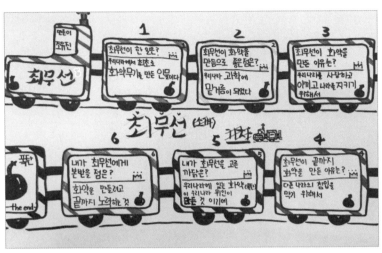

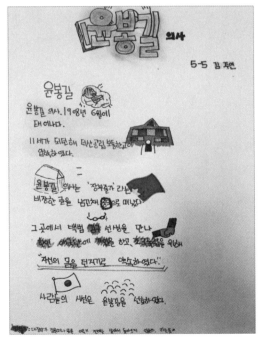

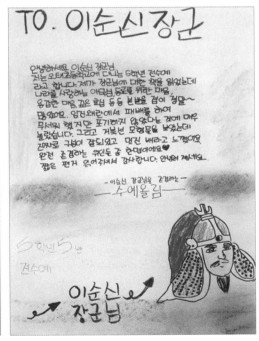

역사 위인 소개하기

번 : _____   이 름 : _____

읽은 책	
제목	위인

위인의 본받을 점 3가지를 단어로 나타내 봅시다.

본받을 점. 1	본받을 점. 2	본받을 점. 3
인성요소(단어)	인성요소(단어)	인성요소(단어)

완성된 작품은 복도 창가에 전시하여 학년의 학생들이 서로의 작품을 감상하니 다양한 역사 인물에 대한 정보를 접할 수 있고 같은 인물을 대상으로 책을 읽고 조사하였지만 서로 다른 점을 찾아내고 달리 표현하는 것을 보고 색다름을 느낌과 동시에 역사는 고정된 불변의 것이 아니라 기록되는 관점에 따라 달라질 수 있음을 어렴풋이나마 깨달을 수 있지 않았을까 생각된다.

시화 작품들은 학교에서 학년 말에 제작하는 문집의 자료로 활용되면서 또 한 번 빛을 발하였다. 평소 문집 제작을 위해 학생들에게 별도의 시간을 주고 무조건 만들어 내라는 식으로 이루어지며 삼행시, 반성문까지 등장하였었다. 시화는 글과 함께 그림이 그려져 문집에 알맞은 형태를 갖추고 있었고 수업 내에서의 활동이 그대로 드러나 있어 만족스러웠다.

팝아트(pop art)란 popular art의 줄임말로 대중 예술을 표현하는 단어로서 일반적으로 친숙한 만화나 광고, 상품, 유명인 등을 인용하여 쉽고 재미있게 표현한 예술을 의미한다.

그중에서 역사 위인 팝아트에 참고한 작품은 줄리언 오피의 초상화 작품이다.

줄리언 오피 julian opie (1958–
굵고 뚜렷한 윤곽선과 명암이 없는 평면적인 색채가 특징이다.

이 방법은 실제 초상화를 옮겨 그려 실제 인물 그대로의 모습을 그림으로 나타낼 수 있고 색칠에서 꼼꼼히 하지 못하더라도 매직으로 지저분한 부분을 덮으면서 그림의 완성도가 높아서 학생들의 만족감이 높았다.

역사 위인에 대한 학생들의 이야기를 동영상으로 촬영하여 QR코드를 만들어 붙여 단순한 미술 작품이 아닌 제작자와 감상자 상호 간에 정보를 주고받을 수 있는 매개물로 역할을 수행하였다.

☆ 역사위인 팝아트 제작과정

① 학생들이 고른 역사 위인의 초상화(15cm×20cm)를 A4용지에 출력한다.
   TIP 학생들이 읽은 책에 있는 그림도 좋습니다.

② 뒷면을 연필로 색칠하여 먹지로 만들고

③ 8절지 위에 초상화를 테이프로 붙이고는 인물의 선을 따라 그린다.
   TIP 바깥 테두리 선도 따라 그립니다.

④ 초상화를 떼어내고 색칠을 한다.
   TIP 배경은 파스텔 톤으로 색칠하고 바깥 테두리 선 밖도 색칠을 합한다.
   이때 눈, 눈썹, 코는 색칠하지 않습니다.

⑤ 굵은 매직을 사용하여 테두리 선을 그린다.
   TIP 이때 눈동자, 눈썹, 콧구멍을 그려준다.

⑥ 뒷편에 우드락(15cm×20cm)을 풀로 붙이고 나머지 부분을 뒤로 감싸주면서
   붙이면 버스 느낌의 입체감 있는 작품이 된다.

※ 참고 사이트 에듀콜라 – 철김샘의 요플레 미술 팝아트 초상화 그리기
https://educolla.kr/bbs/board.php?bo_table=Author_KimBobeob&wr_id=17

☆ QR코드 제작 방법

① 동영상을 촬영한다.

② 동영상을 YouTube에 올리고 [공유] – [링크 공유] – [URL주소]를 복사한다.

③ https://www.qr-code-generator.com
URL주소를 URL부분에 입력하면 새로운 QR코드가 생성되고 QR코드를 저장,
출력하여 필요한 곳에 붙인다.

☆ QR코드 확인 방법

① 스마트폰에서 [네이버 앱]을 실행하고

② 사진기 모양을 클릭하여 QR코드를
촬영하면 바로 동영상을 볼 수 있다.

역사 인물의 어깨에 올라

✅ **창체.** 인성 교육, 인권 교육(자기이해 활동)
✅ **도덕 1.** 아름다운 사람이 되는 길

❶ **역사 인물의 삶 속 긍정 단어 찾기**
• 역사 인물의 본받을 점, 긍정적인 점 찾기

❷ **나의 '존재가치 선언문' 작성하기**
• 나의 긍정적인 면을 찾을 수 있도록 한다.

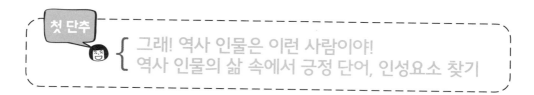

첫 단추

그래! 역사 인물은 이런 사람이야!
역사 인물의 삶 속에서 긍정 단어, 인성요소 찾기

역사 위인과 관련된 책을 읽으면서 역사 인물의 본받을 점, 업적과 관련된 인성 요소, 긍정 단어를 찾도록 하였다.

역사 인물이 삶 속에서 어떤 긍정적인 부분을 가지고 있었는지 찾고 그러한 긍정의 요소가 역사적 업적을 이루는 데 어떤 영향을 주었는지 생각해보고 한 문장으로 나타내보았다.

미소	웃음	용서	실천	풍요	휴식	관용
감사	긍정	동행	균형	가족	지혜	끈기
노력	가치	신뢰	여유	절제	행복	대화
해탈	순수	기쁨	변화	성장	친절	배려
사랑	존경	통찰	포용	존중	상생	충만
어울림	인내	자유	쾌활	도전	성실	경청
열정	믿음	중용	보람	성찰	수용	나눔
유쾌	이해	화합	응원	인정	화목	다정
희망	성공	소신	용기	정진	조화	치유
동감	만족	성취	자비	건강	격려	환희

긍정 단어

학생들이 낯설어하는 단어가 많아 미리 학생들과 단어의 뜻을 알아보는 시간이 필요했다. 긍정 단어를 활용하여 역사 인물을 짧은 글로 나타낼 수 있도록 한다.

> (역사 인물)은/는 (긍정 단어)하여/을 가지고 있어 (업적)을 하였다.

반 친구들과 생각을 나누기 위해 아래와 같은 방법으로 [하나 주고 하나 받기] 구조를 활용하였다.

01. 학습지와 필기구를 들고 자리에서 일어나 손을 들고 짝이 없음을 표시합니다.

02. 친구를 만나 손뼉을 마주치며 짝을 이루고 인사를 나눕니다.

03. 각자의 아이디어를 하나씩 나눕니다.

04. 짝과 헤어지고 다시 손을 들고 위의 활동을 반복합니다.

※ 짝을 만날 때는 손을 들고 다녀 짝이 없음을 표시하도록 합니다.
※ 다양한 친구를 만날 수 있도록 조건을 제시합니다.
　TIP 이성 친구 만나기, 다른 분단 친구 만나기. 등을 활용할 수 있을 것이다.

역사 인물이 가진 긍정요소 [3)]

번 : _____   이 름 : _____

☆ 역사 인물이 가진 긍정요소를 찾아 적어봅시다.

☆ 역사 인물이 긍정요소를 활용하여 어떠한 업적을 이루었는지 한 문장으로 나타내 봅시다.

(역사 인물)   은/는   (긍정 단어)   하여/을 가지고 있어   (업적)   을 하였다.

☆ 친구들과 생각을 나누어 봅시다.

....

....

....

3) 본 저서 92~95쪽을 함께 살펴보면 긍정요소 및 활동지 전체 구성안을 알 수 있습니다.

앞의 활동이 긍정적인 요소가 역사 인물에게 어떠한 영향을 끼쳤는지에 대해 알아보는 것이었다면, 이번 활동은 긍정 단어가 나에게 어떠한 영향을 미치게 될 것인지를 상상하고 예측하여, 나만의 존재가치 선언문을 작성하는 것이다.

예를 들자면,

(나)은/는 (긍정 단어)하여/을 가지고 있어 (미래의 일)을 할 것이다.

와 같은 것이다.

미래의 일은 장래 희망이나 먼 미래의 일 뿐만 아니라

'지각을 하지 않을 것이다.'
'친구들과 사이좋게 지낼 것이다.'
등 자신의 행동 변화를 기대하는 것들도 적도록 하였다.

각자 3개의 존재가치 선언문을 작성하였고 자신의 긍정 단어를 찾지 못하는 학생은 친구의 도움을 통해 완성하였다.

평소 자신을 나타내기를 꺼려하는 소극적인 학생들이 자신의 긍정 단어 찾기를 어려워했는데 "너는 이러한 점이 좋아", "너의 장점은 무엇이야"와 같이 친구에게 긍정 단어를 말해주는 방법을 사용하도록 알려주어 친구에게 자신이 알지 못한 자신의 긍정적인 요소를 인정받을 수 있어 학생의 자존감을 신장시키는 계기가 되었다.

자신의 일상생활이나 앞으로의 미래에 변화된 모습을 구체적으로 이끌어 낼 수 있다는 점이 학생들의 마음속에서부터

'나는 이런 좋은 점을 가진 사람이야!!'
'나는 이걸 할 수 있어!!'

라고 긍정적으로 자리 잡음으로써 더 나은 나를 꿈꾸게 되며 더 나아가 자신의 소중함을 깨달을 수 있었다.

학생들의 얼굴을 역사 위인의 초상화 작품과 동일한 방법으로 제작하여 나의 존재가치 선언문 동영상을 찍고 QR코드로 만들어 초상화 옆에 붙이기도 하였다.

눈부시고 찬란했던 고려

마중활동

타임머신을 타고 GO GO!
고려의 안과 밖 살펴보기

- 내가 고려의 왕, 태조 왕건이었다면?
- 나의 정책을 족자로 표현하기
- 웅장하고 화려한 고려의 불교!
- 고려의 주변에는 어떤 친구들이 있었을까?

다양한 문화재에서
고려의 개성과 우수성을 찾아보아요!

- 고려의 독특한 개성과 우수성을 찾아라!
- 고려의 개성과 우수성을 직접 체험해보아요
- 대단한 아이디어 뱅크, 문익점과 최무선!

가온활동

꼬두람이 활동

고려의 찬란했던 문화,
너에게도 알려줄게!

- Zoom It! 합천 해인사 대장경판
- 우리가 만들어가는 고려 늬우스!

눈부시고 찬란했던 고려

마중활동

타임머신을 타고 Go Go! 고려의 안과 밖 살펴보기

관련 교과 및 단원

- ✅ **사회 2.** 세계와 활발하게 교류한 고려
- ✅ **미술 2.** 전통문화와 다문화

학습개요

★ ★ ★ ★

❶ 왕건이 되어 나라를 다스릴 정책을 생각해보고 족자로 표현하기

- 고려 시대의 상황 및 여러 가지 증거를 생각하며 논리적으로 접근할 수 있는 분위기를 형성하도록 함. 후에 화선지에 붓 펜으로 자신만의 정책을 쓰고 여백에는 수채 물감으로 꾸미며 수묵 담채 기법 체험해보기.

❷ 사진과 동영상을 통해 고려의 불교 행사와 문화재 살펴보기

- 단순히 보는 것에서 그치지 않고 문화재와 행사의 본질을 살필 수 있도록 심도 있는 발문이 필요함.

❸ 고려의 외교 관계 살펴보기

- 고려의 불교 행사 중 연등회에 다른 나라 사람들이 참여했다는 점과 연결 지어 외교 관계를 살펴봄. 무역 게임을 통해 다른 나라와 어떤 물건을 사고팔았는지 자연스럽게 알 수 있도록 함.

[함께 만들어가는 *우리들의 수업 이야기*]

첫 단추 { 내가 고려의 왕, 태조 왕건이었다면?

본격적으로 고려를 배우기에 앞서 직접 태조 왕건이 되어보기로 했다. 태조 왕건의 정책은 교과서를 통해 바로 알 수도 있다. 하지만 자신이 직접 추리를 하고 자신의 추리와 교과서의 내용을 비교해본다면 내용을 습득하는 데 보다 도움이 될 것이라고 판단했다.

추리를 함에 있어서 중요한 점은 증거를 수집하고 이를 바탕으로 논리적으로 생각하는 것이다. 즉, 태조 왕건의 시대 때 국내외 상황을 증거로 삼아 생각해야 한다. 그렇지 않으면 무의미한 상상 활동이 될 수밖에 없다. 태조 왕건은 혼란스러운 후삼국 시대를 통일한 인물이다. 통일 전 삼국은 각자 다른 문화를 지녔을 것이다. 또한 지배층들에 대한 백성들의 불신도 컸을 것이다. 왜냐하면 후삼국 말미로 갈수록 지배층들은 나랏일보다 자신의 풍요로운 삶에만 신경 썼기 때문이다. 또는 지배층의 무능함과 약함에 신뢰를 잃었을 수도 있다.

학생들은 곰곰이 추리하였다. 그리고 자신의 추리를 까닭과 함께 적어보았다. 이야기를 하다 보니 자연스럽게 토의토론으로 넘어가게 되었다. 우리 반의 경우 '신하와 백성들에게 더욱더 강력한 법을 내세웠을 것이다.'라는 입장과 '백성들의 마음을 사로잡을 수 있는 인자한 정책을 만들었을 것이다.'의 입장이 대립되었다.

우선 더욱 강력한 법과 정책을 지지한 학생들의 근거는 다음과 같다.

01. 처음에 신하와 백성들에게 자유와 엄격하지 않은 규칙을 내세운다면 시간이 지날수록 왕에게 요구하는 것이 많아질 것이다. 그리고 백성들의 요구를 다 들어준다면 나라는 더욱 혼란스러워 질 것이다.

02. 더 강력하고 엄격한 정책을 펼친다면 백성들이 거부감을 가진다는 의견도 있을 수 있다. 하지만 오히려 나라를 위해 고민한 흔적이 보여 백성들의 믿음을 얻을 수 있을 것이다.

이와 같은 근거를 들 때 어떤 학생들은 고려라는 나라를 학교 교실에 빗대어 설명하는 경우도 있었다. 가장 기억에 남는 것은 이 말이다.

"저 2학년 때 선생님께서는 진짜 무서우셨어요. 그리고 하지 말아야 하는 규칙도 진짜 많았고요. 그래서 학교 가기 싫었어요. 4학년 때 선생님도 똑같이 무서우셨거든요? 규칙도 되게 많았어요. 근데 2학년 때처럼 학교 가기 싫다는 생각은 안 했어요. 왜냐면 선생님께서 그 규칙을 지켜야 하는 이유를 말해주셨는데 다 이해가 갔거든요. 2학년 때 선생님은 그냥 무조건 지켜라고만 하셨어요."

이 말을 들으면서 그 아이가 나름대로의 근거를 가지고 주장을 펼친다는 느낌이 확 와닿았다. 그와 더불어 여담이지만 교사에게 묵직한 생각할 거리를 남긴 말이었다.

반대로 백성들의 자유를 보장하는, 인자한 정책을 지지한 학생들의 근거는 다음과 같다.

01. 이전까지의 왕들은 백성들의 자유를 억압하고 자신의 이익만 추구하는 정책을 펼쳐왔다. 그런데 또 엄격한 법을 펼친다면 백성들이 숨을 쉬지 못할 것이며 오히려 거부감을 가져 반란을 일으킬 수도 있다. 왕의 목숨이 위험할 수도 있다는 것이다.

두 입장은 첨예하게 대립했다. 그러나 대부분의 토론이 그러하듯이 이 대립은 곧 '토론'이 아닌 '토의'로 넘어가게 되었다. 즉, 두 입장을 모두 만족시킬 수 있는 최선의 방안을 함께 생각해보는 것이다. 아이들은 당근과 채찍을 모두 녹인 정책을 펼쳤다. 이 부분은 모둠 친구들과 함께 이야기하며 아이디어를 공유하였다.

첫 단추 활동의 마무리로 당근과 채찍을 모두 녹인 정책을 결정했다. 개인별로 다섯 가지 정도의 정책을 정하였다. 물론 더 많은 정책도 정할 수 있었다. 의견을 공유하면서 자신의 아이디어를 수정하다보니 처음보다 훨씬 자세하고 논리적인 정책이 나올 수 있었다.

그다음 자신의 정책을 족자로 표현해보았다. 역사 수업을 보다 생생하게 진행하고 싶었던 마음이 들었기 때문이다. 준비물은 화선지, 붓 펜, 수채물감, 수채화용 붓, 물통이다. 붓 펜을 준비한 이유는 활동에 보다 생생함을 불어넣기 위해서였다. 개인적으로 5학년 교육과정에 나오는 '궁체 쓰기'를 배운 상태라면 붓 펜보다 먹물과 서예용 붓을 이용하여 직접 쓰는 것이 더 좋다고 본다. 족자 만들기 과정은 다음과 같다.

01. 화선지에 붓 펜으로 자신이 정한 고려의 정책을 쓴다.
02. 화선지의 여백에 정책과 관련된 그림을 연필로 그린다.
03. 그림의 테두리를 붓 펜으로 따라 그린다.
04. 그림을 수채 물감으로 연하게 색칠한다. 이때 물을 사용하여 물감이 너무 진하게 표현되지 않도록 한다.
05. 완성된 화선지를 족자에 붙이고 전시한다.

족자를 다 완성한 후에는 동료 평가의 시간을 가졌다. 먼저 모둠 친구들의 족자를 보고 자신을 제외한 모둠원의 족자 하나하나에 자신의 의견을 적은 포스트잇을 붙인다. 그후에는 교실을 돌아다니며 다른 모둠의 친구들이 만든 정책들을 보며 세 명의 친구에게 코멘트를 쓴 포스트잇을 붙여준다. 이렇게 동료 평가가 끝난 후에는 자신의 정책을 공포하는 시간을 가졌다. 말려진 족자를 펼치며 직접 왕이 된 듯한 목소리로 웅장하게 발표하는 친구들 덕택에 교실 분위기는 금세 훈훈해졌다.

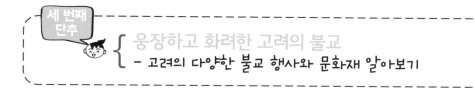

웅장하고 화려한 고려의 불교
- 고려의 다양한 불교 행사와 문화재 알아보기

　고려 시대의 꽃은 불교라고 해도 과언이 아니다. 해마다 연등회와 팔관회라고 하는 행사를 열었으며, 불상, 미술품 등이 많이 만들어졌다. 무엇보다도 백성들의 일상생활에 스며들어 곳곳에서 관찰할 수 있었다. 이처럼 고려 시대에 있어서 불교는 엄청난 존재였다. 때문에 불교와 관련된 학습을 어떻게 시작하면 좋을지 많이 고민했다. 개인적인 생각으로는 학교 현장 체험 학습 또는 지역 사회와 연결하여 고려 시대의 불교 문화재를 직접 보고 체험하는 것이 가장 좋다고 생각했다. 백문이 불여일견이기 때문이다. 하지만 우리 학교는 사정상 직접 체험이 어려웠다.

　오랜 생각 끝에 '연등 만들기' 아이디어가 나왔다. 우리 학교 주변에는 절이 심심치 않게 보인다. 때문에 학생들은 부처님 오신 날에 절 주변에 연등이 달린 모습을 많이 보았다. 여기서 '연등을 학생들이 직접 만들어보고 교실에 달면 어떨까?'라는 아이디어를 끌어냈다. 고려 시대 불교 학습의 좋은 출발점이 될 것 같다는 느낌이 들었다.

　중요한 것은 연등을 꾸미는 방식이었다. 물론 연등 자체만으로도 불교의 의미를 지니고 있다. 연등을 켜는 것이 번뇌와 무지로 가득 찬 어두운 세계를 부처님의 지혜로 밝게 비추는 것을 상징하기 때문이다. 하지만 우리는 조금 더 나아가고 싶었다. 부처님의 말씀을 연등에 적는 것이 일차적인 아이디어로 나왔다. 하지만 보다 학생들의 마음에 와닿는 활동이 좋겠다는 판단을 했다.

　고민 끝에 나온 최종 아이디어는 지금까지 배운 역사 위인들 또는 자신이 롤모델로 삼는 또 다른 위인들로부터 깨달은 점과 '자기 가치 선언문'을 적는 것이었다. 역사와 인성 교육이 함께 이루어질 수 있는 뜻깊은 시간이 되지 않을까?

　자기 가치 선언문은 일단 자신이 롤모델로 삼는 위인으로부터 배울 점을 알아내는 것으로 시작한다. 학생들에게 "애들아, 너희가 조사해 온 위인으로부터 배울 점을 적어볼까?"라고 막연하게 질문을 던지면 학생들은 매우 어려워한다. 조금의 도움을 주기 위해 학습지를 마련했고, 그 학습지에는 긍정 낱말들을 여러 개 나열해 놓았다.

학생들은 학습지의 여러 가지 낱말 중 위인에게 맞는 단어를 골라 그 위인을 설명한다. 그다음 위인으로부터 배울 점을 뽑아내고 다음과 같은 형식으로 정리한다.

'저는 위인 OOO을 닮고 싶습니다. 왜냐하면 OOO은 ~한 사람이기 때문입니다.'

그다음 학습지의 여러 낱말들로부터 자신에게 맞는 낱말을 고른다. 그리고 학습지를 친구와 바꾸어 자신이 생각하는, 친구에게 어울리는 낱말을 여러 개 뽑아준다. 마지막으로 다시 학습지를 돌려받아 자신과 친구들이 뽑은 낱말을 바탕으로 자신의 존재 가치 선언문을 작성한다. 선언문 형식은 다음과 같다.

'나는 ~한 사람입니다. 그리고 ~한 사람이 되겠습니다.'

선언문이 완성되었다면 준비된 연등에 붓 펜으로 자기 가치 선언문을 쓴다. 그리고 관련된 그림을 그리고 수채 물감으로 연등을 꾸민다.

이 활동을 하면서 위인의 가르침과 자신의 존재를 마음속에 다시 한번 다질 수 있었다. 특히 다른 친구가 자신과 관련된 낱말을 적어 주는 활동은 매우 뜻깊었다. 마지막으로 교실 천장에 낚싯줄로 연등을 달아놓으니 정말 그 어떤 작품보다도 멋졌다.

연등 만들기를 마무리하고 학생들에게 이렇게 말했다.

◆ 선생님 : 너희들이 방금 만든 연등을 고려 시대 사람들도 만들었어. 그리고 교실보다 훨씬 넓은 공간을 연등으로 꽉 채웠단다. 왜 그랬을까?

절 주변에서 연등을 많이 보았기 때문에 이와 같은 답변이 나올 수 있었다. 학생들의 대답을 출발점으로 고려 연등회와 팔관회에 대한 내용을 살펴보았다. 교과서 내용과 동영상을 자료로 말이다. 그리고 반드시 강조할 점은 연등회에는 다른 나라의 사람들도 참여했다는 것이다. 이 부분이 다음 네 번째 단추와 이어진다.

연등회를 살펴보고 나서 모둠별로 고려 시대 연등회의 모습을 상상하여 그려보았다.

네 번째 단추로 넘어가기 전에 고려 불상에 대해 살펴보고 넘어간다. 고려 불상은 다른 시대와 달리 크기가 매우 웅장하다.

여기서 잠깐! 사회 수업을 진행하는 데 있어서 교과서에 나온 다양한 문화재들은 직접 눈으로 보는 것이 가장 효과적이다. 하지만 외부 환경적 원인으로 인해 어려운 것이 대부분이다. 때문에 많은 교사들이 사진과 동영상을 수업 자료로 활용한다. 나 또한 마찬가지이고... 하지만 많은 사람들이 간과하는 점이 있다. 바로 '사회과 수업 자료의 왜곡 현상'이다. 다시 말해 학생들이 과연 교과서에 실린 사진만으로 문화재의 크기를 가늠할 수 있느냐이다. 학생들이 보다 생생한 문화재 수업을 하려면 이 왜곡 현상을 바로잡아야 한다.

그 첫 번째로 사진 속에서 벗어나 실제 크기를 직접 알아보는 것이 중요하다. 때문에 고려 불교 문화재 중 불상을 알아볼 때는 컴퓨터실에서 불상의 크기를 스스로 조사해보았다.

두 번째로 학생들이 문화재의 크기를 직관적으로 알 수 있도록 비교 대상을 설정해 주어야 한다. 이 대상은 주변에서 자주 볼 수 있는 사물로 설정하는 것이 좋다. 그리고 그 사물의 몇 배인지를 생각하여 보다 생생하게 문화재를 머릿속에 떠올릴 수 있도록 이끌어야 한다. 가장 효율적인 방법은 문화재 옆에 비교할 수 있는 대상이 함께 찍힌 사진을 사용하는 것이다. 그렇다면 학생들은 한눈에 문화재의 크기를 가늠할 수 있다.

이번 활동에는 위 두 가지에 덧붙여 통일 신라 시대의 불상도 함께 조사하였다. 두 시대의 불상을 동시에 비교하면 고려 시대 불상의 웅장함이 보다 와 닿기 때문이다. 다음 페이지에 나오는 활동지를 활용해 보아도 좋겠다.

통일 신라와 고려시대의 불상 문화재 비교

연번	종목	번호	명칭	시대명
14	국보	제26호	경주 불국사 금동비로자나불좌상	통일 신라
15	국보	제27호	경주 불국사 금동아미타여래좌상	통일 신라
16	국보	제28호	경주 백률사 금동약사여래입상	통일 신라
30	국보	제58호	청양 장곡사 철조약사여래좌상 및 석조대좌	통일 신라
31	국보	제63호	철원 도피안사 철조비로자나불좌상	통일 신라
34	국보	제79호	경주 구황동 금제여래좌상	통일 신라
35	국보	제80호	경주 구황동 금제여래입상	통일 신라
46	국보	제117호	장흥 보림사 철조비로자나불좌상	통일 신라
55	국보	제182호	구미 선산읍 금동여래입상	통일 신라
14	보물	제41호	남원 실상사 철조여래좌상	통일 신라
55	보물	제131호	광주 증심사 철조비로자나불좌상	통일 신라
105	보물	제284호	금동여래입상	통일 신라
115	보물	제328호	금동약사여래입상	통일 신라
131	보물	제401호	금동여래입상	통일 신라
176	보물	제667호	예천 한천사 철조비로자나불좌상	통일 신라
180	보물	제731호	의령 보리사지 금동여래입상	통일 신라
215	보물	제1292호	동해 삼화사 철조노사나불좌상	통일 신라
225	보물	제1475호	안압지 출토 금동판 불상 일괄	통일 신라
227	보물	제1527호	충주 백운암 철조여래좌상	통일 신라
238	보물	제1944호	밀양 표충사 삼층석탑 출토 유물 일괄	통일 신라
49	보물	제98호	충주 철조여래좌상	고려시대
72	보물	제174호	청양 장곡사 철조비로자나불좌상 및 석조대좌	고려시대
124	보물	제332호	하남 하사창동 철조석가여래좌상	고려시대
127	보물	제337호	청양 장곡사 금동약사여래좌상	고려시대
152	보물	제409호	당진 영탑사 금동비로자나불삼존좌상	고려시대
156	보물	제422호	남원 선원사 철조여래좌상	고려시대
185	보물	제512호	충주 단호사 철조여래좌상	고려시대
197	보물	제567호	평택 만기사 철조여래좌상	고려시대
312	보물	제980호	화성 봉림사 목조아미타여래좌상	고려시대
318	보물	제987호	당진 신암사 금동여래좌상	고려시대
319	보물	제994호	강화 백련사 철조아미타여래좌상	고려시대
450	보물	제1507호	광주 자운사 목조아미타여래좌상 및 복장유물	고려시대
451	보물	제1517호	남원 선국사 건칠아미타여래좌상 및 복장유물	고려시대
461	보물	제1544호	나주 심향사 건칠아미타여래좌상	고려시대
462	보물	제1545호	나주 불회사 건칠비로자나불좌상	고려시대
469	보물	제1580호	서울 수국사 목조아미타여래좌상 및 복장유물	고려시대
470	보물	제1619호	서산 개심사 목조아미타여래좌상	고려시대
472	보물	제1634호	문경 대승사 금동아미타여래좌상 및 복장유물	고려시대
476	보물	제1649호	서울 개운사 목조아미타여래좌상 및 발원문	고려시대
493	보물	제1787호	강화 청련사 목조아미타여래좌상	고려시대
505	보물	제1841호	강진 고성사 청동보살좌상	고려시대

☆ 통일 신라와 고려시대의 불상을 조사하여 내용을 요약 정리하세요. 내용을 정리할 때는 불상의 크기를 꼭 기록하세요.

명칭	내용 정리(불상크기)
경주 불국사 금동비로자나불상	
경주 불국사 금동아미타여래좌상	
경주 백률사 금동약사여래입상	
청양 장곡사 철조약사여래좌상 및 석조대좌	
철원 도피안사 철조비로자나불좌상	
경주 구황동 금제여래좌상	
경주 구황동 금제여래입상	
장흥 보림사 철조비로자나불좌상	
구미 선산읍 금동여래입상	
남원 실상사 철조여래좌상	
광주 증심사 철조비로자나불좌상	
금동여래입상	
금동약사여래입상	
금동여래입상	
예천 한천사 철조비로자나불좌상	
의령 보리사지 금동여래입상	
동해 삼화사 철조노사나불좌상	
안압지 출토 금동판 불상 일괄	
충주 백운암 철조여래좌상	
밀양 표충사 삼층석탑 출토 유물 일괄	
충주 철조여래좌상	
청양 장곡사 철조비로자나불좌상 및 석조대좌	
하남 하사창동 철조석가여래좌상	
청양 장곡사 금동약사여래좌상	
당진 영탑사 금동비로자나불삼존좌상	
남원 선원사 철조여래좌상	
충주 단호사 철조여래좌상	
평택 만기사 철조여래좌상	
화성 봉림사 목조아미타여래좌상	
당진 신암사 금동여래좌상	
강화 백련사 철조아미타여래좌상	
광주 자운사 목조아미타여래좌상 및 복장유물	
남원 선국사 건칠아미타여래좌상 및 복장유물	
나주 심향사 건칠아미타여래좌상	
나주 불회사 건칠비로자나불좌상	
서울 수국사 목조아미타여래좌상 및 복장유물	
서산 개심사 목조아미타여래좌상	
문경 대승사 금동아미타여래좌상 및 복장유물	
서울 개운사 목조아미타여래좌상 및 발원문	
강화 청련사 목조아미타여래좌상	
강진 고성사 청동보살좌상	

☆ 통일 신라와 고려시대의 불상의 위치를 아래의 백지도에 스티커로 표시해보세요.

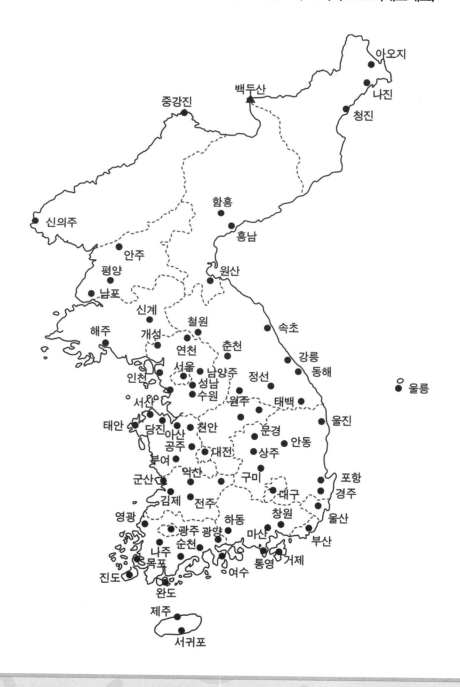

☆ **통일 신라와 고려시대의 불상 문화재를 비교하며 무엇을 알게 되었나요?**

• 통일 신라와 고려시대의 불상 크기를 비교하여, 알게 된 사실을 기록해보세요

....

....

....

....

• 통일 신라와 고려시대의 불상의 위치를 비교하여, 알게 된 사실을 기록해보세요.

....

....

....

....

• 통일 신라와 고려시대의 불상 크기 및 위치를 비교하며 무엇을 알게 되었나요?
왜 고려는 통일 신라와 달리 불상의 크기와 위치에 차이가 있었을까요?

....

....

....

....

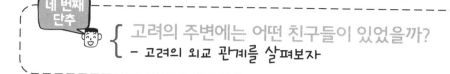
세 번째 단추에서 연등회에는 고려 사람뿐만 아니라 주변 국가들도 참여했다는 점을 알게 되었다. 이 점으로 미루어보아 우리는 고려가 주변 나라들과 꽤나 활발하게 교류하였다는 것을 파악할 수 있다. 그리고 이점을 고려의 무역과 외교 관계로 연결지어 자연스럽게 새로운 활동을 시작할 수 있었다.

고려는 대외 무역의 중심지였으며 여기에서 그 유명한 '벽란도'가 등장하게 된다. 이 부분에서 나는 안타까운 점을 하나 가지고 있다. 항상 고려의 무역 부분을 수업한 후 학생들이 기억하는 것은 '벽란도' 하나 뿐이라는 점이다. 주제는 '무역'이고 학습 목표는 '고려와 주변 나라와의 관계'인데 말이다. 이와 같은 이유에서 우리 학년 선생님들은 고려 시대 무역이 이루어진 까닭과 무역의 상황 자체를 학생들이 직접 경험해볼 수 있도록 방향을 잡았다.

방향을 잡은 후 우리는 보다 획기적인 아이디어를 냈다. 바로 체육관에서 5학년 전체가 고려 시대의 무역 놀이를 하는 것이다. 처음에는 그저 툭 던진 아이디어가 점차 구체적인 수업 방식의 모습을 갖추어갔다. 무역 게임의 방법은 준비 과정과 실천 과정으로 나누어 설명하겠다.

우선 무역 게임의 준비 과정은 다음과 같다.

01. 한 반이 하나의 국가를 맡는다. (고려, 송, 일본, 여진, 거란, 아라비아)
　　※우리 학교 5학년은 6반으로 구성되어 있다.
02. 국가별로 5종류의 미션지를 준비한다. 그 미션지에는 다른 나라의 물건을 구해오는 서로 다른 상황이 적혀져 있다. 또한 구해오는 물건의 개수도 다르다. 3가지 1종류, 4가지 2종류, 6가지 2종류로 총 다섯 종류이다.

03. 미션지를 받은 학생에게 각 나라의 특산품이 그려진 카드를 나누어준다. (주어지는 카드의 개수는 미션지의 구해야 할 물건의 개수와 같다.)

미션지 형식부터 자세히 살펴보겠다.

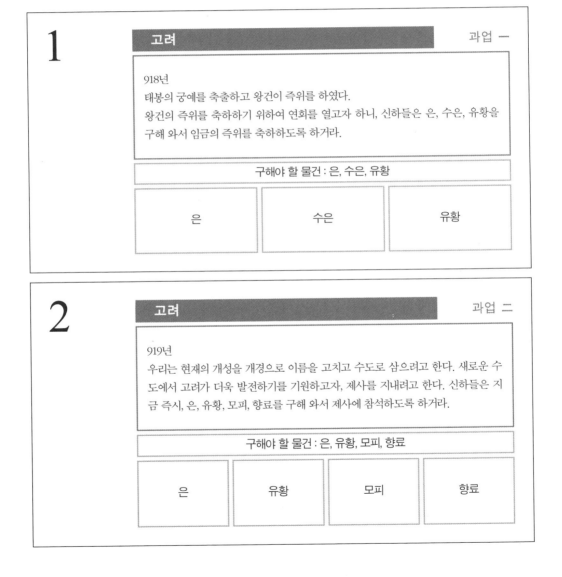

3

936년
우리 고려는 신라와 후백제를 차례대로 복속하고 새로운 통일 국가로 발돋움하기 시작하였다. 송과 여진에 대항하여 함께 힘을 모아서 더욱 번창하고자 하는 마음을 담아 불교 행사를 진행하고자 하니, 신하들은 수은, 모피, 약재, 말을 구해 와서 행사 진행에 차질이 없도록 하거라.

구해야 할 물건 : 수은, 모피, 약재, 말			
수은	모피	약재	말

4

958년
현 임금인 광종은 불안정한 왕권, 왕족과 외척의 계승 다툼으로 인한 불안정한 국력을 회복하고자 유교 경전을 시험하여 문반 관리를 선발하는 과거제도를 새롭게 시행하고자 한다. 대신들은 임금의 뜻을 받아 과거제도가 잘 시행이 될 수 있도록 말, 서적, 산호, 유황, 은, 비단을 가지고 와서 함께 뜻을 모을 수 있도록 하거라.

구해야 할 물건 : 말, 서적, 산호, 유황, 은, 비단		
말	서적	산호
유황	수	비단

5

1107년

윤관이 별무반을 이끌고 천리장성을 넘어 여진족을 북방으로 쫓아 버리고, 동북 지방 일대에 9성을 쌓아 우리 고려의 강력한 힘을 보여주었다.

이에 크게 잔치를 열어 노고를 취하하고자 한다. 대신들은 모피, 향료, 수은, 말, 자기, 은을 가지고 와서 함께 칭찬하며 잔치를 열어보자.

구해야 할 물건 : 모피, 향료, 수은, 말, 자기, 은		
모피	향료	수은
말	자기	은

- 이처럼 미션지는 나라별로 총 5가지이다. 5가지는 각각 시나리오, 즉 상황이 다르다.
- 또한 구해오는 물건이 3가지인 미션지 1종류, 4가지인 미션지 2종류, 6가지인 미션지 2종류로 나뉜다. (정리하자면 3×1, 4×2, 6×2)
- 이 다섯 가지 미션지를 6부씩 복사하여 총 30장을 만든다. 남는 경우 미션을 완료한 학생에게 한 장씩 더 주게 된다.
- 미션지 아래 네모 칸은 게임을 하며 필요한 물건 카드를 가져와 붙이는 곳이다.

다음으로는 특산품 카드를 살펴보자.

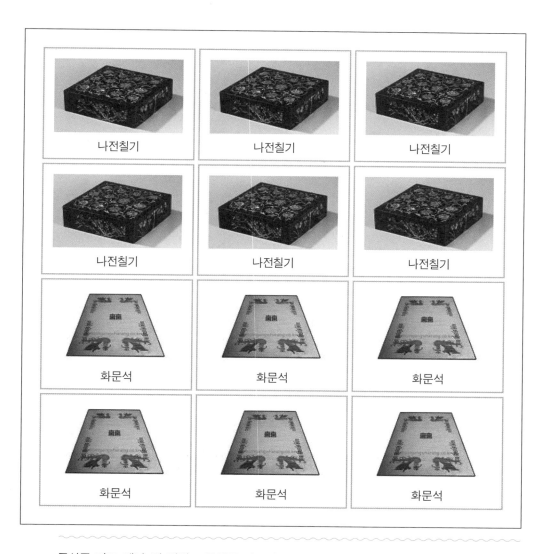

특산품 카드 예시. 각 반별로 특산품 카드의 개수는 같게 만들어야 무역이 공정하게 이루어질 수 있다. 물론 실제 무역은 각 국가의 자연환경과 자본 등에 따라 특산품의 개수가 모두 다르다. 하지만 이번 학습 목표는 무역이 이루어지는 까닭보다는 무역 활동 자체에 의미를 두기 때문에 특산품의 개수를 모두 똑같이 하였다.

나라	나라의 특산품	구해야 하는 물건
거란	은, 모피, 말	농기구, 곡식, 포목, 나전칠기, 화문석, 인삼, 종이, 먹, 수은, 산호, 유황
송	비단, 약재, 서적, 자기, 농기구, 곡식, 포목	금, 은, 나전칠기, 화문석, 인삼, 종이, 먹, 향료, 수은
고려	농기구, 나전칠기, 곡식, 화문석, 인삼, 종이, 먹, 금, 포목	은, 모피, 말, 비단, 약재, 서적, 자기, 수은, 향료
여진	은, 모피, 말	농기구, 곡식, 포목, 나전칠기, 화문석, 인삼, 종이, 먹, 수은
아라비아	수은, 향료, 산호	금, 은, 곡식, 비단, 자기, 유황, 모피
일본	유황, 수은	곡식, 인삼, 서적, 은, 모피, 비단, 약재, 자기, 향료, 말

Q1: 특산품 카드를 나라별로 어떻게 똑같이 배분했나요?

A1: 다음과 같이 배분하였습니다.

① 나라 별로 미션지는 5가지. 그리고 그 5가지 미션지는 다시 구해오는 특산품의 개수에 따라 3가지×1종류, 4가지×2종류, 6가지×2종류로 나뉩니다.

② 이 경우 필요한 카드는 3+(4×2)+(6×2) = 23개

③ 미션지 5가지를 각각 6부씩 복사하므로 23×6 = 138. 이로써 나라별로 총 필요한 카드는 138개로 똑같이 두게 됩니다.

④ 문제는 나라 안에서 특산품별 카드의 개수를 어떻게 정하느냐입니다. 거란의 경우 구해올 물건이 〈농기구, 곡식, 포목, 나전칠기, 화문석, 인삼, 종이, 먹, 수은, 산호, 유황〉입니다. 우선 이 순서를 따라 3개, 4개, 4개, 6개, 6개로 묶습니다.

1번째 묶음	농기구, 곡식, 포목
2번째 묶음	나전칠기, 화문석, 인삼, 종이
3번째 묶음	먹, 수은, 산호, 유황
4번째 묶음	농기구, 곡식, 포목, 나전칠기, 화문석, 인삼
5번째 묶음	종이, 먹, 수은, 산호, 유황, 농기구

묶음을 놓고 보면 농기구는 3번 중복, 나머지는 2번 중복이 됩니다. 그리고 6부를 복사하므로 총 농기구는 18개, 나머지는 12개가 필요하게 되죠.

⑤ 이렇게 모든 나라에서 필요로 하는 물건의 개수를 계산합니다. 그렇게 되면 각 나라에서 준비해야 할 특산품별 카드 개수가 나오게 되죠.

⑥ 그런데 문제는 특산품별 개수를 다 더했을 때 그 나라에 필요한 총 카드의 개수가 138개가 되지 않을 수 있다는 것입니다. 그 경우에는 138개에 맞게 교사가 적절히 미션지를 바꿀 필요가 있습니다.

많이 복잡하지요? 공동체에서 사용한 구글 스프레드 시트 주소를 덧붙이겠습니다. 참고하시면 좋겠습니다.

참고 자료 : 활동 과정에서 작성한 구글 스프레드 시트
https://docs.google.com/spreadsheets/d/1XHFm7f1XBrwxD7OjyTgujxBmsuZzDRqP7oX5gmkC3AU/edit
https://docs.google.com/spreadsheets/d/1sfaTbCMn24_KBr_WcXSkFpdQ1w5ihv8xGbG9Un0DtDU/edit#gid=0

준비가 다 되었다. 이제 실천의 시간이다. 5학년 학생들은 수요일 1교시 동아리 활동 시간을 이용하여 모두 체육관에 모였다. 학생들은 한껏 들뜬 모습이었다. 아마 한 차시의 수업을 같은 학년 친구들과 모두 함께해본 적은 처음이지 않았을까? 무역 게임은 부장 선생님의 호루라기 소리에 맞추어 다음과 같이 시작되었다.

☑ 체육관을 돌아다니다가 한 친구와 만난다.

☑ 친구를 만났다면 정중하게 인사하며 무역 예절을 지킨다.

☑ 가위 바위 보를 한다.

☑ 이긴 사람은 진 사람의 물건을 보고 자신에게 필요한 특산품 카드 하나를 골라올 수 있다.

☑ 진 사람은 이긴 사람과 달리 선택권이 없다. 이긴 사람이 주는 특산물 카드를 아무거나 하나
받아온다.

☑ 헤어질 때는 정중하게 인사하며 헤어진다.

☑ 이렇게 한 친구씩 만나 자신에게 필요한 특산품 카드를 다 모아야 한다. 미션을 모두 해결한

☑ 친구들은 자신의 반끼리 모여 있는다.

체육관에서 진행된 무역 놀이의 장면이다. 색다른 수업에 학생들은 즐거워했다. 뿐만 아니라 자신에게 필요한 특산품을 어떤 나라에 와서 구해와야 할지 나름대로 곰곰이 생각해보는 모습도 엿볼 수 있었다.

게임 후에는 각자 반으로 돌아와 게임을 되짚어보았다. 게임은 게임으로만 끝나서는 안 된다. 우리의 목표는 게임에서의 승리가 아닌 학습이기 때문이다.

이와 같은 이유에서 각자 필요했던 특산품을 어떤 나라에서 구해 왔는지 살펴보았다. 그리고 왜 그 물품이 특정 나라의 특산품이 되었는지 이야기해 보았다.

대부분 학생들이 나라의 위치와 자연환경을 예로 들어 잘 설명해 주었다. 예를 들면 말, 모피는 거란과 여진의 특산품이다. 거란과 여진은 북쪽 지역에 위치해있고 넓은 초원과 땅이 대부분으로 이루어져 있다. 그렇기 때문에 말과 동물을 많이 타고 다녔을 것이다. 그리고 말과 동물의 모피가 특산품이 될 수 있었을 것이다. 이렇게 이야기를 하다 보니 고려와 거란, 여진, 일본, 아라비아, 송과의 무역과 거래 물품을 자연스럽게 알게 되었다.

그런데 이 과정에서 한 모둠이 이렇게 말했다.

"송나라랑 고려는 되게 비슷한 거 같아. 다른 나라보다 고려랑 비슷한 특산품을 많이 가지고 있어."

이 말을 출발점으로 삼아 우리 반은 새로운 대화를 전개해갔다. 고려와 다른 나라와의 관계라는 주제로 말이다. 송나라와 가깝기도 했고, 바다를 끼고 있으며 비슷한 면모를 지녔기 때문에 고려와 송나라가 가장 친한 친구가 될 수 있었을 것이라는 추측을 나름대로 뽑아내었다. 그리고 아라비아와도 친선 관계를 맺을 수 있었을 것이라는 생각도 나왔다. 하지만 거리가 너무 멀기 때문에 송나라만큼 친해지기는 어려웠을 것이라고 말했다.

"역시 멀어지면 친해지기 어렵구나. 친구는 가까이 있어야 친해질 수 있는 법이지."

라는 귀여운 열두 살의 연애관에 빗대어서 말이다.

" 눈부시고 찬란했던 고려 "

가온활동

다양한 문화재에서 고려의 개성과 우수성을 찾아보아요!

관련 교과 및 단원

☑ **사회 2.** 세계와 활발하게 교류한 고려
☑ **미술 2.** 전통문화와 다문화
☑ **도덕 8.** 우리 모두를 위하여

학습개요

❶ **고려의 개성과 우수성이 담긴 다양한 문화재 살펴보기**
  • 고려의 문화재에는 조상들의 지혜와 독특한 제작 기법이 담겨있음.
   이 기법을 동영상 및 사진 자료를 활용하여 이해하기 쉽게 지도해야 함.

❷ **고려 문화재 만들기 체험하기**
  • 앞서 살펴본 제작 기법을 학생들이 몸소 체험해보며 한 번 더 다질 수
   있는 기회 제공.

❸ **최무선과 문익점의 도덕성 엿보기**
  • 최무선과 문익점의 업적을 살펴보고 알 수 있는 가치 보물(덕목) 찾아
   내기. 이때 여러 덕목이 나올 수 있으나 공익을 위한 삶에 초점을 맞추어
   진행하기.

첫 단추
{ 고려의 독특한 개성과 우수성을 찾아라!

　우리는 고려가 주변 국가들과 활발한 무역을 했다는 점을 배웠다. 그런데 무역을 하면서 물품만이 오고간 것은 아니다. 문화의 교류도 나타났다. 그 예로 고려청자가 있다. 우리가 알고 있는 푸른색의 청자는 처음 송나라의 영향을 받아 만들기 시작했다. 송나라 사람들은 푸른 옥(玉)을 갖고 싶어 했는데 너무 귀하고 비싸서 하는 수 없이 흙으로 옥을 만들었다고 한다. 이것이 바로 청자이다. 고려는 송나라의 청자 기법을 받아들였으나 시간이 흐름에 따라 독자적인 기법을 구축해나갔다. 여기에 더하여 고려만의 개성을 꽃피우는 '상감 기법'도 나오게 된다.

　독창적이고 우수한 기법은 이뿐만이 아니다. 나전칠기도 해당하며 특히나 팔만대장경과 세계 최초의 금속 활자본인 직지심체요절은 조상들의 지혜로움을 한껏 머금고 있다.

　나는 학생들이 고려 문화재의 우수성과 문화재에 담긴 조상들의 피와 땀을 느꼈으면 하는 바람이 있었다. 그리고 문화재에 담긴 과학적인 제작 원리도 파악해야 한다고 보았다. 결과로써 작품의 모양새를 아는 것도 중요하지만 그 과정을 아는 것도 중요하기 때문이다. 그런데 사진만으로는 조상들의 정성과 노력 그리고 생성 원리를 파악하기 어려웠다. 그래서 문화재를 만드는 과정을 담은 동영상을 보며 함께 알아갔다. 동영상의 주소는 아래와 같다. 학생들이 가정에서도 반복해서 보기 쉽도록 Youtube 사이트에 게시된 동영상을 활용하였다. 그리고 되도록 검증된 기관에서 만든 영상을 가려 뽑아 사용하였다.

고려청자	KBS1 : https://www.youtube.com/watch?v=KVUe6Wbbl84
나전칠기	KBS1 : https://www.youtube.com/watch?v=ZcY_UQmcZlo
팔만대장경 (목판인쇄 원리)	문화유산채널K-HERITAGE : https://www.youtube.com/watch?v=naY8mYOfRkA
직지심체요절 (금속활자 원리)	ytn 사이언스 : https://www.youtube.com/watch?v=NlgUExYct4Y

두 번째 단추 { 고려의 개성과 우수성을 직접 체험해보아요

이제 고려 문화재의 제작 원리를 직접 체험해본다. 체험은 고려청자의 상감기법과 팔만대장경의 목판인쇄 원리를 중점으로 진행했다. 고려청자의 상감기법 체험은 아래와 같이 이루어졌다.

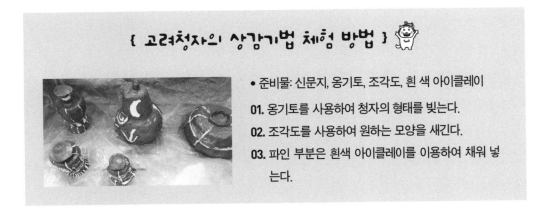

{ 고려청자의 상감기법 체험 방법 }

• 준비물: 신문지, 옹기토, 조각도, 흰 색 아이클레이

01. 옹기토를 사용하여 청자의 형태를 빚는다.

02. 조각도를 사용하여 원하는 모양을 새긴다.

03. 파인 부분은 흰색 아이클레이를 이용하여 채워 넣는다.

고려청자 체험에 비해 팔만대장경의 목판인쇄 체험 준비는 꽤나 많은 아이디어를 요구했다. 내용적 측면과 체험 재료 측면에서 말이다. 우선 팔만대장경에는 고려 사람들의 마음을 하나로 모으기 위한 부처님의 말씀이 새겨져 있다. 학생들이 팔만대장경의 제작 의도를 파악하기 위해 부처의 말을 새기는 것도 나쁘지는 않다. 하지만 우리는 '사람들의 마음을 하나로 모으기 위한'이라는 팔만대장경의 목적에 초점을 두었다. 그리고 우리 반을 하나로 모으기 위한 내용을 담은 우리만의 팔만대장경을 만들기로 하였다.

그리고 체험 재료는 우드락으로 결정했다. 5학년 미술 교과에는 고무 판화 활동이 나온다. 그럼에도 우드락 판화를 결정한 이유는 고무 판화의 경우 고구려와 발해 수막새 비교에서 이미 활동하였고 제작 시간이 오래 걸리며, 조각도에 찔리는 사고 가능성이 높았기 때문이다. 반면 우드락 판화는 시간을 절약할 수 있으며 조각도를 사용하지 않기 때문에 보다 안전하다. 학생들도 처음 접해보는 판화 방식이기 때문에 여러모로 많이 쓰일 수 있다. 대략적인 방법은 다음과 같다.

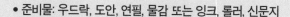

{ 우드락 판화 만드는 방법 }

- 준비물: 우드락, 도안, 연필, 물감 또는 잉크, 롤러, 신문지

01. 적당한 크기의 우드락을 준비합니다.

02. 연필로 우드락을 꼭꼭 눌러서 스케치합니다. 도안을 우드락 위에 고정 시킨 상태에서 눌러도 좋습니다.

※ 짝을 만날 때는 손을 들고 다녀 짝이 없음을 표시하도록 합니다.

03. 물감을 짜서 롤러에 골고루 묻힌 후 우드락에 발라줍
니다.

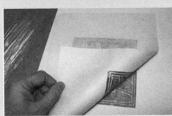

04. 얇은 종이를 위에 댄 후 잘 문질러서 살~짝 떼어네면

05. 짜잔~ 완성~!

그림 출처 : http://www.totalartsoul.com/blog/2549-
fun-with-foam-printing-easy-tutorial.html

위와 같이 방향을 잡은 후에 본격적으로 우리 반을 하나로 모으는 팔만대장경 만들기
활동을 시작했다. 제작 과정은 다음과 같이 이루어졌다.

{ 팔만대장경 도안 제작 과정 }

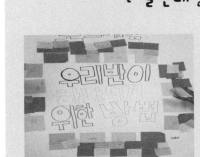

- 준비물: 포스트잇, 이젤 패드
- **01.** 모둠원과 함께 우리 반을 하나로 만들기 위한 방법을
  브레인스토밍한다.
- **02.** 다양한 의견 중 각자 마음에 드는 2~3가지를 고른다.

03. 세 가지 내용을 12자, 12자, 8자로 나눈다.

(예1) 서로서로 배려하는 우리 3반/ 사이좋게 생활하는 우리 3반/ 왕따 없는 우리 3반

(예2) 즐겁고 신나고 활기찬 우리 반/ 싸울 때도 있지만, 행복한 우리/ 매일매일 웃음 가득

04. 교사는 학생들이 적은 내용을 바탕으로 도안을 만든다. 한글 파일 한쪽에 12자/ 12자/ 8자+학생 이름을 작성하여 개인당 도안 3장을 만든다.

이 때 중요한 점은 [입력] → [개체] → [글 맵시]에서 글자를 작성하고 [글 맵시 탭] → [회전] → [좌우대칭]으로 글자를 완성해야 한다. 판화가 좌우대칭이 된 상태로 찍히기 때문이다. 다음 그림을 참고하자.

사이좋게	도서도자	왕따 없는
생활하는	배려하는	우리삼반
우리삼반	우리삼반	빼치유

05. 학생들은 한 장에 있는 글자들을 길게 이어 붙여 총 세 문장을 만든다.

{ 판화 제작 과정 }

- 준비물(한명 기준) : 우드락(20cm×60cm), 연필, 먹물, 붓, 화선지, 도안, 테이프

01. 만든 도안을 테이프로 우드락에 붙인다.

02. 연필로 도안의 글자를 꾹꾹 누른다.

03. 도안을 뗀 후 우드락 전체에 먹물을 바른다.

04. 화선지로 찍어낸다.

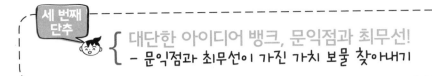
고려 시대 유명한 인물을 꼽으라면 왕건을 말하는 학생들이 많다. 그런데 그에 못지않게 문익점도 많이 나온다. 더불어 최무선도 만만찮게 학생들의 머릿속에 인상 깊게 남아 있다. 그 이유는 학생들이 어릴 때부터 들어온 '목화씨를 들여온 이야기'와 남학생들의 시선을 사로잡는 '화포' 때문이 아닐까 생각한다.

나는 학생들에게 목화씨와 화포 외에 더 중요한 것을 심어주고 싶었다. 바로 문익점과 최무선이 가진 인성, 가치 보물이다. 문익점과 최무선이 목화와 화포를 자신의 이익을 위해서만 발견하고 발명했다면 지금 우리나라는 어떻게 되었을까? 우리는 여전히 겨울날 바람이 숭숭 들어오는 삼베옷을 겹쳐 입으며 추위에 떨고 있었을 것이다. 또한 시시때때로 위협해오는 외부의 침입에 속수무책으로 당할 수밖에 없었을 것이고. 여기서 알 수 있는 것이 공동체를 위하는, 공익을 위하는 문익점과 최무선의 인성이다.

학생들과 함께 이야기를 나누어보았다. 앞서 말한 '문익점과 최무선의 공익을 위한 마음이 없었더라면?'이라는 주제로 말이다. 이야기를 하는 내내 학생들의 얼굴엔 끔찍한 생각을 할 때의 표정, 안도의 표정이 왔다 갔다 했다. 아마 이 기회를 통해 학생들이 공익을 위한 마음의 중요성을 조금이나마 깨달았지 않을까 한다.

이야기를 나눈 후에는 문익점과 최무선에게 편지쓰기를 간단히 해보았다. 자신의 감정과 두 인물로부터 깨달은 점 등을 작성하였다. 시 짓기에 흥미가 있는 친구들은 시 짓기 활동으로 교체를 하였다.

마지막으로 잠시 언급하고 싶은 활동이 있다. 활동 이름은 〈오늘 우리 반의 문익점과 최무선은?〉이다. 이 활동은 칭찬 샤워와 연계하였다. 활동 방법은 다음과 같다.

01. 아침 시간에 오늘의 문익점과 최무선에 해당하는 학생 한 명을 뽑는다.

02. 오늘의 문익점과 최무선으로 뽑힌 학생은 하루 동안 학급 전체를 위해 공익을 실천하는 행동을 한다.

03. 다른 학생들은 뽑힌 학생의 행동을 하루 동안 잘 관찰한다.

04. 6교시에 오늘의 최무선과 문익점으로 뽑힌 학생의 행동을 칭찬하는 시간을 가진다. 먼저 학급 친구들 전체와 이야기를 하고 이야기가 끝난 후 이젤 패드에 그 친구에 대한 칭찬의 말을 써준다.

05. 이렇게 학급의 모든 친구들이 한 번씩 문익점과 최무선의 역할을 할 때까지 칭찬 샤워는 계속된다.

개인적으로 칭찬 샤워의 효과는 꽤나 크다고 생각한다. '칭찬을 의식하고 행동하는 것이 과연 옳을까?'라고 생각하는 분도 계실 것이다. 하지만 오늘날과 같이 개인주의와 이기주의가 만연하고 있는 현실에서 의식적으로 행동하는 것도 필요하지 않을까라고 생각한다. 믿기 어렵겠지만 학교생활을 하며 공익을 한 번도 실천하지 않은 친구들도 있기 때문이다. 밑져야 본전이라는 말이 있다. 이 활동을 함으로써 손해를 볼 일은 없다. 그러니 한 번 쯤 해봄 직한 활동이라고 본다.

자신의 행동에 대한 칭찬으로 가득한 종이를 본다면 그 학생은 어떤 기분이 들까? 마음속에 묻혀만 있던 푸른 새싹이 살포시 고개를 들지 않을까?

" 눈부시고 찬란했던 고려 "

고려의 찬란했던 문화, 너에게도 알려줄게!

✓ **사회 2.** 세계와 활발하게 교류한 고려
✓ **과학 1.** 날씨와 우리 생활
✓ **국어 5.** 매체로 의사소통해요.

❶ **팔만대장경이 지금까지 잘 보존될 수 있었던 이유 살펴보기**
- 팔만대장경의 보관에는 적절한 습도가 큰 역할을 함. 이와 연결하여 과학
  1단원 날씨와 우리 생활 살펴보기.

❷ **지금까지 배운 고려 시대의 내용 중 가장 중요하다고 생각하는 점, 인상
  깊었던 점을 생각해보기**
- 꼭 하나의 내용이 아니라 2~3가지 내용을 골라도 무방함. 여러 가지
  내용을 뽑았다면 그 내용들을 잘 연관 지어 뉴스 기사를 만들도록
  지도함.

❸ **개인, 짝, 모둠별로 앞에서 고른 내용을 아나운서와 기자가 되어 대본을
  쓰고 연습하기**
- 자신에게 맞는 활동 형태(개인, 짝, 모둠)를 뉴스를 듣는 사람의 입장이
  되어 이해하기 쉽고 재미있게 만들 수 있도록 지도하기.

첫 단추   Zoom It! 합천 해인사 대장경판

팔만대장경으로 잠시 돌아가 본다. 개인적으로 팔만대장경에 대해 학생들에게 알려줄 수 있는 내용이 참 많기 때문이다. 팔만대장경은 나무로 만들어졌다. 부서지기도 쉽고 썩기도 쉽다. 그런데 지금까지 깨끗하게 유지될 수 있었던 이유는 무엇일까? 바로 적절한 습도의 유지이다. 팔만대장경이 보관된 합천 해인사 장경판전은 나무판이 썩지 않도록 통풍이 잘되고, 곰팡이가 슬지 않도록 방습 효과 시설도 갖추고 있다. 즉 항상 일정한 습도를 유지하고 있다. 이는 함부로 흉내 낼 수 없는 고도의 과학 기술이다.

이 부분은 5학년 과학 1단원 날씨와 우리 생활과 연결하는 데 최적화된 부분이다. 과학 1단원은 실험 활동이 참 많다. 때문에 학생들의 실험 위주로 진행하였다.

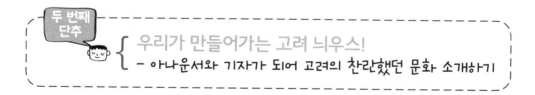

두 번째 단추   우리가 만들어가는 고려 늬우스! — 아나운서와 기자가 되어 고려의 찬란했던 문화 소개하기

고려의 내용도 어느새 막을 내렸다. 유종의 미를 거두기 위한 정리 활동을 구상하다 '뉴스'가 떠올랐다. 우리 반 학생들은 서로 가르쳐주기 활동에 흥미를 가지고 있다. 서로 선생님이 되어 질문과 답을 할 때 참 재미있어 한다. 또한 친구가 모르는 내용을 알기 쉽게 말로 설명하는 활동을 할 때 즐거움을 느낀다. 물론 재미에만 그치는 것이 아니다. 자신

이 몰랐던 부분을 친구가 이야기해 줄 때 그 내용을 오랫동안 기억한다는 의견이 많았다. 이와 같은 흥미를 정리 활동에 이끌어보면 좋겠다는 생각이 문득 들었다.

저마다 고려에서의 중요한 부분, 인상 깊었던 부분을 짚었다. 그리고 이 부분을 뉴스 기사로 작성하며 아나운서와 기자 대본을 작성하기 시작했다.

여기서 잠깐 짚고 넘어갈 점이 있다. 앞서 언급했다시피 반 학생들의 대부분이 서로 가르치기 방식을 좋아한다. 하지만 그렇지 않은 학생도 분명 있다. 혼자 집중하는 것을 더 선호하는 학생이다. 정리 단계에서는 그 소수의 학생 입장도 존중해야 한다고 생각했다. 그러므로 이번 뉴스 만들기 활동은 학생들이 자신에게 맞는 활동 형태(개인, 짝, 모둠)를 선택할 수 있도록 개방적인 분위기를 형성하였다.

또한 친구들과 함께 하는 활동이므로 학습보다 친목 형성의 기회로 삼을 수 있다. 그리고 단순히 재미있는 대사를 쓰는 데 치중될 수 있다. 그러므로 교사가 반복적으로 이 활동은 학습을 위한 활동임을 강조해야 한다. 그리고 뉴스의 목적을 집중적으로 말해야 한다. 즉, 듣는 사람들이 이해하기 쉬운 내용과 대본을 작성해야 한다는 것을 학생들이 반드시 알아야 한다. 이 시점에서 좋은 뉴스(간결하고 쉬운 단어를 사용)와 그렇지 않은 뉴스(문장이 길고 장황하며 뜻을 알기 어려운 단어를 사용)를 비교할 수 있는 동영상을 활용해도 좋을 것이다.

학생들은 저마다 개성 있는 아이디어로 대본을 짜나갔다. 그리고 어려운 단어는 알기 쉽게 자신만의 말로 바꾸어 설명하려고 노력했다. 대본을 다 짠 개인과 팀은 연습을 하기 시작했다. 한 친구는 혼자 대본을 짜고 아나운서와 기자 두 역할을 도맡아 했다. 그렇기 때문에 목소리를 다르게 하는 연습을 하였는데 보는 내내 기막힐 정도로 감탄을 자아냈다. 주변 친구들이 "야, 너 성우 해도 되겠다. 만화 프로그램에 나오는 성우!"라며 눈을 동그랗게 떴다. 뿐만 아니라 팀으로 연습하는 친구들은 함께 호흡을 맞추는 데 노력했다. 서로 가르쳐주고 피드백을 받아들이는 모습을 볼 때 얼마나 흐뭇하던지!

연습을 다 마친 후에는 한 팀씩 돌아가면서 뉴스 진행을 했다. 한 팀의 뉴스가 끝날 때마다 격려의 박수를 보냈다. 그리고 그 팀의 장점과 인상 깊었던 점, 알게 된 점 등을 함께 이야기하고 넘어갔다.

　마지막으로 이 활동을 하며 조금 소극적인 아이도 활동에 보다 적극적으로 참여했다는 이점을 발견할 수 있었다. 그 아이는 말하거나 몸으로 하는 활동에는 소극적이다. 하지만 글을 짓는 데 남다른 소질을 지닌 학생이었다. 그래서 그 팀은 대본을 함께 작성하고 마지막 수정 부분을 그 학생에게 부탁하였다. 수정을 거친 대본은 훨씬 간결하였고 뉴스의 느낌이 물씬 나는 대본으로 바뀌었다. 자신이 준비한 대본을 다른 친구들이 더 맛있게 요리하는 모습을 보며 그 학생도 뿌듯함을 느꼈을 것이다.

　이렇게 정리 활동에는 학생들의 장점을 살릴 수 있는 방향, 그리고 어려웠던 부분을 보다 확실히 알 수 있는 방향, 즐거운 방향으로 이끌어주는 것이 좋겠다는 생각을 곱씹은 계기였다.

　스마트 폰을 활용하여 이미지 검색을 시도하는 학생들도 있었지만 제대로 검색이 되지 않았다.

3 꼭지 용감무쌍했던 강대한 고려

오늘은 내가 꼬마 외교관!

 **마중활동**

- 오늘은 내가 꼬마 외교관!
- 꼬마 외교관들의 대화

스스로 그리고 함께 알아보는 고려의 국난 극복 과정

- 북방 민족의 침입과 극복, 스스로 그리고 함께 공부하기
- 그림으로 쓱쓱~ 고려의 국난 극복 과정
- 보드게임으로 즐겁고 똑똑하게 마무리하는
  고려의 국난 극복 과정

 **가온활동**

나의 감사함을 전달해요.

 꼬두람이 활동

- 나의 감사함을 표현해요.

" 용감무쌍했던 강대한 고려 "

마중활동

오늘은 내가 꼬마 외교관!

관련 교과 및
단원

✔ **수사회 2-3.** 북방 민족의 침입과 극복

**학습
개요**

★★★★

❶ **북방 민족과 고려 사이에 잦은 전쟁이 일어났던 이유 생각해보기**
 • 북방 민족으로부터 잦은 침입을 받은 이유를 학생들이 스스로 추측해
  보기. 논리적으로 추측하는 능력을 기를 수 있도록 여러 가지 자료를
  조사하고 분석하는 방식을 적용해야 함.

❷ **자신의 의견을 친구들과 공유하기**
 • 월드 카페형 토의 방식을 접목함. 학급에서 최대한 많은 친구들과
  의견을 공유하며 사고의 폭을 넓힐 수 있는 기회를 부여함.

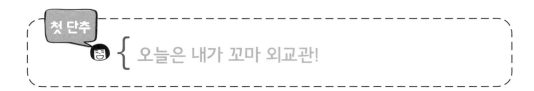

첫 단추

{ 오늘은 내가 꼬마 외교관!

2꼭지 활동에서 우리는 고려가 많은 주변 국가들과 교류를 했다는 점을 알았다. 학생들에게 2꼭지가 끝난 후 다음 활동으로 자연스럽게 이어가기 위해 한 가지 질문을 했다.

◆ 선생님 : 고려는 참 많은 국가들과 교류를 했지? 선생님은 이 교류가 단순히 물건을 사고파는 활동이 아니라 더 많은 것을 공유하는 기회였을 것 같아. 너희들 생각은 어때?"

1학기 사회 4단원 우리 사회의 과제와 문화의 발전을 떠올린 학생들은 곧잘 대답했다.

☆학생 : "그 나라의 언어요!"

"다른 나라 사람들의 성격도 느꼈겠지?"

"의식주가 서로 많이 다르다는 걸 알게 될 것 같아요."

"의식주에서 비슷한 점이 있다는 것도 깨달을 수 있지 않을까?"

◆ 선생님 : 그래. 너희가 말한 것처럼 그 나라 사람들의 생활 모습을 많이 알아갈 수 있었을 거야. 그럼 얘들아, 이렇게 고려는 무역을 하면서 다른 나라들과 한 발자국씩 가까워졌어. 그럼 고려랑 무역한 나라들 사이에는 어떤 감정이 오고 갔을까?

나의 마지막 질문에 대해 학생들은 쉽게 답하지 못했다. 아마 많은 경우의 수를 나름대로 생각해보았을 것이다. 이 질문에 대한 답은 모둠 친구들과 브레인스토밍 형식으로 풀어나갔다.

여기서 소개하는 브레인스토밍 방법은 '외로운 종이 하나'이다. 이 방법의 활용 방법은 아래와 같다.

- 준비물: 선이 나눠진 종이(모둠원들의 수만큼), 풀
01. 모둠원들에게 5칸 정도의 줄이 인쇄되어 있거나 점선 칼로 나눈 종이를 하나씩 나눠 주고 종이 한 장은 모둠의 가운데에 놓는다.
02. 교사는 주제를 정해 준다.
03. 학생들은 한 번에 한 칸만 내용을 기록하고, 내용을 적은 후에는 모둠 가운데에 종이를 낸다. 그리고 모둠의 가운데에 놓여 있던 또 다른 종이를 가져온다.
04. 모둠의 가운데서 가져온 종이 한 칸에 03에서 기록한 내용 외에 다른 것을 생각해서 기록한다.
05. 모든 모둠원들이 03번과 04번을 반복한다.
06. 채워진 종이를 한곳에 모아서 어떤 내용들이 있는지 살펴본다.
07. 브레인스토밍을 한 종이들을 점선을 따라 찢거나 오린다.
08. 모둠원들이 찢은 종이들을 기준을 세워 분류한다.

이 방법을 활용하니 준비물 없이 그저 모둠끼리의 대화로 브레인스토밍을 하는 것보다 훨씬 더 좋은 효과를 볼 수 있었다. 점선이 그려진 종이와 적은 종이를 모둠 가운데에 내고 새로운 종이를 들고 온다는 행동이 마치 게임의 느낌을 심어준 듯하다.

모둠별로 브레인스토밍과 분류 활동이 끝난 후에 발표를 하였다. 발표는 모둠의 의견을 다 말해도 좋고 가장 논리적이고 마음에 드는 의견을 몇 가지 골라 발표해도 좋다고 하였다. 모둠의 의견을 추려보자면 다음과 같다.

나름대로 구체적인 추리를 해주었다. 많은 학생들이 부정적인 감정을 언급하였다. 아무래도 고려 이전에도 다른 나라들의 침입을 받고 많은 전쟁을 겪었다는 내용을 알고 있었기 때문이라고 조심스럽게 생각해본다. 그렇다. 고려는 주변 나라와 무역을 했지만, 북방 민족인 거란, 여진, 몽골의 침입을 받고 이를 막아내는 데 엄청난 힘을 쏟았다.

어찌 보면 학생들은 사실에 가까운 추리를 하였다. 하지만 추리의 내용도 내용이지만 교사로서 한 번 더 깨달은 것은 학생들의 추리 방식이 크게 두 가지로 나뉘었다는 점이다. 첫 번째는 자신의 경험에 빗대어 하는 방식이며 두 번째는 자신이 배운 지식을 바탕으로 추리를 하는 방식이다. 나는 추리를 함에 있어서 논리적이고 객관적인 증거는 필수라고 생각한다. 그리고 이 점을 학생들에게 1학기부터 강조해왔다. 그 때문인지 처음과 비교했을 때 꽤 많은 학생들이 비판적이고 날카로운 추리를 하고자 노력하는 모습을 보였다. 하지만 습관이 정착되지 않은 학생들이 많았다. 때문에 이번 시간을 계기로 다시 한 번 분석적인 추리 활동을 시작하였다.

주제는 '왜 북방 민족(거란, 여진, 몽골)은 고려와 무역을 하면서도 침입하고자 했을까?'이다. 이 주제를 생각하며 학생들은 컴퓨터실에 가 여러 가지 자료를 수집하고 분석하였다. 물론 중점은 '논리적인 연결 고리'와 '객관적인 증거'이다. 시간은 약 2~3시간을 주었다. 어찌 보면 많다고 느낄 수 있다. 하지만 학생들은 아직 사고의 속도가 빠르지 않다.

그러므로 충분한 시간을 주지 않는다면 학생들에게 조급함을 안겨주고 시간 내에 해결하지 못했다는 것에 대한 패배감을 심어줄 가능성도 크다.

꼬마 외교관들의 대화

모둠별로 자료를 수집하고 분석한 후 다시 교실로 돌아왔다. 그리고 이젤 패드에 모둠의 의견을 근거 자료와 함께 넓게 정리하였다. 모둠별 정리 후 월드 카페형 토의를 시작했다. 모둠이 서로 의견을 공유하고 자신의 의견을 수정하여 보다 체계적인 의견을 만들어나가기 위해서이다. 월드 카페형 토의·토론 방식은 다음과 같다.

☑ 카페주인(기록자, 발표자 : 모둠별 한 명)
- 4~5명이 모이는 카페(모둠)의 주인으로 토의·토론이 모두 종료될 때까지 그 자리를 지킨다.
- 친구들의 토의·토론을 정리하여 기록하고 새로운 친구들을 맞이할 때마다 이전 이야기 내용에 대해 설명한다.
- 원래 모둠 친구들이 돌아왔을 때 종이에 정리한 내용을 전달한다.

☑ 손님(토의·토론자 : 모둠에서 카페주인을 제외한 나머지)
- 다른 모둠을 돌아다니며 주어진 시간 동안 앉아 있는 사람들과 주제에 관한 이야기를 나눈다.
- 모둠을 이동할 때는 방금 같이 앉았던 사람들과 겹치지 않도록 신경 쓰도록 한다.

☑ 진행 방법
01. 각 모둠에서 1명의 카페주인을 뽑는다. 나머지는 손님이 된다. 카페주인은 그 모둠에 그대로 있고 손님은 다른 모둠으로 이동한다.
02. 새롭게 모인 모둠에서 10분간 자유롭게 주제에 관해 토론을 한다.

월드 카페형 토의를 마친 후 결과를 발표해보았다. 처음에는 학생들마다 의견이 분분했다. 그런데 서로를 설득하고 자신의 의견을 수정하면서 조금씩 의견이 모아졌다. 우리 반의 추리를 간단히 살펴보자면 다음과 같다.

◎ **거란** : 예전에 발해를 멸망시킨 나라이다. 그런데 고려는 고구려를 계승하고자 하고 발해는 고구려를 계승한 나라이다. 그러므로 적대 관계를 맺을 수밖에 없다. 뿐만 아니라 송나라보다 힘이 세다고 생각한 상황이므로 송과 친하게 지낸 고려도 자신의 땅으로 만들 수 있을 것이라고 자신했을 것이다. 이 때문에 고려를 침입했을 것이다.

◈ **여진** : 여진은 거란과 다른 민족이지만 생활 환경이 매우 비슷하다. 드넓은 땅이 있었고 말을 주로 타고 다녔다. 환경이 비슷하면 사람이 사는 모습도 비슷해지고 성격에서도 많은 공통점을 얻게 된다. 어울리는 친구들이 바뀌면 그 사람의 성격도 바뀌는 실험을 통해서 알 수 있다. 그러므로 고려보다는 거란족과 통하는 면이 많을 것이고 여진 또한 거란처럼 고려와 적대 관계를 맺었을 가능성이 높다.

물론 위의 추리에는 오류가 있을 수 있다. 하지만 나는 이 과정 자체에 큰 의미를 두었다. 점점 발전해가는 학생들의 모습을 보았기 때문이다. 무작정 특정 포털의 '지식IN' 내용을 적는 것이 아니라 보다 객관적인 자료를 찾아가는 모습을 보였고 수많은 정보 중 필요한 정보만을 가려 뽑는 모습도 보였다. 그리고 수집한 내용과 자신의 의견을 자연스럽게 연결 짓는 모습도 엿볼 수 있었다. 그 덕택에 큰 오류는 줄었으며 그 오류는 교사가 준비한 내용을 전달함으로써 채워질 수 있었다.

학생 중심 위주의 토의·토론이 끝난 다음에는 교사가 준비한 자료를 학생들에게 보여 주었다. 내용을 전달할 때에는 파워포인트 자료 및 애니메이션, 다큐멘터리 동영상을 활용하였다. 추천하는 사이트는 '지니 키즈 역사'라고 하는 유튜브 채널이다. 역사를 만화로 풀어내고 있어 학생들의 흥미와 이해도를 상승시키는 데 꽤 효과적이었다. 또한 학생들도 컴퓨터와 스마트폰으로 쉽게 볼 수 있기 때문에 예습과 복습도 이루어질 수 있다. 한 번쯤 이용해보시길!

지니키즈 역사 사이트

https://www.youtube.com/channel/UCvkLnjWQlntS0pnreTEfP_g

" 용감무쌍했던 강대한 고려 "

스스로 그리고 함께 알아보는 고려의 국난 극복 과정

- ✓ **사회 2-3.** 북방 민족의 침입과 극복
- ✓ **미술 2.** 전통문화와 다문화

★★☆☆

❶ **거꾸로 배워보자! 학생 스스로 공부하는 고려의 극복 과정**
- 학생 스스로 교과서를 읽으며 북방 민족의 침입과 극복 과정을 공부함.
  그리고 가정에서 다양한 매체를 활용해 모르는 부분을 찾아봄. 후에
  친구들, 교사와 함께 이야기를 나누며 마무리하기.

❷ **비주얼 씽킹으로 고려의 극복 과정을 표현해보자!**
- 그림을 잘 그리는 것에 대해 부담감을 가지지 않도록 함. 비주얼 씽킹의
  목적은 멋진 그림이 아님. 아주 간단한 그림으로 전달하고자 하는 내용
  을 명확하게 그리는 것이라는 점을 강조하기.

❸ **직접 만든 보드게임으로 탄탄하게 마무리해볼까?**
- 배운 내용을 바탕으로 모둠 친구들과 함께 보드게임을 만들고 게임
  활동을 함. 모둠과 모둠이 서로 보드게임을 바꾸어 해보는 것도 유익함.

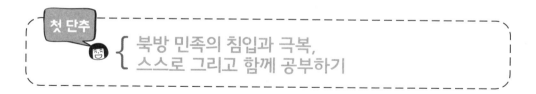

북방 민족의 침입과 극복,
스스로 그리고 함께 공부하기

　본격적으로 북방 민족의 침입과 극복 과정을 알아볼 차례이다. 교과서를 살펴보면 거란, 여진, 몽골의 침입 순으로 나와 있다. 사실 이 부분은 내용이 어렵다기보다는 순서를 기억하는데 어려움을 겪는다. 그래서 교사의 내용 전달보다 학생 중심 활동을 우선으로 하였다. 즉, 학생들 스스로 교과서를 주축으로 여러 자료와 매체를 사용하여 내용을 이해하는 것이다. 하지만 주의해야 할 점은 이 활동이 교사의 방임이 되어서는 안 된다는 점이다. 아무런 자료 없이 학생들에게 '너희 스스로 북방 민족의 침입과 극복 과정을 공부해 봐.'라고 던져주는 것은 방임이라고 생각한다. 이 말을 들은 학생들은 얼마나 막막할까? 학생들의 공부에 있어서 적당한 가이드라인은 필요하다. 이와 같은 이유에서 학생들이 꼭 알아야 할 내용을 물어보는 학습지를 제시하였다.

　그리고 교과서의 내용은 제한적이기 때문에 조금 더 심도 있는 지식을 요구하는 질문도 학습지에 실어 놓았다. 예를 들면, 교과서에 몽골의 1차 침략 이후 고려는 도읍을 개경에서 강화도로 옮긴다고 나와 있다. 하지만 왜 강화도로 옮겼는지 그 이유는 나와 있지 않다. 하지만 육지가 아닌 섬을 선택한 이유는 내용의 흐름을 이해하는 데 중요한 포인트가 된다고 생각하였다. 때문에 학습지에 '왜 고려가 섬인 강화도로 수도를 옮겼을까요?'라는 질문을 포함시켰다. 이 질문에 답변을 하기 위해서는 다양한 매체가 필요하다고 보았다. 그래서 활동 전에 미리 도서관에서 관련 책을 빌릴 수 있는 시간을 주었다. 그리고 활동 과정에서 컴퓨터실과 스마트폰 이용을 허용하였다.

　학생들이 스스로 그리고 친구들과 함께 공부를 한 후에는 교사와 같이 내용을 되짚어 보았다. 되짚는 과정은 참 중요하다. 학생들의 오개념을 바로 잡을 수 있는 기회이기 때문이다.

　마지막으로 잠시 우리 반 모둠에 대해 언급하고자 한다. 우리 반은 모둠을 만들 때 기본적으로 제비뽑기 방식을 활용한다. 그런데 이 활동을 할 시점에 우연히 역사 공부에 적합한 모둠이 형성되었다. 스윽 돌아보니 한 모둠 당 '꼬마 역사 박사님'들이 한 명씩 계신 것이 아닌가! 그 학생들은 유독 역사에 큰 흥미를 가지고 있었으며 역사 드라마, 영화, 책을 골고루 접한 아이들이었다. 그래서 교과서에 없는 내용도 기본적으로 알고 있는 상태였다. 때문에 다른 자료 없이도 학습지의 심화 질문에 답할 수 있었다. 더 나아가 같은 모둠 친구들에게 상세한 내용을 알기 쉽게 설명해주기도 했다. 또래 친구가 설명해주다보니 조금 더 편한 상태에서 질문을 하고 '오~'라는 말을 연신하며 고개를 끄덕였다. 열정적인 한 모둠은 끊임없이 돌아가며 스스로 하브루타를 하기도 하였다. 이처럼 한 학생으로 인해 역사 수업의 분위기가 보다 활기차게 만들어졌다. 이 모습을 보면서 역사 프로젝트를 시작할 때는 제비뽑기가 아닌 교사의 재량을 녹인 모둠 구성을 해도 좋겠다는 생각을 했다.

{ 그림으로 쓱쓱~ 고려의 국난 극복 과정

내용 파악은 끝났다. 앞서 말했다시피 많은 학생들이 북방 민족의 침입과 극복 부분을 꺼려한다. 이유는 내용의 어려움보다 일어난 순서와 역사 인물의 연결이 헷갈리기 때문이다. 이 문제를 해결하기 위해서는 학습 내용의 정리, 마무리가 중요하다고 보았다. 그리고 정리한 내용을 학생들이 자주 볼 수 있는 환경을 만들어야 한다. 그 정리 방법으로 비주얼 씽킹을 활용했다. 그리고 학급 게시판과 복도 창문에 전시하여 학생들이 자주 볼 수 있도록 하였다.

비주얼 씽킹은 비주얼(Visual)보다는 씽킹(Thinking)에 무게를 두어야 한다. 즉, '멋지고', '사실적인'그림이 필요하지 않다. 이 점을 학생들에게 반복적으로 언급해야 한다. 그렇지 않으면 이 활동은 사회수업이 아닌 미술수업이 되어버리기 때문이다. 이 언급에도 불구하고 학생들은 은연중에 근사한 그림에 대한 미련을 버리지 못한다. 부담을 덜어주기 위해 칠판에 나의 비주얼 씽킹 표현 과정을 직접 보여주었다. 예를 들면 모든 사람은 눈, 코, 입을 제외하고 가장 단순한 가장자리 형태만을 그린다. 그리고 왕이면 왕관, 장군이면 방패, 스님이면 간단한 스님 복장을 추가하여 그렸다. 뿐만 아니라 친선 관계는 ♥표, 적대 관계는 'VS'라는 단어로 표현하였다.

비주얼 씽킹의 전개 순서도 마찬가지이다. 가장 기본적으로 왼쪽 위부터 시작하여 오른쪽 아래의 순서대로 전개해가는 방법이 있다. 하지만 이 방법이 모든 내용의 정리에 적합한 것은 아니다. 종이의 중간에 가장 중요한 내용을 배치하고 화살표를 활용하여 그와 관련된 세부내용을 바깥쪽에 표현할 수도 있다. 이처럼 화살표를 적극 활용하여 다른 친구들이 보아도 이해하기 쉽게 비주얼 씽킹을 전개해 갈 수 있도록 도와주었다. 이 때 한 친구가 질문을 하였다.

"선생님, 꼭 한 장 안에 다 표현해야 해요?"

이 학생은 거란, 여진, 몽골의 침입을 각각 한 장에 표현하고 세 장의 비주얼 씽킹 내용을 고리로 묶어 책으로 표현하고 싶어 했다. 나는 엄지 손가락을 척! 들며 "물론"이라고 대답했다. 이 학생의 질문 하나로 다채로운 비주얼 씽킹 활동이 시작되었다. 1학기 때 배운 사전 만들기, 무지개 책 만들기, 두루마리 책 만들기 등의 북아트 방법을 떠올린 것이다.

학생들의 개성이 담긴 비주얼 씽킹이 끝난 후에는 친구들과 돌려 보는 시간을 가졌다. 그 과정에서 동료 평가를 하고 친구의 코멘트를 받으며 자신이 부족한 부분을 채워가는 시간을 가졌다. 나 또한 교실을 다니며 한 명 한 명의 작품을 살펴보며 오개념을 바로잡는 데 힘썼다.

{ 보드게임으로 즐겁고 똑똑하게 마무리하는
고려의 국난 극복 과정

두 번째 정리 방식은 '보드게임'이다. 보드게임을 만들고 진행하는 방식은 삼국 시대 내용을 정리할 때 사용했던 방법과 동일하다. 주제만 '북방 민족의 침입과 고려의 극복 과정'으로 정하면 된다.

개인적으로 이번 보드게임은 두 번에 걸쳐서 하면 좋을 듯하다. 처음 게임은 원래대로 승패 없이 진행하되 두 번째 게임은 승패의 요소를 녹이는 것이다. 두 게임의 차이는 작은 포스트잇에 있다. 승패가 있는 보드게임의 경우 작은 포스트잇의 색깔을 모둠원의 수만큼 준비한다. 즉, 모둠원이 각자 다른 색깔의 작은 포스트잇을 갖게 되는 것이다. 요약하자면 아래와 같다.

- 준비물: 똑같은 색깔의 큰 포스트잇, 여러 가지 색깔의 작은 포스트잇(색깔의 개수=모둠원의 수)

01. 북방 민족의 침입과 극복 과정 중 핵심이 된다고 생각되는 것을 4가지 선정하고 키워드로 정리하여 큰 사이즈의 포스트잇에 각각 적는다.

02. 각자 적은 포스트잇을 모두 연결하여 보드판을 만든다.

03. 주사위를 굴려 말(말은 공용으로 하나만 사용)을 이동하고, 이동한 칸에 적힌 내용을 적은 사람이 모둠원에게 설명한다. 말이 이동할 때는 방향에 관계없이 이동하는 사람이 움직이면 된다.

04. 설명을 들은 모둠원은 그에 추가하여 자신이 아는 내용을 작은 포스트잇에 적어서 큰 포스트잇 주변에 붙인다. 작은 포스트잇의 내용은 들은 내용과 중복되지 않아야 하며, 키워드와 밀접한 관련이 있어야 한다. 많은 포스트잇을 붙일수록 유리하다. 작은 포스트잇 하나당 1점이 부여되기 때문이다.

05. 모든 키워드에 대한 이야기가 끝날 때까지 위의 활동을 반복한다. 그리고 작은 포스트잇의 개수를 세어 점수를 매긴다.

물론 게임의 승패가 학습에 좋은 방법만이 아니라는 것을 잘 알고 있다. 점수를 얻지 못한 학생에게 패배감을 심어줄 수 있기 때문이다. 하지만 게임을 진행하기 전과 후에 학생들에게 교사가 어떠한 격려를 해주냐에 따라서 학생들의 마음가짐은 달라질 수 있다고 본다. 그 격려가 바탕이 된다면 게임 활동은 내용을 확실하게 다짐과 동시에 흥미의 요소도 높일 수 있어 보다 긍정적인 교육 효과를 가져 올 것이다.

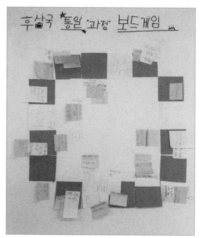

"용감무쌍했던 강대한 고려"

나의 감사함을 전달해요.

- ✔ **사회 2-3.** 북방 민족의 침입과 극복
- ✔ **국어 7.** 인물의 삶 속으로

❶ **고려 시대 선조들의 노력이 없었더라면?**
- 북방 민족의 침입을 극복하고자 한 조상들로부터 알 수 있는 인성 요소를 알아봄. 후에 조상들의 노력이 없었더라면 현재 우리의 모습은 어땠을지 예상함. 그 예상에서 조상들에 대한 감사함을 느끼고 본받을 점을 생각해 봄.

❷ **나의 감사함을 조상들께 표현해요**
- 북방 민족의 침입을 극복하고자 노력했던 고려의 조상들께 자신의 감사함을 여러 가지 방식으로 표현하기. 편지, 노래, 그림 등 다양한 방식을 선택할 수 있는 개방적인 분위기를 형성함.

고려는 참 많은 우여곡절을 겪었다. 군사력 측면에서 불리했지만 지혜와 인내심을 발휘하며 공격하고 또 방어했다. 포기하고 싶은 순간이 가득했지만 나라를 위해 일어서고 또 일어섰다. 여기서 짚고 넘어갈 부분이 있다. 교과서에서 언급되는 인물들의 대다수가 높은 계층에 있다. 때문에 자칫 학생들이 나라를 위해 희생한 수많은 백성들을 간과할 가능성이 있다. 사실 전략적인 측면에서는 우리가 알고 있는 유명한 위인들의 공이 크다. 하지만 과연 그 전략을 혼자 실행할 수 있었을까? 든든하게 뒷받침해주는 백성들이 없었더라면 작전을 시작할 수 있었을까? 이와 같은 이유에서 나는 학생들이 신분을 막론하고 나라를 위해 목숨을 바친 모든 사람들에게 감사함을 느꼈으면 했다.

소중함과 감사함이 보다 크게 와닿을 수 있도록 '결핍의 가정' 발문을 이용했다. 쉽게 말해 '~이 없었더라면 어땠을까?'의 질문이다.

"얘들아, 고려 시대 때 나라를 지키려고 하는 사람들이 없었더라면 지금 우리는 어땠을까?"

대답은 다양했다.

"고려 시대부터 쭉 중국의 신하로 있었을 거에요."
"아마 한국어도 못썼겠지?"
"당연하지, 중국어를 무조건 써야겠지. 그뿐이겠냐? 고려인 피가 섞였다고 무시당했겠지. 힘든 일은 다 고려인들한테 미루고."

다음으로 사건을 현재 시점으로 끌어오는 발문을 해보았다.

"지금 우리 주변의 다른 나라에서 우리나라와 전쟁을 선포한다면 너희는 어떻게 할지 생각해볼래?"

막상 과거와 비슷한 상황이 지금 일어난다고 생각하니 대답이 선뜻 나오지 않는 모양이었다.

"다른 나라로 이민 갔을 거에요."
"솔직하게 말해서 마음은 정말 나가서 싸우고 싶은데 선뜻 그러진 못하겠어요"

나는 이렇게 말했다.

"고려시대 때 백성들도 너희와 같이 얼마나 두려웠을까? 칼에 찔리는 고통, 신체의 일부분을 잃는 아픔, 가족과의 이별. 이 모든걸 감수하고 전쟁터에 나가신거야. 나라를 위해서. 그리고 앞으로 한반도에 살아갈 미래 자손들을 위해서. 대단하지 않니?"

분위기가 조금 엄숙해진 느낌이다. 이 분위기를 유지하면서 고려 조상들께 감사함을 표현하는 활동을 시작했다. 표현 방법으로 가장 먼저 학생들이 많이 접한 편지와 시화 짓기를 언급했다. 그리고 이번에는 조금 더 새롭게 노랫말 바꾸기를 추가해보았다. 자신이 좋아하는 동요 또는 가요의 가사를 고려시대 조상에 대한 감사함을 담은 내용으로 바꾸는 것이다. 은근히 학생들에게 인기가 많은 활동이었다. 그리고 이 활동을 하는 즈음 학생들이 나와 랩 경연을 하는 프로그램이 이슈가 되었다. 그 때문인지 라임에 맞추어 자신만의 랩을 짓는 놀라운 능력을 보여주는 학생들도 있었다.

활동이 끝난 후엔 자신의 마음을 담은 작품들을 칠판에 게시해두었다. 특히나 인기가 많은 건 랩이었다. 우리 반 래퍼들은 친구들 앞에서 자신의 랩을 술술 펼쳐나갔다. 어느 샌가 쉬는 시간에 그 랩을 흥얼흥얼거리는 친구들이 속속들이 나타났다. 흐뭇했다.

66 매우 아름다웠던, 유교의 나라 조선 99

솔직히 11월이 지나고 12월이 다가오는 시기는 아이들뿐 아니라 교사들도 지치고 힘이 드는 시기인 것 같다. 더욱이 1년을 함께 고민하고 이야기하면서 교사들이 함께, 그리고 아이들과 함께 천천히 그리고 더욱 천천히 교실 속 수업을 만들어오고, 힘들었던 몇 개의 프로젝트도 실현하였던 우리들에게는 더욱 그러했던 것 같다. 1학기에 있었던 경제 프로젝트 수업을 통한 프릴 마켓(프로젝트 학습, 즐거움으로 배움을 요리하다, 2018, 공동체, 저서 참고) 운영, 2학기의 역사박물관 열기 프로젝트 학습 등 준비하고 실천하는 과정 중에 많은 어려움이 있었고, 서로의 의견이 상충되어서 의견을 조율하는 과정을 힘들게 이겨내는 과정을 몸소 체험하고 겪으며 이겨냈던 우리 모두에게 이 시기는 에너지가 고갈되고 소진을 스스로 경험하게 되면서, 무척이나 힘이 들고 하기 싫었던 마음이 커졌던 것 같다.

그래서인지 조선시대의 프로젝트 학습을 시작하던 시점은 2학기 가장 큰 목적이자 목표였던 역사박물관 열기 활동이 끝난 후, 우리 선생님들 모두 심신이 피곤하고 지치게 되었고, 에너지도 부족해지고, 심지어는 귀차니즘에 빠지기 시작하던 시기이기도 했던 것 같았다. 그래도 1년 동안 프로젝트 학습을 기반으로 함께 수업을 계획하고 연구하고 고민하는 과정을 거쳤기에, 마무리 또한 힘들고 지치고 어렵지만, 아름다운 유종의 미를 거두기 위해 조금만 더 힘을 내고 함께하여 아름다운 마무리를 하자고 마음을 모으게 되었다.

이처럼 우리들 스스로도 힘들고 지치던 시기였기에, 우리는 조선시대의 프로젝트 학습의 경우에는 새로운 교육 활동을 계획하고 실천하기보다는 그동안 교실에서 이루어졌던 다양한 역사 교육 활동을 이용함으로써 교사들뿐 아니라 아이들도 프로젝트에 쉽게 접근하도록 하자고 이야기를 모으게 되었다. 이렇게 모인 매우 아름다웠던, 유교의 나라 조선 프로젝트 학습 계획은 다음과 같았다.

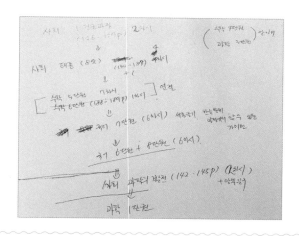

함께 모여서 이야기를 나누며, 조선 프로젝트를 계획한 결과

함께 모여서 이야기를 나누며 계획하였던 매우 아름다웠던, 유교의 국가 조선 프로젝트 학습 스토리를 지금부터 이야기하고자 한다.

유교의 국가 조선이라는 프로젝트 학습은 왜, 어떻게, 무엇을 이라는 근본적인 질문을 통해 아이들과 함께 조선에 대해서 알아보는 시간을 가져보고자 하였다. 왜 조선이 건국되었는지, 그리고 조선이 기틀을 마련하기 위해 나라를 어떻게 운영하였는지, 끝으로 그러한 운영을 통해 백성들의 생활 모습은 무엇이었는지에 대해 알아보고 학습하고 배워보도록 계획하였다.

힘들고 어려웠지만, 함께 모여서 힘을 얻고 에너지를 높여서 완성하게 된 우리들의 역사 프로젝트 학습, 그 대단원의 마지막 이야기를 지금부터 하도록 하겠다.

 마중활동

조선은 왜 세워졌을까?

 관련 교과 및 단원

✅ **사회 3단원.** 유교의 나라 조선

 학습개요

★★★

• 사회3단원 126~129쪽의 내용을 바탕으로 하여 팀별로 조선의 건국 과정에 대해 함께 알아보고, 후삼국 통일 및 고려의 건국과정과 동일한 학습 방법을 활용하여 만화의 형식으로 정리하기

"조선은 왜 세워졌을까?"

아이들과 함께 유교의 국가 조선이라는 프로젝트 제목을 칠판에 크게 적고서 가장 먼저 던진 질문이었다. 아이들은 고려의 건국 과정을 함께 배우고 알게 되어서 인지,

"고려 후기 나라가 많이 힘들어져서요"
"고려 시대 마지막에 사람들이 살기 어렵고, 귀족들만 잘 살아서요"

라는 대답을 하였다.

크게 틀린 답이 아니었다. 어찌 보면 백성이 살기 어려워졌기에 새로운 나라가 생겨났다는 것이 아이들이 새로운 나라가 생겨나게 된 원인으로는 더욱 이해가 되고 납득이 될지도 모른다. 아이들에게 신진사대부, 신흥 무인 세력, 그리고 그 당시 고려와 중국과의 관계에 대해 자세하게 설명하고 기록하게 하고 기억하게 하기보다는 그저 살기 어려워졌기 때문에 백성들은 새로운 나라를 원하였고, 그러한 백성들의 마음을 알게 된 세력가들이 함께 힘을 모아서 새로운 국가, 조선을 세우게 되었다고 설명하는 것이 아이들로 하여금 역사를 더욱 쉽게 이해하게 하고, 친근하게 역사에 다가가게 함에 더욱 좋은 이야기일지도 모른다.

이러한 마음으로 나는 아이들의 그러한 이야기가 옳다고 하였다. 그리고서 이성계와 위화도 회군에 대해 이야기를 하게 되었다. 그리고서 다시 물었다.

"이성계의 행동이 과연 옳은 행동이었을까?"

이 질문에 아이들은 정말이지 내가 놀랄 정도로 많은 이야기들을 하게 되었다. 토론을 하기로 한 것도 아니었고, 토론 수업을 하기 위해서 던진 질문이 아니었음에도 불구하고, 우리 아이들은 이성계의 행동과 결정 하나를 가지고서 40분이라는 한 차시 수업이 서로의 의견과 생각을 이야기하고, 친구들의 생각과 의견을 듣기도 하면서 정신없이 흘러 지나가 게 되었다.

역사 수업이 이러해야 하지 않을까라는 생각을 그 순간하게 된 것 같았다. 과거로 돌아 가서 직접 과거의 사람이 되어보지는 못하겠지만, 과거의 역사적 사실을 가지고 서로 이 야기를 나누고, 서로의 의견에 대해 토론하고 토의할 수 있는 교육적 경험을 제공하는 것 이 역사 교육의 근본적 목적이자 목표가 아닐까 생각한다. 역사적 사실을 있는 그대로 배 우고 알고, 암기하는 것이 아니라 역사적 사실이 단순하게 하나의 지식에서 머무르는 것 이 아니라, 현대적 시각에서 혹은 아이들의 시각에서 그러한 역사적 사실이 과연 옳은 선 택이었을지 옳지 못한 선택이었을지 이야기 나누고, 그러한 이야기들이 바탕이 되어서 역 사적 사고력이 향상되어, 스스로 역사를 만들고 기록함에 있어서 보다 나은 역사를 만들 기 위해 스스로 노력하고 행동하고 실천하는 역사적 실천가로서 변모할 수 있는 기회를 역사 수업이 제공해주여야 하지 않을까 생각하였다.

기나긴 이야기 공방 끝에 우리들의 결론은 하나가 아니었다. 바른 행동이라고 말을 하 는 아이들, 그래도 배신이었다는 의견 등 우리 반은 두 개의 의견으로 나뉘게 되었다.

그리고 더 이상 이야기를 하지 않았다. 토론이 목적도 아니었고, 서로의 의견을 꺾으며 이기는 것이 목표가 아니었기 때문이었다. 다만 역사적 사실 하나를 가지고 서로의 의견 을 나누고, 하나의 사실을 가지고서도 서로 다른 생각을 할 수 있다는 것 하나를 깨닫는 것만으로 큰 교육적 경험을 하였으리라 생각을 하였다.

그리고서 우리는 어찌 됐든 역사적 사실을 통해서 이성계가 위화도 회군을 통해 조선이 라는 새로운 나라를 건국하게 되었음을 알게 되었고, 그 과정이 어떠하였는지를 기록해 보기로 하였다. 기록하는 방법은 후삼국 통일 및 고려의 건국 과정에서 해보았던 만화로 표현하기 방법을 활용하기로 이야기를 하였다.

조선은 어떻게 운영이 되었을까?

✅ **사회 3단원.** 유교의 나라 조선
✅ **수학 5단원.** 여러 가지 단위
✅ **수학 6단원.** 그림그래프
✅ **국어 5단원.** 매체로 소통해요

❶ 한양을 도읍으로 정한 까닭 및 조선의 기틀 세우기 위한 왕들의 노력을 살펴보고 비주얼 씽킹으로 정리하기

❷ 태종이 왕권을 강화하기 위해 행정구역을 8도로 설정한 이유에 대해 함께 알아보고, 8도를 어떻게 구분을 지었을지 그림을 통해 각 지역의 넓이를 바탕으로 하여 알아보면서 수학 5단원을 활용하여 여러 가지 넓이 단위를 통해 각 지역의 넓이를 다양한 넓이의 단위로 바꾸어보고, 수학 6단원을 활용하여 그림그래프로 표현해보기

❸ 왕권을 강화하기 위해 실시한 다양한 정책을 비주얼 씽킹으로 정리하고, 과거제도를 주제로 하여 벽보를 만들어서 붙이고, 국어 5단원과 통합하여 바른 의사소통 방법을 배우고 친구들의 벽보에 댓글을 달아주며 동료 평가하기

"여러분이 조선 건국 과정에 대해 의견이 분분했던 것처럼 조선시대 관리자과 백성들도 그러했을 것 같아요. 그렇다면 그렇게 많은 의견들이 상충하고 있다면 왕권이 어떻게 되었을까요? 그리고 왕권을 높이기 위해 어떻게 조선이라는 새로운 국가를 운영하였을까요?"

마중 활동을 통해 조선의 건국 과정에 많은 어려움이 있었고, 단심가과 하여가에 대해 쉽게 풀어서 설명을 하면서 그러한 어려움으로 인해 백성들, 그리고 관료들도 하나가 되지 못하고 있다는 사실을 함께 알게 되었다. 그리고

그렇게 나라가 하나가 되지 못한다면 조선이라는 나라가 어떻게 될까?

라는 질문도 함께 하였다. 이는 몽골의 침략으로 나라의 존폐 위기에 놓였던 고려가 이를 극복하기 위해 모든 백성이 하나로 마음을 모으기를 간절히 염원하는 마음으로 만들었던 팔만대장경에 대해 고려 시대 프로젝트 학습을 통해 배우고 알게 되었던 나라가 하나가 되어야 할 필요성과 연관된 질문이었다.

그래서 조선의 1대 왕, 태종은 어떻게 운영을 하였을까

나의 이 질문에 아이들은 생각하기 시작하였다. 자신이 태종이었다면, 하나가 되지 못하고 있는 백성들을 하나의 마음으로 모으기 위해 어떻게 하였을지 생각하기 시작하였다. 프로젝트 학습을 계획하고 실천함에 있어서 가장 큰 이유였던 아이들의 생각 자람이 지금 이 순간 일어나고 있었다.

나라를 하나로 만들고, 무너졌던 왕권을 강화하기 위해 어떻게 해야 할지 생각을 하게 되었고 입을 열어 발표하기 시작하였다.

"백성들이 살기 좋도록 정책을 만들어야 해요"

"관료들이 왕의 말을 잘 들을 수 있도록 힘을 키워야 해요"

"돈을 많이 벌게 해주어서 왕을 따르게 해야 해요"

"기술을 더욱 발달 시켜야 해요"

아이들의 발표 내용이 역사적 사실과는 거리가 멀지는 몰라도, 그 당시 왕이 되어서 나라를 하나로 만들기 위해, 왕의 힘을 키우기 위해 어떻게 하면 좋을지 나름대로의 생각을 다양하게 펼치고 이야기하고 있었다. 이러한 우리 아이들의 이야기를 바탕으로 사회 교과서를 활용하여 태종이 조선의 기틀을 세우고 왕권을 강화하기 위해 펼친 정책들에 대해 팀별로 교과서 및 인터넷 자료, 다양한 관련 도서들을 함께 살펴보면서 서로 가르쳐주고 배우는 시간을 가졌다. 그리고 이번 시간 배운 내용을 비주얼 씽킹으로 정리하였다.

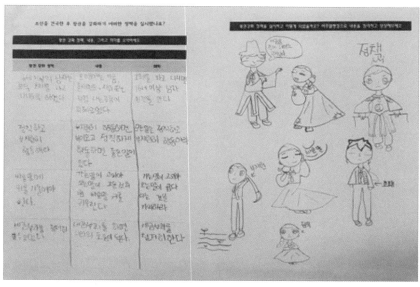

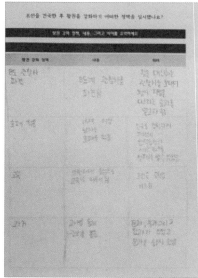

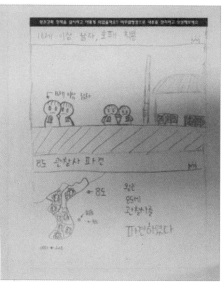

　이렇게 왕권 강화를 위해 펼친 정책에 대해 배우고 알게 된 후, 태종은 왜 한양을 도읍지로 정했을지에 대해서도 팀별로 이야기를 나누는 시간을 가졌다. 이때에는 삼국의 전성기 시절에 만들었던 OHP 필름 책자를 함께 살펴보면서 한양의 위치적 강점에 대해 먼저 알아본 후, 한양을 도읍지로 정한 이유에 대해 함께 배우고 표현하였다.

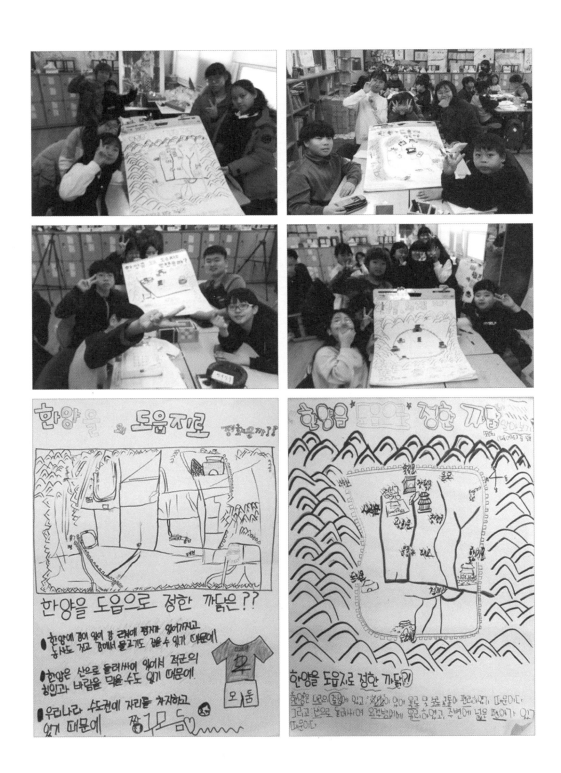

한양을 도읍지로 정하고 나서, 우리는 태종이 조선을 효과적으로 다스리기 위하여 조선을 8개의 도로 나누고 관찰사를 파견하였던 내용에 대해서도 함께 학습하고 배우게 되었다. 그리고 왜 8도로 구분을 지었을지 조선의 행정 구역 그림을 살펴보면서 이야기를 나누게 되었고, 아이들은

"큰 산맥을 중심으로 해서 나누었을 것 같아요."
"넓이를 비슷하게 해거 나누었을 것 같아요."
"근데 앞의 의견은 주어진 그림을 보더라도 아닌 것 같아요. 저는 그 의견에 덧붙여서 각 도별로 산을 제외하고 농사를 지을 수 있는 땅의 넓이를 비슷하게 하기 위해서 이렇게 나누었을 것 같아요."
"관찰사를 파견했다고 하니 큰 성이 있는 지역을 중심으로 하여 구분 지었을 것 같아요."

다양한 의견을 제시하게 되었다. 교사의 입장에서 8개의 도로 구분 지은 이유는 우리나라의 큰 산맥을 중심으로 하였음을 알려주었지만, 친구들의 모든 의견이 모두 해답이 될 수 있을 것 같아서 아이들의 모든 의견이 맞을 수 있음을 알려주었다. 그리고 아이들의 의견 중 하나였던 각 도별 넓이에 대한 이야기를 이어나가면서 현재 우리의 행정구역과 동일한 조선시대 8개의 도별로 각 지역의 넓이가 어떠한지를 살펴보았다. 각 도의 넓이를 살펴보면서 넓이를 나타내는 단위에는 무엇이 있을지 살펴보게 되었고, 선생님이 제시해주었던 km² 이외에 또 다른 넓이 단위에는 무엇이 있을지 수학 5단원 여러 가지 단위 단원을 활용하여 함께 학습하게 되었다. 그리고 또한 선생님이 제공하는 활동지를 활용하여 제시되어진 km²의 단위를 a, ha로 변화시켜보는 활동과 함께 수학 6단원의 그림그래프 살펴보기 차시와 연계하여 각 도의 넓이를 시각적으로 잘 드러날 수 있도록 그림그래프로도 그려보는 활동을 하게 되었다.

활동을 진행하면서 본 활동을 계획하는 단계에서는 예상하지 못했던, 또 다른 배움이 일어났다. 그건 바로 이 활동을 통해 각 도의 넓이를 균등하게 해서 8개의 도로 구분 짓지는 않았음을 알게 되었다는 것이다. 물론 단순하고 전혀 교육적인 배움이 아닐지도 모른

다. 그래도 적어도 8개의 도를 구분 지은 이유에 넓이를 비슷하게 나누어서 구분 지었을 것 같다고 대답을 했던 몇몇 아이들에게는 자신의 의견이 역사적 사실과 근거로 적절치 않았음을 수학 교과 활동을 통해 깨닫고 배우는 시간이 되었을 것 같았다.

이번 활동의 마지막에는 1학기 사회 1단원 소중한 우리 국토 단원과 관련된 "더불어 성장하는 아름다운 경제" 프로젝트 학습을 통해 아이들이 만든 우리 지역 OHP 필름 책자 (프로젝트 학습, 즐거움으로 배움을 요리하다, 2018, 공동체, 저서 참고)를 꺼내서 산맥, 강 등 우리 국토 지형적 특징과 비교해보는 시간을 가져보았다. 이러한 활동을 통해 8개의 도로 구분 지은 이유가 바로 우리 국토 내 주요 산맥이었음을 눈으로 확인하고 배우게 되었다. OHP 필름을 직접 대보면서 8개의 도가 어떻게 구분 짓게 되었을지 눈으로 확인하면서 아이들의 입에서는 저절로

"아하!", "오!", "진짜 신기하다"

와 같은 감탄사가 나오는 모습을 보면서 또 하나의 배움과 성장이 지금 이 순간 우리 교실에서 일어나고 있음을 알게 되었다.

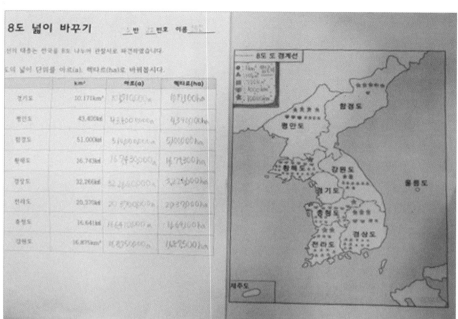

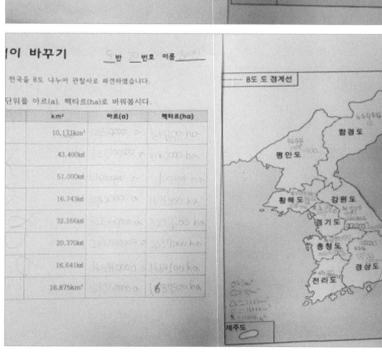

이제 우리는 조선인이 되어서 조선을 건국하고, 도읍지를 한양으로 옮기고, 왕권을 강화하기 위해 다양한 정책을 펼치게 되었다. 이어서 우리는 한양을 도읍지로 정하고, 왕권을 강화하기 위해 펼친 다양한 정책을 온 백성에게 알리기 위하여 벽보를 만들어보는 시간을 가지기로 하였다. 새롭게 시행되는 정책에 대해 벽보를 만들고, 국어 5단원 매체로 의사소통해요 단원과 통합하여 친구들의 글에 어떻게 소통하고 댓글을 알아주며 매체를 활용해야 하는지 그 실천 방법을 함께 배우고, 실천 방법을 지키면서 친구들의 벽보에 댓글을 통해 동료 평가를 해주는 시간을 함께 가지게 되었다.

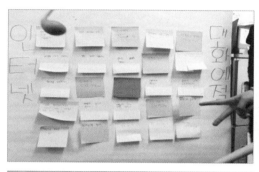

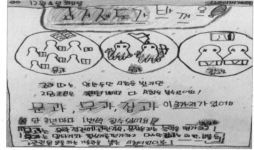
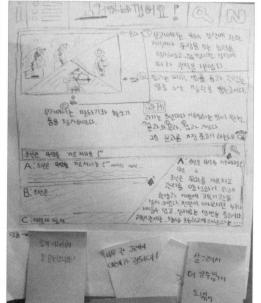
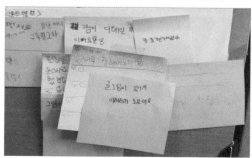

조선시대 사람들은 무엇을 했을까?

관련 교과 및 단원

- ✅ 사회 3단원. 유교의 나라 조선
- ✅ 국어 6단원. 소중한 우리말
- ✅ 국어 7단원. 인물의 삶 속으로
- ✅ 과학 1단원. 날씨와 우리 생활
- ✅ 과학 2단원. 물체의 빠르기

학습 개요

❶ 조선시대 사람들의 생활 모습을 가장 크게 변화시켰던, 한글 창제에 대해 함께 배우면서 국어 7단원 인물의 삶 속으로 단원과 통합하여 세종대왕의 삶의 모습 속에서 추구했던 삶에 대해 유추해보고, 이어서 국어 6단원 소중한 우리말과 통합하여 우리말을 소중히 여기는 방법에 대해 함께 알아보고 실천하기

❷ 유교의 도입으로 변화된 조선시대 사람들의 생활 모습, 조선시대 그림을 통해 알 수 있는 신분별 생활 모습에 대해 함께 알아보고 우리 팀 삼강오륜 병풍 만들기, 신분별 생활모습 그림으로 표현하고 역할극으로 발표하기

❸ 조선시대 사람들의 생활을 편리하게 해주었던 과학 기술 발전에 대해 알아보고, 과학 2단원을 통해 더 빠른 물체 만들기 활동, 그리고 과학 1단원을 통해 조선 시대 기상 관측기구를 직접 만들어보는 활동으로 조선 시대 과학자가 되어보기

"조선이 건국되고, 왕과 관리자가 되어서 왕권을 강화하기 위해 다양한 정책을 펼쳐보았습니다. 그렇다면 이러한 조선이라는 나라에서 백성은 무엇을 하면서 살았을까요?"

꼬두람이 활동을 하기에 앞서 아이들에게 던진 질문이었다. 이런 나의 질문에 이미 세종대왕과 한글 창제에 대한 이야기를 많이 알고 있었던 아이들은

"한글이 창제되고 반포되어서 백성들이 쉽게 글을 배우고 알게 되어서 많이 똑똑해졌을 것 같아요"

"세종대왕 때 과학기술이 많이 발전하게 되어 농사를 더 잘 지으면서 살았고, 돈을 더 많이 벌게 되었을 것 같아요"

"프로젝트 제목처럼, 유교가 국가의 종교가 되어서 어른을 더욱 존경하면서 살았을 것 같아요"

아이들의 이야기는 끝이 날 기미가 보이지 않았다. 아이들의 다양한 생각과 이야기를 모두 들어주고서 꼬두람이 활동을 시작하였다.

우선 첫 번째 활동으로는 앞선 벽보 만들기 활동과 연계하면서 시작하였다. 벽보 만들기 활동을 하는 동안 미리 나는 아이들에게

"벽보를 한자로 적을 수 있을까요? 그리고 혹시 글이 아닌 그림이나 자기만 아는 글자로 적으면 어떻게 될까요?"

라는 질문을 하였다. 그러한 질문과 대화를 통해 한글의 우수성과 중요성을 함께 깨닫게 되었고, 한자로 벽보를 만들 수 없기에 한글로 벽보를 만들자고 하였다. 그리고 한글로 적어야 벽보를 보는 사람들도 어떠한 내용인지를 이해하게 된다고 함께 이야기하게 되었

다. 이처럼 우리는 벽보 만들기 활동을 통해 한글의 소중함을 깨닫게 되었으며, 훈민정음이 창제되고 반포되기 이전에 조선시대의 백성들은 어려운 한자를 배우지 못해 글을 모르게 되고, 이로 인해 돌림병에 대한 벽보가 붙어도 어떠한 내용인지를 알지 못하여 돌림병에 걸려서 많은 백성들이 죽을 수 밖에 없었던 조선 백성들의 삶을 동영상을 통해 함께 알아보는 시간을 가졌다.

이러한 이야기를 통해 한글을 창제하셨던 세종대왕의 위인에 대한 관심과 흥미를 높이게 되었고, 학교 도서관을 활용하여 세종대왕에 대한 책을 직접 읽어보는 시간을 가졌다.

이렇게 2시간 정도 학교 도서관에서 함께 책을 읽고서 각자 읽은 책에서 알게 된 내용을 바탕으로 세종대왕의 삶을 다양한 방법(비주얼 씽킹, 그림, 만화 등)으로 정리하고, 세종대왕의 업적을 글로 표현하고, 그러한 업적을 통해 알 수 있는 세종대왕이 추구하는 삶이 무엇이었을지 친구들과 활동지를 교환하여 서로 적어보는 시간을 가졌다.

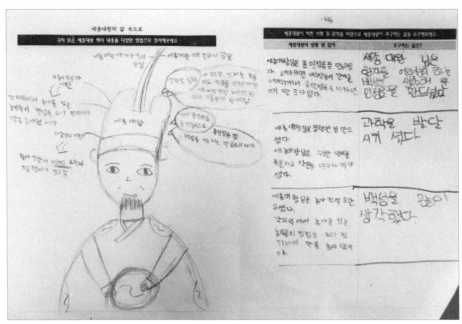

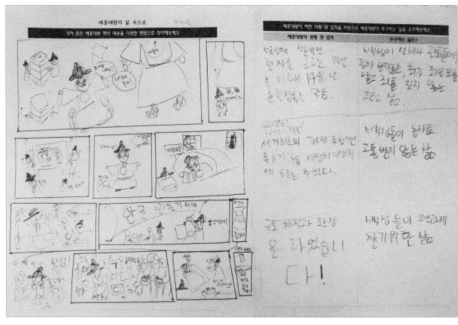

세종대왕의 삶과 세종대왕이 추구하는 삶이 무엇이었을지 유추를 하면서, 한글을 왜 창제를 하였는지에 대해 함께 생각해보는 시간을 가졌다. 백성을 위하는 마음으로 백성이 쉽게 글을 깨우치고 글을 배우고 알게 되어서 더 많은 것을 알 수 있는 길을 열어주기 위함이라고 우리는 함께 이야기를 모으게 되었다. 유교의 국가 조선 프로젝트 학습을 진행하면서 처음으로 함께 모두의 생각이 모아지게 된 것은 이번이 처음이었던 것 같다.

 어쨌든 그러한 세종대왕의 마음을 깨닫고 알게 된 우리는 한글을 더욱 소중히 여기고 아끼면서 사용해야겠다는 다짐을 하게 되었다. 이에 우리는 국어 6단원 소중한 우리말 단원을 활용하여 우리말을 소중히 여기고 아끼면서 사용하는 방법에 대해 함께 알아보고, 흔히 틀리기 쉽고 잘못 사용하기 쉬운 우리말에 대해서 알아보고 바르게 사용하기 위하여 '틀리기 쉬운 우리말, 바르게 사용해요'.라는 주제를 가지고 간단하게 팀별 우리 말 사전 책을 만들게 되었다.

백성을 위하는 세종대왕의 마음과 삶의 모습을 통해 과연 백성들은 어떠한 삶을 살았을까에 대한 궁금증이 생기게 되었다. 아이들은

"선생님, 조선시대 백성들은 세종대왕 덕분에 정말 살기 좋았을 것 같아요. 조선시대 백성들의 삶은 어떠했어요?"

다음 활동을 시작하기 전, 내가 아이들에게 먼저 질문을 던지려고 했던 것을 한 아이가 불쑥 손을 들더니 나에게 오히려 질문을 먼저 하였다. 나는 속으로 매우 놀라기도 하였고, 매우 행복하기도 하였다. 지금에 와서 다시 생각해봐도 너무나도 뜻깊었던 순간이었던 것 같다. 아이들의 생각이 자라고 있고, 아이들이 배우고자 하는 열정이 자라고 있으며, 수업에 집중하고 몰입하기 시작했음을 알게 된 순간이었으니 말이다. 수업 내용에 궁금증이 생기고, 먼저 질문하고, 학생들이 스스로 몰입하는 수업을 얼마나 하고 싶어 했던가. 아마 많은 교사들이 그러한 수업을 꿈 꿀 것이다. 그러한 꿈 꾸던 순간을 직접 경험하던 그 순간이 올 한 해, 우리 반 아이들과 수업을 하면서 가장 기억에 남는 짜릿하고, 아찔하고, 행복했던 시간이었다.

어찌되었든, 그러한 아이들의 질문을 통해 우리는 과연 조선시대 사람의 삶은 어떠했을지 함께 배우기로 하였다.

조선시대 백성들의 삶이라고 하면 무엇이 가장 먼저 떠오르나요?

나의 첫 질문에 대부분의 아이들은 미리 공부를 해서인지,

"유교", "삼강오륜"

라고 답을 하였다. 이에 우리는 삼강오륜에 대해 자세히 공부를 하고, 우리 반, 우리 팀에

필요한 삼강오륜에는 무엇이 있을지 우리 아이들의 삶에서 필요한 삼강오륜을 직접 만들고, 그림으로 표현하여 병풍으로 만들어보기로 하였다.

서로의 의견을 모아서 우리들의 삶에서 필요한 삼강오륜에는 무엇이 있을지 함께 이야기하며 의견을 모은 우리들

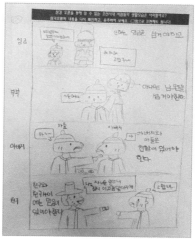

우리 삶에 필요한 삼강오륜을 그림과 글로 표현하고, 병풍으로 제작해서 함께 공유하고 실천하는 우리들

이와 함께 조선시대 백성들의 삶의 모습이 신분에 따라 어떠했을지 조선시대 그림을 활용하여 상상하고 유추해보는 시간을 가졌다.

조선시대 백성들의 삶의 모습을 살펴볼 수 있는 그림을 활용하여 말풍선을 넣어서 대사를 만들어보면서 신분별로 삶의 모습이 어떠했을지 상상하여 글로 표현하는 시간을 가졌다. 그리고서 신분별로 삶의 모습이 어떠했을지 상상하고 유추하여 그림으로 표현하고, 팀별로 서로의 그림에 대해 이야기를 나누고, 하나의 그림을 선정하여 함께 역할극으로 꾸며 발표하는 활동을 통해 조선시대 백성들의 삶의 모습에 대한 학습을 마무리하게 되었다.

❝ 오태 역사 박물 전시회 열기 ❞

어찌 보면, 한 학기 동안의 역사 프로젝트 학습은 역사 박물 전시회를 열기 위해 함께 쉼 없이 달려온 것일지도 모르겠다. 그만큼이나 많은 고민이 있었고, 머리 아픈 연구와 이야기가 이루어졌으며, 포기하고 싶었던 순간들도 순간순간 있었다.

처음으로 한 학기의 역사 프로젝트 학습의 최종 목적이 '오태 역사 박물 전시회 열기'라는 사실을 언급했을 때, 재미는 있을 것 같다는 반응을 보이기는 하였지만, 학교의 어느 누구 하나 응원과 격려보다는 실현 불가능할 것이다, 아마도 중간에 모두가 포기하게 될 것이라는 걱정과 비판의 눈초리를 받았던 것 같다.

주변의 시선뿐 아니라 우리들 역시 많은 어려움과 고뇌가 있었고, 역사 박물 전시회를 준비하기 위해 수없이 많은 시간을 함께 모여서 이야기를 나누고, 토론을 진행하였다.

2학기를 맞이하기 위해 8월 중순부터 함께 모여서 이야기를 나누면서 역사를 중심으로 프로젝트 학습을 진행하고, 역사 박물 전시회를 프로젝트 학습의 가장 큰 목적지로 설정하면서 학교 전시회와 병행하여 진행하면 어떨까에 대한 이야기에 모든 선생님들이 동의를 하였기에 역사 박물 전시회를 여는 것에 대해서는 어느 누구 하나 반대를 하거나 거부를 하지는 않았다. 다만 그 방법적인 측면에서 9월부터 약 2달간 프로젝트 학습 진행과는 별개로 역사 박물 전시회를 열기 위한 수업 이야기, 수업 나눔, 그리고 아이디어 공유의 시간을 가지면서 많은 고민과 토론 거리가 생기게 되었다. 아주 사소한 것에서부터 큰 것까지 모든 것이 고민거리가 되고, 토론 거리가 되었다.

"아이들이 무엇을 배우게 될까?"

"그저 만들기 활동에 그치는 것이 아닐까?"

"전시회를 누구를 대상으로 열어야 할까?"

"전시회 때 우리 아이들은 무엇을 해야 할까?"

"시대는 어떻게 구분을 지어야 할까요?"

"학급에서 동일한 시대를 맡아야 할까요?"

"아이들을 구분 지어서 다양한 시대를 맡아야 할까요?"

"각 시대별로 어떠한 작품을 만들어야 할까요?"

"필요한 재료들은 어떻게 구입을 해야 할까요?"

"각 시대별로 비슷하게 구성을 해야 할까요?"

"시대의 성격에 맞게 다르게 구성을 해야 할까요?"

"작품은 어디에 어떻게 전시를 하면 좋을까요?"

"학교 전시회가 함께 하려면, 학교에서 원하는 방향의
전시회를 따라야 하지 않을까요?"

지금 떠올리기만 해도 우리가 가졌던 고민거리와 토론거리가 너무나도 많다. 끝이 없을 것 같다. 그래도 우리 모두는 고민거리 하나하나에 함께 이야기를 나누고, 서로의 상충된 의견과 생각의 극간을 조금씩 좁혀가면서 공통된 생각을 모으는 과정을 거치게 되었다. 그러한 과정 중에 다소 서로의 기분이 상하기도 하였을 것이고, 언짢았을 선생님도 계셨을 것이라고 생각한다. 그래도 우리는 누구 한 사람의 의견에 따르기보다는 모두의 의견을 듣고, 서로의 의견이 모두 반영이 될 수 있도록 토론을 하게 되었다.

우리는 방법적인 측면보다는 아이들의 교육과 배움이 함께 일어날 수 있는 전시회가 되기를 바랬기에, 어떻게 하면 역사 박물관 열기 활동을 통해 교육과 배움이 일어나게 할 수 있을까에 초점을 두고 함께 논의를 하였다.

우리는 전시회장을 꾸미는 것도 중요하지만, 실제 다른 친구들을 대상으로 하여 실제 역사 박물관을 개최하고, 그러한 활동을 통해 배움이 일어날 수 있는 것이 중요하다고 생각을 하였다. 그래서 4학년을 대상으로 하여 역사 박물관을 개최하기로 하였고, 4학년 동생들에게 각자가 배우고 알게 된 내용을 설명할 수 있는 큐레이터의 활동을 5학년 학생들이 할 수 있는 기회를 주고자 하였다. 직접 만들어보고, 전시장을 꾸몄기에 그 누구보다 각 시대별 작품에 대해 더 잘 설명할 수 있을 것이라고 생각을 하였고, 그러한 경험이 교육과 배움으로 이어질 것이라고 판단하였다.

또한 4학년 동생들에게도 그저 한 번의 장난 같은 관람이 아닌 교육과 배움으로 이어질 수 있도록 별도의 활동지를 아래와 제작하여 나누어주어서 서로에게 모두 배움이 일어날 수 있도록 하였다.

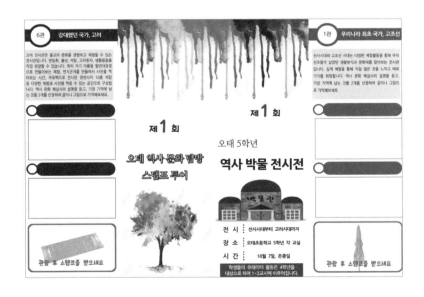

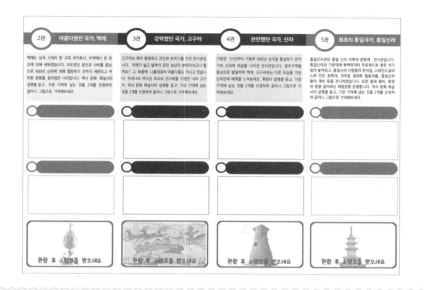

위의 자료(p.344~345 참고)를 짧은 쪽 양면 인쇄를 하여 배부하였다.

　지금 와서 생각해보면 무리한 계획이었기도 하였고, 무모한 도전이었기도 하였다. 하지만 우리는 함께였기에 무모하고 무리한 도전이었지만, 계획을 실천으로 옮길 수 있었던 것 같다. 우리는 함께였기에 닥쳤던 수많은 어려움을 함께 견디고 이겨낼 수 있었으며, 역사 박물 전시회를 성공적으로 개최하게 되었다. 그 결과 그동안의 일회적 행사 중심의 학교 작품 전시회를 학생들의 교육, 배움과 삶, 그리고 교육과정과 연계시키게 되었으며, 교사의 일방적인 준비, 계획, 지시가 아닌 아이들과 교사가 함께 계획하고 만들어감으로써 그 어떤 음악보다도 아름다운 하모니를 만들 수 있게 되었다. 지금부터 우리들의 마지막 이야기를 하고자 한다.

[고조선관을 맡았던 이규진 선생님의 마지막 이야기]

고조선관을 맡으면서 나는 많은 고민과 걱정에 빠지게 되었다. '과연 내가 할 수 있을까?'라는 의문이 가장 먼저 들었다. 그리고 '학생들이 과연 고조선관을 맡아서 함께 멋진 전시회를 잘 할 수 있을까?'는 고민도 내 머리를 떠나지 않았다. 내가 맡은 고조선관에서는 크게 선사시대 사람들의 생활 모습, 청동기 시대의 생활모습, 단군왕검과 고조선에 대해서 소개하는 부분을 다루기로 하였다. 하지만, 이러한 내용을 어떻게 전시관으로 소개할 것인지에 대해서 많은 고민과 함께 어느덧 프로젝트는 진행되고 있었다.

내 나름대로 계속 고민하고 걱정만 하던 어느 날 우리 고조선관의 프로젝트 시작을 알리는 첫째 날이 다가왔다. 아침 자습시간에 고조선관을 전시하기로 자원한 학생들이 우리 반 교실로 모두 모여들었다. 학생들은 모두 호기심과 즐거움에 가득 찬 눈으로 나를 바라보고 있었다. 그때 나는 학생들에게 "고조선관을 통해 후배나 선배들에게 어떤 부분들을 소개하는 것이 좋을까?"라는 질문을 하였다. 학생들의 생각이 궁금하였지만, 그렇다고 학생들에게 크게 기대를 하고 던진 질문은 아니었다. 하지만, 학생들은 내 생각과 달리 이 프로젝트에 대한 많은 대답들을 가지고 있었다. 여기 저기서 학생들은 자기의 목소리를 내고 있었고, 그것이 우리의 만남과 프로젝트의 시작이었다.

선사시대의 생활모습 소개자료 만들기 활동모습

☆**학생 1** : 저는 움집을 만들면 좋겠어요. 제가 선생님께서 미리 알려주신 부분을 보면서 생각했는데요. 실제로 우리가 움집을 직접 만들어보면 멋질 것 같아요!

◆**선생님** : 그래? 좋은 생각이긴 한데, 우리는 벌써 고조선을 배우면서 움집을 만들었잖아? 또 움집을 만들어 볼 필요가 있을까?

☆**학생 1** : 에이! 선생님, 우리가 그 때 만든 것은 찰흙으로 만든 작은 움집이었잖아요. 그런 것 말고 이번에는 진짜 사람들이 들어가 살 수 있는 크기로 만들어요. TV에 정글의 법칙을 보면 김병만 아저씨랑 부족원들이 진짜 집을 만들잖아요. 우리도 직접 책에서 배운 데로 만들어보면 재미도 있고 또 다른 친구들도 보면 더 선사시대의 움집에 대해서 쉽게 알 수 있지 않을까요?

◆**선생님** : 좋은 생각이긴 한데, 진짜 그걸 너네 힘으로 만들 수 있을까?

☆**학생 2** : 선생님, 일단 만들어보면 되잖아요. 할 수 있을 것 같아요.

☆**학생 3** : 재미는 있을 것 같기는 한데 우리가 만들 수 있을까? 난 어려울 것 같은데.

◆**선생님** : 그래, 알겠어. 일단 선생님이 칠판에 적어보고 한번 생각을 해볼게.

나는 처음에 이 소리를 듣고 머리가 정말 멍해졌다. 말도 안 되는 소리라고 이야기하고 싶었지만, 그 학생의 의견은 일리가 있는 말이었다. 하지만, 움집을 만들기 위해서 내가 할 일을 생각하니 머리가 아프고 두려움이 앞섰다. '어리니까 너무 쉽게 생각하는구나!'라는 생각만 들었다. 일단은 학생의 의견을 적고 나중에 생각하기로 하였다. 하지만 그것은 시작이었다. 그 다음부터 학생들의 의견이 계속 쏟아지기 시작했다.

"선생님, 선사시대의 토기를 직접 다른 친구들에게 만드는 것을 알려주는 것은 어떨까요?"

"저는 벽화를 직접 만들어보는 활동을 하는 것도 좋을 것 같아요. 우리가 선사시대 사람들이 되어서 직접 그 시대의 사람들처럼 그려보면 더 재미있을 것 같아요. 그리고 오래 기억될 것 같아요."

"선사시대 마을을 직접 교실에 꾸미면 더 재미있고 이해가 잘 될 것 같아요."

"나는 청동기 유물을 직접 제작해보고 싶어요. 그리고 다른 친구들에게 청동기 시대의 다양한 유물에 대해서 알려주고 만들어보면 더 재미있지 않을까요? 말로만 하면 재미없잖아요."
"선사대의 의복이나 장신구를 직접 만들어보는 것도 재미있을 것 같아요."

이 외에도 여러 의견들이 쏟아졌고 우리의 첫 번째 만남은 그렇게 끝났다. 종이 치기 무섭게 학생들을 각 반 교실로 다시 돌려보내고 중간놀이 시간이 오기를 기다렸다. 이 크나큰 문제를 나는 어떻게 해결해야 될 것인지 걱정이 되었다. 그리고 우리는 중간놀이 시간에 공동체 선생님들과 함께 문제를 의논하였다.

☆나 : 큰일 났습니다. 고조선관 학생들이 진짜 움집을 한번 만들어보자고 합니다. 어떡하죠?

◆ 최경민 선생님 : 그래요? 재미있겠네요. 한번 만들어보세요.

◎ 구민선 선생님 : 멋진데요. 학생들과 함께 움집을 만들어 보는 것이 의미도 있고 전시회에 소개할 때 흥미를 더 높일 수 있을 것 같아요.

● 김율리 선생님 : 저도 괜찮을 것 같은데요. 좀 힘들기는 하더라도 좋은 생각이네요.

☆나 : 이 선생님들이 자기 일 아니라고 너무 쉽게 이야기하네요.

♣오상준 선생님 : 네, 한번 멋지게 학생들과 함께 만들어보세요. 제가 응원하겠습니다.

공동체 선생님들의 응원과 도움 속에서 나는 새로운 도전을 하기로 하였다. 이제까지 한 번도 생각하지 않았고 꿈도 꾸지 않았던 무모한 도전은 그렇게 시작되었다.

고조선관 학생들과의 두 번째 만남에서 우리는 고조선관을 체험 중심의 박물관으로 만들도록 계획하였다. 왜냐하면 학생들 대다수의 의견이 고조선관에서 직접 다양한 활동을 배우는 것이 더 재미있을 것 같다는 의견이 많았고 다른 공동체 선생님들도 고조선은 소개하고 보여주기에는 너무 지루할 수 있다는 의견이 많았기 때문이다. 그래서 학생들이 원하는 5가지 체험활동으로 구성하고, 고조선관 학생들이 직접 만들어보는 것을 연습한 후 다른 친구들이 왔을 때 활동에 대해 소개하고 직접 체험활동을 할 수 있도록 한명씩 도우미 선생님이 되어 가르쳐주기로 하였다.

고조선관 역사박물관 모둠별 전시회 준비 모습

담당모둠	고조선관 체험활동 내용
모둠1(2명)	움집 소개, 체험 및 관람(기념촬영)
모둠2(6명)	빗살무늬 토기, 민무늬 토기 소개 및 만들기 체험
모둠3(6명)	비파형 동검, 반달돌칼, 청동거울 소개 및 만들기 체험
모둠4(5명)	선사시대의 벽화 소개 및 만들기 체험
모둠5(7명)	선사시대의 옷과 장신구 소개 및 만들기 체험

위와 같이 5가지 체험활동을 준비하고 우리는 짧다면 짧고 길다면 긴 프로젝트를 이어 나갔다. 처음에 시작할 때 교사의 입장에서 나는 아직 학생들이 어리기 때문에 선생님이 방향을 제시하지 않으면 무엇인가를 스스로 할 수 없을 것이라고 혼자 결론을 내렸고 많

은 걱정을 하였다. 하지만, 막상 고조선관 학생들과 프로젝트를 함께 하면서 학생들은 멋진 자신만의 생각을 가지고 있으며 그것을 표현하고 실행할 수 있는 능력이 충분하다는 것을 깨달았다. 단지 이 학생들에게는 기회가 없었던 것은 아닐까는 생각이 들었다. 그리고 학생들이 프로젝트 활동에 정말 신나게 참여하는 모습에서 행복을 느낄 수 있었다.

고조선관 친구들이 완성한 교실 안 전시관 소개자료

★☆☆

　위 사진들은 고조선 박물관 전시회에 소개할 자료를 준비한 학생들의 작품이다. 교실 안에는 체험활동이 이루어지는 곳(부스)마다 다른 친구들이 와서 큐레이터의 설명을 들으면서 이해를 돕기 위한 시각적 설명 자료를 만들어 제공하였다. 또한 교실 밖에는 체험 활동을 하기 위해 기다리는 학생이나 쉬는 시간 및 이동하는 학생을 위하여 프로젝트 활동을 하면서 만든 다양한 소개 자료와 결과물을 전시하여 상시 관람할 수 있도록 제공하였다. 다른 사람들이 봤을 때에는 결과물이나 전시회가 부족하다고 생각할 수 있겠지만, 선생님의 도움 없이 학생들 스스로 고조선 박물관 전시회를 완성한 것이기에 고조선 관을 담당한 교사로서 뿌듯하고 대견스러웠다.

학교 후배 및 선배들을 대상으로 체험 중심의 고조선관 큐레이터 활동모습

끝으로, 고조선 박물관 전시회가 끝나고, 체험활동에 참여한 4학년 담임 선생님으로부터 2통의 메시지 연락을 받았다. '학생들이 너무 재미있어하고 체험 위주의 박물관이어서 학생들이 매우 좋아했다고, 그동안 준비한다고 고생하셨다'는 내용이었다. 이런 연락이 올 것이라고 생각지도 못했던 일이었다. 처음에는 다른 학년이 하지 않는 것을 하면 유별나다고 욕을 하지 않을까라는 걱정으로 시작했다.

11월에 학생들을 대상으로 실시한 교사 평가에 있는 자유서술 반응에서 새로운 변화를 확인할 수 있었다. 예전에는 '선생님께서 수업을 열심히 가르쳐주셔서 좋습니다.' 등 주로 수업의 성실에 대한 반응이 많았다. 하지만, 올해 학생들은 '선생님과 프로젝트 활동을 많이 해서 기억에 남는다.', '역사 프로젝트를 하면서 많은 것을 배웠고 가장 기억에 남는다.', '내년에도 이런 수업을 선생님과 했으면 좋겠다'는 등 역사 프로젝트 수업에 대한 긍정적인 반응이 많았다. 처음에 시작하면서 '과연 이것이 학생들에게 의미가 있을까?'라는 물음에서 시작한 역사 프로젝트는 나에게는 새로운 결과였다. 솔직히 프로젝트를 끝내면서도 학생들이 무엇인가를 배워갈 수 있을지에 대해 확신을 하지 못한 나에게 학생들의 반응은 매우 큰 격려와 응원이 되었다.

혼자였다면 아마도 이런 경험을 하지 못했을 것이다. 공동체 선생님과 함께 하면서 많은 것은 배웠고 또 내 자신을 많이 변화시킬 수 있었다고 생각한다. 새롭게 시도하는 것은 두려웠지만 그 변화에 대한 결과는 만족스러웠다. 나는 다른 분들에게 프로젝트 수업이 옳다거나 맞다고 말하고 싶은 것이 아니다. 내가 한 해 동안 스스로에게 충실한 그 결과에 만족하는 것이다. 이번 역사 프로젝트는 학생들에게뿐만 아니라 교사인 나에게도 새롭게 무엇인가를 시작하고 도전할 수 있는 용기를 심어준 소중한 시간이었다.

[고구려관을 맡았던 *김율리 선생님의 마지막 이야기*]

용맹한 기운이 뿜뿜! 배움의 키가 쑥쑥!
어서 오세요, 여기는 고구려관입니다.

고구려관, 우리들의 땀이 담긴 준비 과정 ★★★★

학교 작품 전시회 행사와 겸하여 진행된 우리들의 역사 박물관. 돌이켜보면 의외로 큰 부담감을 느꼈었다. 동시에 그보다 더 큰 깨달음과 뿌듯함을 안겨 준 활동이다.

박물관의 큰 그림을 그리기 위해 교실을 둘러보았다. 평소에는 좁아 보이던 교실이 왜 이리 넓어 보이던지! 숨을 크게 한 번 들이마시며 고구려관의 대략적인 로드맵과 목표부터 생각해갔다.

> **01. 누구나 들어왔을 때 '여기는 고구려 관이구나' 라고 느낄 수 있는 공간을 만들자!**
> **02. 배웠던 교과 내용을 한 번 더 다질 수 있는, 유의미한 활동이 되도록 하자!**
> **03. 친구들과 함께 즐겁게 참여할 수 있는 활동을 많이 녹이자!**

두 번째, 세 번째 목표에 대해서 덧붙이고 싶은 말이 있다. 사실 학교 행사라는 것이 그렇지 않은가? 유의미한 활동도 있지만 '이걸 도대체 왜 하는 거지?' 라는 생각이 들게끔 하는, 의미 없는 행사도 많다. 그렇다면 작품 전시회라는 행사는 과연 어디에 속할까? 개인적으로 학교생활을 하면서 작품 전시회가 가장 대표적인 보여주기 식 행사가 아닐까 하는 생각을 많이 했다. 선생님들은 보는 사람으로 하여금 감탄을 자아내야 한다는 부담감을 지닌다. 그리고 그 의무감 때문에 터무니없이 어려운 작품을 과제로 내기도 한다. 또 다른 과목 수업은 다 제치고 오직 작품 만들기에만 몰두한다.

그래도 학생들이 만든 작품이 교과 활동과 관련된 것 아니냐고 되물을 수 있다. 저학년의 경우 어느 정도 수긍할 수 있다. 그런데 고학년의 경우 교육과정과 맞지 않는 활동이 대다수이다. 학생들의 재미와 흥미, 작품의 외관에만 치중된 활동이 많았다.

하지만 교사는 활동을 계획할 때 '교육적 측면에서의 유의미함'을 먼저 바라보아야 하지 않을까? 나는 지금껏 이어져 온 작품 전시회의 허물을 벗겨내고 싶었다. 다시 말해 즐거움과 교육적 의미를 동시에 갖춘 진정한 전시회를 열고 싶었다. 이 이유에서 두 번째 그리고 세 번째 목표를 세웠다.

뿌리를 내렸으니 줄기와 가지를 뻗을 차례이다. 세부적으로 구상한 활동명과 교실 배치는 아래 사진과 같다.

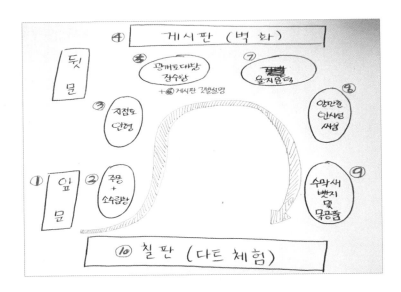

화살표는 관람자들의 동선을 표시한 것이다. 앞문에서 가까운 활동 순으로 내용을 적어보겠다.

WHO? 주몽과 소수림왕	준비물 : 우드록판(600×800), 매직
	주몽과 소수림왕의 업적과 관련 유물을 이해하기 쉽게 정리하여 우드록판에 작성하기
	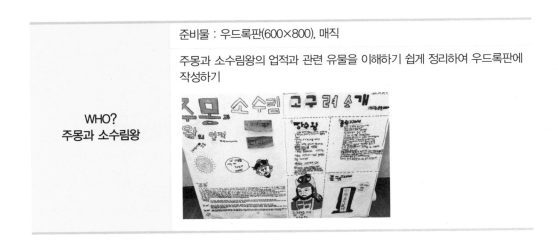

지점토 인형을 통해 알아보는 고구려 사람들 (지점토를 이용한 입체 작품)	준비물 : 유리 음료수 병(100ml정도), 지점토, 수채물감, 붓, 니스 ① 고구려 시대 왕, 왕비, 귀족, 무용수의 의복 특징 살펴보기 ② 지점토를 둥글게 굴려 얼굴을 만들고 유리병 입구에 붙이기 ③ 유리병 몸통에 지점토를 붙여 의복 표현하기. 물을 접착제 용도로 사용하여 꼼꼼하게 붙이기 ④ 수채 물감 및 포스터물감으로 채색 ⑤ 니스 칠로 마무리하기 
WHO? 광개토대왕과 장수왕 그리고 을지문덕	준비물 : 우드록판(600×800), 매직 광개토대왕, 장수왕, 을지문덕의 업적과 관련 유물, 역사적 사건을 이해하기 쉽게 정리하여 우드록판에 작성하기
활기찬 기운을 뿜어내는 고구려 벽화 (점묘화)	준비물 : 무용도와 수렵도를 분할 인쇄한 도안, 면봉, 물감 ① 무용도와 수렵도를 분할 인쇄하기 ➡ 분할 인쇄 프로그램(posteriza)이용 ② 학생 한 명당 1~2장의 도안을 받고 점묘화 기법으로 채색하기 ③ 도안을 이어 붙여 뒷 게시판에 고정시키기 
고구려의 Feel을 깃발에 담자! (공판화 / 스텐실)	준비물 : A4사이즈의 천(노란색, 갈색, 검정색), 고구려를 상징하는 문양 공판화 도안(사신도−현무, 주작, 청룡, 백호), 책받침, 칼, 목장갑, 스펀지, 물감

고구려의 Feel을 깃발에 담자! (공판화 / 스텐실)	① 책받침 위에 사신도 도안을 대고 칼을 사용하여 공판화 도안 제작하기 (검정색으로 되어있는 부분을 뚫어냄, 안전사고에 대비하여 반드시 목장 갑 착용)  ※ 도안예시. 출처 = http://blog.daum.net/chowood/8038750 ② 천 위에 도안을 얹고 스펀지에 물감을 묻혀 뚫어낸 부분에 톡톡 두드리기 (노란색 천=빨간 물감, 갈색 천=검정 물감, 검정색 천=흰 물감 사용) 
WHO? 양만춘 장군 그리고 안시성 싸움	준비물 : 우드록판(600×800), 매직 양만춘 장군과 안시성 싸움의 원인, 과정을 이해하기 쉽게 정리하여 적기

고구려의 기상을
이어받은 발해!
수막새에서 느껴보자
(스테인드 글라스
/ 슈링클스 아트
/ 목공예)
	준비물
	☑ 스테인드 글라스 : 수막새 도안(A4인쇄), 검정색 도화지(A4크기), 책받
	       침, 셀로판지, 칼, 목장갑
	☑ 슈링클스 아트 : 슈링클스용 종이, 수막새 도안(슈링클스 용지와 같은
	       크기), 사인펜, 미니 오븐
	☑ 목공예 : 목공 연필꽂이 만들기 키트, 수막새 무늬, 색 한지

고구려의 기상을 이어받은 발해! 수막새에서 느껴보자 (스테인드 글라스 / 슈링클스 아트 / 목공예)	☑ 스테인드글라스 과정 ① 검정색 도화지 위에 수막새 도안을 겹쳐 움직이지 않도록 테이프로 살짝 고정시키기 ② 책받침을 두고 도안의 빗금 친 부분을 칼로 도려내어 뚫기 ③ 뚫린 부분에 여러 가지 셀로판테이프를 붙여 스테인드글라스를 완성하기 ☑ 슈링클스 아트 과정 ① 슈링클스용 종이 뒤에 도안을 대고 사인펜을 이용하여 따라 그리기. (슈링클스용 종이는 투명 또는 반투명하여 도안이 눈에 잘 보임) ② 예열한 오븐에 종이를 넣어 축소시키기. (안전상의 문제로 오븐 작동은 교사가 하며 학생은 그 과정을 관찰하도록 함) ☑ 목공예 과정 ① 목공예 키트를 이용하여 연필꽂이 만들기. ② 인쇄된 수막새 무늬와 색 한지를 이용하여 연필꽂이를 꾸미기.  ↑ 학생들이 만든 수막새 연필꽂이를 쌓아둔 모습이다.
내가 바로 주몽의 후예! (다트 체험)	☑ 고구려를 세운 주몽은 활쏘기에 유능한 인재였다. 활쏘기를 체험하는 것은 상황 상 어려워 다트 던지기로 대체하였다. ☑ 자석으로 만들어진 다트를 구입하여 칠판에 고정시켜두었다. ☑ 고구려관의 작품들을 모두 본 후 마지막으로 다트 체험을 하며, 높은 점수를 얻은 입장객은 명예의 전당에 이름을 올릴 수 있다. 

머릿속에 떠오르는 아이디어들을 쭉 적어보았다. 그리고 이 아이디어들이 내가 처음 설정한 목표에 맞는지 다시 한 번 되짚어 보았다. 이렇게 계획을 짜놓으면 마음이 한결 가벼워질 줄 알았다. 그런데 예상과는 달리 마음 한구석에서 긴장감이 맴돌았다.

아무래도 활동 형태의 변화 때문이 아니었을까 싶다. 결론부터 말하자면 이번 활동은 한 반이 하나의 나라를 맡은 것이 아니다. 우선 각 반 학생들을 선사시대, 고구려, 백제, 신라, 통일 신라, 고려 6모둠으로 나눈다. 그리고 그 모둠은 해당되는 나라의 반에 가서 담당 선생님 그리고 다른 반 친구들과 함께 활동하게 되는 것이다. 우리 고구려관 역시 여섯 개의 반 학생들이 고루 섞이게 되었다.

이 형태를 선택한 이유는 학생들의 경험의 폭이 넓어지기 때문이었다. 학생들은 각자 담당 선생님의 설명을 듣고 다시 반에 돌아와서 만들기를 하게 된다. 그렇게 되면 한 반에서 여러 나라의 활동이 동시에 이루어지게 된다. 때문에 아이들이 하나의 나라가 아닌, 여러 나라의 내용을 보고 들을 수 있다. 즉, 자신이 모든 활동을 하지 않아도 간접 체험이 가능하게 된다. 더불어 경험의 폭이 넓어진다.

물론 단점도 있다. 각 반 전담 시간이 모두 달라서 복잡해질 가능성이 컸다. 또한 서로 다른 반이 모인 새로운 분위기에서 협동심을 이끌어내야 하는 부담감도 있었다. 사실 이 점에서 공동체 선생님들 사이에서도 의견이 나뉘었다. 하지만 고민 끝에 학생의 입장에 서서 새로운 시도를 해보기로 했다.

고구려관 학생들은 새로운 만들기 활동을 시작할 때마다 관련된 역사 내용을 다시 한 번 이야기하였다. 그리고 친구들과 어울려 작품을 만들어 갔다. 시간을 최대한 효율적으로 사용해야 했기 때문에 각 반에서 팀장을 뽑고 그 팀장이 다른 친구들을 이끌어가고, 완료 후에는 나에게 검사를 맡도록 하였다. 지금 생각해보면 이 방법이 꽤나 효과적이었다. 팀장이라는 책임감으로 보다 열심히 하고 같은 팀에서 협동심도 높일 수 있었다. 그리고 걱정과는 달리 다른 반 친구들이 모여 시너지 효과를 내었다. 같은 반 친구들에게선 느끼지 못한 새롭고 다양한 방식을 체험할 수 있었기 때문이다. 그 새로운 방식을 자신만의 방법으로 만들어 개개인이 훨씬 다채로운 작품을 만들어냈다.

또 다행스러웠던 점은 학생들이 적극적으로 즐겁게 참여했다는 것이다. 특히 스탠실(공판화)와 슈링클스 아트에 큰 호기심을 보였다. 그리고 자신이 만들어낸 작품을 쓰다듬으며 '오 내가 했지만 멋있다!'라고 말하는 모습이 나의 고단함을 씻겨주었다.

작품을 완성한 후에는 본격적으로 큐레이터 활동 준비를 시작했다. 역사 박물관 개장 당일에 4학년 학생들을 초대했기 때문이다. 나는 배운 내용을 자신만의 말로 설명할 수 있을 때 비로소 배움이 일어났다고 본다. 그리고 전시회의 목표가 '교육과정과 관련된 전시회'였기 때문에 자신이 만든 작품들을 직접 설명하는 활동이 꼭 들어가야 한다고 생각했다. 공동체 선생님들의 의견도 마찬가지였다. 그래서 4학년 학생들을 초대해 전시회를 소개하는, 큐레이터 활동을 넣었다.

학생들에게 큐레이터에 대해 설명하니 한껏 들뜬 표정들이었다. 한 번도 겪어보지 못한 대규모 활동에 긴장감보다는 즐거움이 앞선 듯했다. 큐레이터 준비과정에서 학습지는 주지 않았다. 오히려 학습지가 생각의 폭을 좁히는 장애물이 된다고 판단했기 때문이다. 대신 빈 종이에 스스로 내용을 정리하고 어떻게 하면 동생들이 잘 이해할지 생각해보도록 도와주었다.

시간이 어떻게 흘렀는지도 모를 만큼 바빴다.
그리고 박물관 개장 D-day가 똑똑똑 하고 찾아왔다.

모두 함께 준비한 고구려관 풍경

너희의 능력을 마음껏 펼쳐보렴, 고구려관에서!

드디어 개장일! 아이들의 능력이 멀리멀리 펼쳐질 날이다. 즐거움 가득했던 학생들의 얼굴에 은근한 긴장감이 풍겨왔다. 그래서인지 마지막까지 4학년 동생들과 부모님, 선생님들께 소개할 멘트를 되뇌었다.

9시 수업 시작 종이 울리자 복도와 교실이 북적였다. 본격적으로 4학년 동생들 1명과 5학년 학생 1명이 짝을 지어 큐레이터 활동이 시작되었다. 쑥스러워하는 아이들도 많았다. 하지만 많은 학생들이 큐레이터 활동에 활기차고 누구보다 적극적으로 참여하였다. 특히 4학년 동생들과 눈을 마주치며 설명하는 모습이 너무 대견스러웠다.

"이해가? 이해 안 가면 다시 설명해줄게." 라는 말이 어찌나 예쁘게 들리던지! 중간중간 돌아다니며 열심히 큐레이터 활동을 하는 학생들에게 엄지손가락을 척! 올리며 웃어주었다. 학생들도 뿌듯한 미소를 지었다.

마지막 다트 체험은 의외로 엄청난 인기를 끌었다. 서로 응원하기도 하고 기쁨의 환호성과 아쉬움의 탄식이 고루 섞였다. 특히나 4학년이 긴장하지 않고 잘 던질 수 있도록 격려하는 5학년 아이들의 모습이 참 인상 깊었다. 참된 선후배의 표본을 보는 듯했다. 다트를 던지고 퇴장하는 4학년 학생들의 얼굴을 유심히 보았다. 입꼬리가 살짝 올라가 있었다.

'아이들에게 만족감을 주었구나.'라는 생각과 함께 안도감을 느꼈다.

한 시간가량 지났을까? 서서히 관람객들이 줄어들었다. 큐레이터들도 많이 지쳐있었다. 그래도 자신이 맡은 마지막 한 명에게 최선을 다해 설명해주었다. 드디어 마지막 입장객이 퇴장하였다.

"와! 드디어 끝났다!"하고 모두들 바닥에 드러누웠다. 그리고 친구들과 함께 하이파이브를 하기도 했다. 이처럼 오랜 시간 동안 열심히 설명한 것에 대한 뿌듯함을 온몸으로 표현했다.

그런 아이들에게 "얘들아, 정말 고생 많았다. 선생님도 진짜 뿌듯하고 너희가 너무 대견
스럽다."라는 말을 건넸다. 그와 동시에 나의 마음에는 참 많은 감정들이 오고 갔다. 불
안함과 긴장감이 아닌 기쁨, 성취감, 뿌듯함, 긍정적인 감정들이 말이다.

마지막 점검을 하는 큐레이터들

심장이 두근두근! 다트를 던지는 친구들

역사 박물관을 마무리하며

처음 부분에서 이 말을 언급했다.

『돌이켜보면 의외로 큰 부담감을 느꼈었다. 동시에 그보다 더 큰 깨달음과 뿌듯함을 안겨 준 활동이다.』

그렇다. 당차게 출발했지만 기존의 형식을 깬 활동으로 눈코 뜰 새 없이 바빴다. 학생들이 하교한 후에는 온몸에서 힘이 쭉 빠져나갔다. 그리고 '잘 하고 있는 걸까?', '지금이라도 활동 형태를 바꿔볼까?'라는 생각이 수없이 들었다. 보다 의미 있고 교육적인 전시회를 만들고자 자신감을 가지고 치밀하게 계획했지만 알게 모르게 많이 벅찼던 모양이다. 하지만 성장하기 위해서는 고통이 따르는 법. 내가 힘든 만큼 학생들에게는 색다른 기회, 한 뼘 더 자랄 수 있는 기회가 될 것이라고 마음을 굳게 먹었다.

결과적으로 그 믿음이 현실로 이루어졌다. 즐거움과 배움을 동시에 녹인 역사 박물관이 만들어졌다. 이에 더해 학생들의 재능과 잠재력을 끌어내는 소중한 기회가 되었다. 예로 평소 수업 참여에 소극적인 아이로부터 적극적인 면모를 끌어낼 수 있었다. 의견을 발표하는 데 부끄러움을 많이 타던 학생이 동생들을 보듬어주며 또랑또랑한 목소리로 설명하는 모습은 아직도 잊혀지지 않는다. 설명을 들은 동생이 전한 고마움의 인사가 그 친구에게는 커다란 변화의 싹이 되었을 것이다. 더불어 무뚝뚝하던 학생이 스스로 나서서 설명해 줄 사람을 찾던 장면도 생생하게 기억이 난다. 이렇게 박물관 활동을 하며 학생들의 발전 가능성은 무궁무진하다는 것을 다시 한 번 깨달았다. 그리고 배움이 따분하고 지루한 것이 아니라 얼마든지 즐거운 과정이 될 수 있다는 점을 심어줄 수 있어 뿌듯했다.

마지막으로 역사 박물관 활동은 교사인 나에게 자신감을 불어 넣어주었다. 결과는 반드시 노력한 만큼 온다는 것. 교사가 힘든 만큼 학생에게는 더없이 값진 밑거름이 된다는 것. 그리고 교사의 노력과 진심을 학생들도 안다는 것. 나도 학생들도 모두 성숙해지는, 길고도 짧은 여정이었다.

큐레이터 활동 *＊＊✷

신라관을 꾸미기 위해 먼저 고려했던 것은 학생들의 역할이 단순히 작품을 만들어 전시하는 것에 끝나는 것이 아니라 자신이 만들고 공부하는 것을 120명의 4학년 학생 및 부모님께 설명하는 큐레이터 활동의 방법이었다. 낯을 가리거나 설명을 제대로 못하는 학생들이 있을 것 같은 예상에 2~3명을 하나의 조로 묶어 4~5명을 상대로 설명을 하게 하려고 하였지만 그럴 경우 말을 주도적으로 하는 학생 위주로 이루어지고 나머지 학생은 따라다니기만 할 가능성이 있어 학생 한 명이 관람객 한 명을 맡아 전시관을 설명하도록 하였다.

화랑 *＊＊✷

단순히 설명하는 것이 아닌 큐레이터로서 학생들에게 의미를 부여함과 동시에 관람객에게 신라관만의 인상을 주기 위해 학생들이 신라 화랑의 역할을 맡도록 하였다.

모자를 만들어 쓰면서 '화랑이 되어 신라를 널리 알리자'는 목적의식을 세우면서 각 반에서 모인 학생들이 '우리는 신라의 화랑'이라는 공동체 의식을 가질 수 있었다.

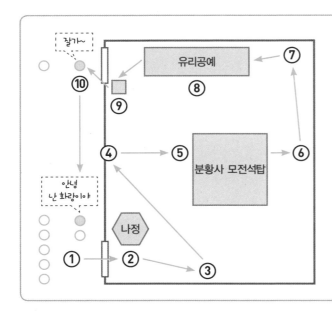

① 복도에서 관람객과 만나 화랑에 대한 설명을 하고
② 나정에서 박혁거세의 탄생신화
③ 신라의 특징
④ 돌무지 덧널무덤
⑤ 분황사 모전석탑으로 이동해 신라의 불교 문화와 모전석탑의 특징을 설명 한다.
⑥ 신라 유물 스테인드 글라스
⑦ 신라의 유리 문화재
⑧ 유리공예 체험
⑨ 4학년 학습지에 도장 찍기
⑩ 헤어진 다음 다시 1번으로

신라 문화재

통일이 되기 전인 기원전 57년부터 688년까지의 시대를 하나의 전시관으로 나타내고자 하니 대표적인 문화재가 떠오르지 않았다. 평소 신라의 문화재라고 생각하는 불국사, 석굴암, 석가탑, 다보탑 등은 통일 신라 시대의 작품이었다. 첨성대가 삼국시대의 유물이지만 학생들이 태양의 고도와 24절기를 이해하고 4학년 학생들을 대상으로 설명하기는 어려움이 있을 것 같아 선택한 문화재가 나정, 돌무지 덧널무덤, 분황사 모전 석탑, 유리그릇이다. 이외에도 학생들 각자가 유물 하나씩 맡아 스테인드글라스를 제작하여 창가 쪽에 붙였다.

나정은 신라의 시조 박혁거세가 태어난 알이 있던 우물로 신라의 시작을 건국신화와 함께 알 수 있도록 하였다.

큰 풍선에 풀칠로 종이를 붙여 알을 만들었다.

돌무지 덧널무덤은 고구려, 백제와 확연히 다른 통일 전 신라만의 무덤 양식으로 금관과 같은 많은 유물을 가지고 있기에 제시하였다.

대표 유물로 선택한 분황사 모전석탑은 통일 신라의 삼층석탑들과 구별되는 모양으로 신라 석탑 중 가장 오래된 탑으로 보기와는 다르게 벽돌이 아닌 벽돌 모양의 큰 돌을 쌓았다는 특별한 점들과 백제, 고구려, 신라가 함께 불교문화를 향유하였고 이것이 통일 신라, 고려에도 이어진다는 것을 알리기에 알맞았다.

실제 탑 측량을 참고하여 비율에 맞추어 제작하였다.

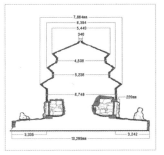 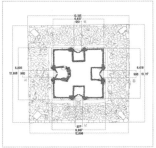 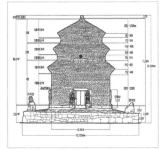

폐지로 제작하여 자원의 낭비를 최소화하였고 전시회가 끝난 후 처리도 수월하였다. 탑의 표면에는 학생들의 장래희망, 바라는 점을 조사하여 벽돌 모양이 되도록 붙였다.

유리그릇은 신라의 화려한 금속공예품 속에서 극히 수가 드문 유물로 로마에서 발명된 유리 제작 기법과 그리스, 페르시아 그릇의 형태로 지중해 연안에서 제작되어 중국을 통해 신라에 수입된 것으로 신라가 중국, 서역과 교역했음을 보여준다.

관람을 온 4학년 학생들이 학습지를 작성해야 하는 과제가 주어지기 했지만 무언가 기억에 확실히 남거나 직접 체험을 할 수 있도록 유리공예(비즈공예)를 준비하였다. 유리그릇에 대한 설명이 끝나면 화랑이 관람객에게 '신라를 방문해줘 고맙다'는 인사와 선물로 '서역에서 온 귀중한 물건'인 유리구슬 중 마음에 드는 것을 골라 목걸이를 만들게 하였다. 목걸이를 만들기 위해 월광석(8mm, 무광/유광), 우레탄 줄, 고정볼(3mm), 평집게를 준비하였고 우레탄 줄은 미리 잘라두고 화랑들은 미리 한 번씩 목걸이를 만들어 보았다.

실제 유리로 무언가를 만드는 유리 공예를 준비하고자 하였으나 관람객이 제한된 시간에 계속 유입되는 시간적, 공간적 제약과 함께 안전상의 문제로 목걸이 만들기를 하였으며 화랑의 도움을 필요로 하는 4학년 학생들도 있었다. 남학생들이 목걸이를 좋아할까 걱정되었지만 며칠이 지난 후에도 목걸이를 하고 다니는 4학년들이 보였다.

전시관 활동을 마치면서...

 짧은 기간 동안 전시관을 만들기 위해 학생들 각자가 문화재를 나눠 맡아 준비하면서 본인이 준비하지 않은 유물에 대해서는 관심과 흥미가 떨어져 관람객에게 설명할 때에도 설명 자료만 읽는 아쉬움이 있었다.

 관람객들 상대로 활동하기 전 학생들이 서로의 문화재에 대해 설명을 주고받는 활동을 많이 하였으면 어떠하였을까 하는 아쉬움이 남는다.

[통일 신라관을 맡았던 구민선 선생님의 마지막 이야기]

3년의 육아휴직 후 2학기에 맡은 나의 5학년. 우리 학년의 다섯 분의 어벤저스 선생님들! 선생님들이 아니었다면 나의 첫 복직의 한 해는 어땠을까 감히 상상할 수도 없다. 먼저 멋진 다섯 분의 선생님께 감사의 인사를 드리고 싶다.

선생님들은 늘 함께 아이들의 배움에 대해 머리를 맞대고 연구하셨다. 사실 휴직 전 '나'라는 교사의 수업은 강의 위주, 그리고 교사의 효율성을 높이기 위한 수업이었다고 솔직히 고백한다. 하지만 올 한해 선생님들의 프로젝트 수업에 참여하여 선생님들의 열정과 수고에 정말 많이 충격을 받았고, 그로 인해 아이들이 보여주는 정직한 반응에 2차 충격을 받았다. 아이들은 자신들이 수업에 참여하여 스스로 배움이 일어날 때 즐거움과 함께 몰입하는 모습을 볼 수 있었다. 한 해를 마무리하며 아이들에게 어떤 활동이 가장 인상적이었냐고 묻는다면 대다수의 아이들이 역사 박물관을 꼽았으며 본인이 큐레이터 활동 한 것에 뿌듯하다고 말하였다. 학생들은 역사 수업을 듣는 청중이 아니라 역사 수업에서 배움이 일어나는 주체로서 열심히 활동하였다. 통일 신라관을 준비하고 성공적으로 전시해냈던 통일 신라관 학생들에게 정말 자랑스럽고 대견하다고 말해주고 싶다.

역사박물관을 준비하면서

이번 역사박물관은 각 반을 연대별 나라로 구성하였다. 그중 우리 반은 통일 신라관을 맡게 되었다. 선생님과 상의 끝에 각 반 아이들을 여섯 팀으로 나누어, 고조선 반부터 고려 반까지 골고루 구성하였다. 아침에 오면 자신이 맡은 나라 교실로 가서 활동을 함께 하고, 다시 본인의 교실로 돌아가서 다른 나라를 맡은 아이들과 또 어우러져서 활동을 이야기하며 공유하는 방법으로 역사 박물관을 준비했다.

통일 신라관 박물관을 준비하는 첫째 날! 우리 교실에 모인 귀여운 각 반 통일 신라 꼬마 전문가들은 초롱초롱 눈을 빛내며 박물관 전시 준비에 대한 기대감을 나타내었다.

"통일 신라관을 어떻게 소개하면 좋을까? 좋은 아이디어들 내어보자."

☆학생 1 : 저는 탑을 만들었으면 좋겠습니다! 이번 체험학습 때 불국사를 갔다 와서 다보탑이
          제일 인상 깊어서요.
◎학생 2 : 다보탑 만들 수 있겠어? 복잡하던데. 석가탑은 어떤데?
◆학생 3 : 석가탑 정도는 우리가 해낼 수 있을 것 같은데요!
◆ 선생님 : 열정은 존중한다. 근데 탑을 뭐로 만들려고?
◎학생 2 : 우유팩? 아니면 박스요?
◆학생 3 : 우유팩을 우리가 모으기 좋으니까 그걸로 만들어요.
◆ 선생님 : 우유팩으로 석가탑 만들기라... 우유팩 엄청 필요할 텐데...
★학생 4 : 선생님, 모으는 건 걱정 마세요!

아이들의 자신감에 얼떨떨해져 일단 석가탑 만들기는 가닥을 잡았다.

석가탑 ★★★★

자신 있게 시작한 우유팩 모으기는 난항을 겪었다. 각 반의 우유팩이 매일 우리 반 교실로 모여들었고 우리 반 통일 신라 팀원들은 쉬는 시간마다 백 개가 넘는 우유팩을 씻고, 또 말렸다. 그로 인해 우리 교실은 늘 우유 향이 진동했더랬다. 그렇게 천 개가 넘는 우유팩이 모였다.

우유팩으로 완성된 석가탑

석가탑을 중앙에 배치하기로 아이들과 의견을 모으고, 다른 활동들도 함께 도출해내었다.

{ 통일 신라관 체험활동 내용 }

- ☑ 통일 신라 왕의 계보 만들기(통일 신라 왕 깃발 만들기)
- ☑ 통일 신라 사람들 전통 복식 표현하기(지점토로)
- ☑ 천마도 협동화 제작 (점묘화)
- ☑ 스테인드 글라스 기법으로 통일 신라 유물·유적 만들기
- ☑ 통일 신라시대 의상 입고 왕관 쓰고 포토존!
- ☑ 팀 별로 통일 신라 관련 주제로 소개하기(우드락: 문무왕릉, 석가탑과 다보탑, 석굴암, 천마도 등 주제)

다음은 통일 신라 전시관의 교실배치도이다.

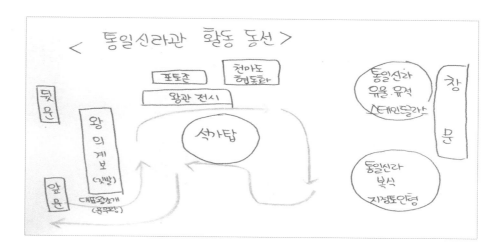

이동 순으로 활동을 소개하겠다.

왕의 계보 깃발만들기	준비물 : 소형깃발(40×30), 우유팩, 금색락카, 아크릴물감, 스펀지 등 ① 깃발에 실크스크린으로 '제 29대 무열왕' 부터 ~ '56대 경순왕' 까지 제작 　(학생 1명당 한 깃발 정도) ② 우유팩에 흙을 채우고 입구 붙인 후 금색 락카칠하기 ③ 깃발과 우유팩 합치기 

포토존 & 왕관과 신라시대 의상 전시	준비물 : 우드락판(600×800), 매직, 신라왕관만들기 키트, 신라시대 의상은 대여 
천마도 협동화	준비물 : 우드락판(600×800)2개, 분할 도안, 면봉, 물감 ① 천마도 분할 인쇄하기 ➡ 분할 인쇄 프로그램(Posteriza)이용 ② 한 학생당 한두개 도안 받고, 면봉으로 찍어 점묘화로 나타내기 

준비물 : A4사이즈로 유물유적 사진을 프린트, OHP 필름, 검정마스킹테이프, 셀로판지

① 프린트한 사진 위에 OHP 필름 겹치기
② OHP 필름 위에 검정테이프로 유적의 테두리 따라 붙이기
③ 셀로파지 오려서 칸 나눠 붙이기

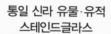

통일 신라 유물·유적 스테인드글라스

준비물 : 우드락판(600×800), 매직

문무왕의 업적, 원성왕과 독서삼품과, 천마총, 석가탑과 다보탑의 건축 설명, 불국사와 석굴암,포석정을 이해하기 쉽게 정리하여 우드록판에 작성하기

역사박물관이 열리던 날!

통일 신라관을 준비한 학생들은 이 날 4학년 동생들을 대상으로 큐레이터로 활동하였다. 한 학생에 한 큐레이터가 같이 입장해서 교실을 돌면서 통일 신라관을 전반적으로 설명하는 구조로 활동하였다. 아이들은 며칠 전부터 각자 시나리오를 만들어 연습하면서 이날만을 손꼽아 기다렸다. 나에게 와서 본인의 시나리오를 봐달라며 적극적인 모습을 보이기도 하고, 친구끼리 서로 큐레이터를 해주며 즐겁게 외우며 연습하기도 하였다. 이번 박물관 활동의 백미라고도 할 수 있다고 단언한다. 평소 수업 시간에 자신감이 없던 모습을 보이던 한 학생이 4학년 동생에게 수다스럽게 본인이 만든 작품을 설명하고, 석가탑을 만드는 과정이 얼마나 수고스러웠는지를 말해주던 그 모습이 아직도 귀여워서 기억에 남는다.

통일 신라관 큐레이터가 되어 활발히 설명해주는 아이들

 ← 통일 신라관 아이들 활동모습

[**고려관을 맡았던** 최경민 선생님의 마지막 이야기]

　나는 고려 시대를 맡게 되면서 걱정거리가 배로 늘어나게 된 것 같다. 고려 이전 시대는 프로젝트 학습이 마무리가 되고 난 후 박물 전시회를 계획하고 열게 되기 때문에 아이들과 함께 모여서 많은 이야기를 나누고, 어떻게 전시회를 꾸밀 것인지에 대한 이야기 거리가 많을 것 같았다. 하지만 고려 시대는 프로젝트 학습이 마무리가 되기 전에 역사 박물 전시회를 열어야 하기에 아이들과 함께 이야기를 나누며 계획하고 준비하는 것에 큰 어려움이 있을 것 같아서 걱정거리가 배로 늘어나게 되었다.

　이런저런 걱정과 고민을 하면서, 우리 반에서 고려를 맡은 아이들, 그리고 다른 반에서 고려를 맡은 아이들과 첫 만남을 가지게 되었다. 첫 만남 후 던진 나의 첫 질문은

"얘들아, 우리 어떻게 고려관을 꾸밀까?"

　첫 질문 후, 아이들의 답변 속에서 나는 그동안 가졌던 고민과 걱정이 나만의 기우였다는 것을 알게 되었다. 일 년 동안 프로젝트 학습을 계획하고 실천을 하면서 우리 아이들의 생각이 많이 자랐음을 알게 되었다.

"저희가 만든 연등을 교실 천장에 달면 좋을 것 같아요"
"고려 시대 석탑 중 유명한 것을 하나 골라서 세우면 좋겠어요."
"고려 시대는 불교 국가였으니, 불교가 중심이 되면 좋겠어요."
"팔만대장경도 전시하고, 직접 만들게 하면 좋겠어요."
"고려 시대하면 상감청자가 떠올라요. 직접 만들면 어떨까요?"
"고려 시대에는 무역활동이 활발했다고 했는데, 무역활동에 대한 내용도 함께 전시하면 좋을 것 같아요."

아이들의 이야기는 끝이 없었다. 학기 초에는 상상하지도 못했던 일이 일어나고 있었던 것이다. 사실 프로젝트 학습을 계획하고 실천을 하게 된 가장 큰 이유 중에 하나가 아이들의 생각이 자랐으면 하는 마음과 소망이 컸었다. 이제 우리 아이들은 선생님의 질문에 생각하기 시작하였고, 더 나아가 자신의 생각을 말로 표현하고 함께 이야기를 나누게 된 것이다.

어쨌든 이러한 아이들의 이야기를 모아서 가장 먼저 우리 고려관은 교실 천장을 연등으로 꾸미기로 하였다. 연등을 설치하면서도 많은 이야기를 하게 된 것 같다. 테이프로 붙여야 해요, 실로 매달아야 해요, 등 어떻게 설치해야 하는지 하나에도 서로의 의견을 이야기하고 토론을 하기 시작하였다. 평소에 교사가 개입하거나 일방적으로 나의 생각을 전달하는 것을 싫어하기는 하였지만, 아직 낚시줄을 활용하여 교실 천장에 작품을 걸어본 경험이 없는 아이들이었기에, 교사로써 약간의 개입을 하기로 하였다.

"여러분의 다양한 이야기를 들으면서,
 선생님이 생각하기에는 실로 매다는 것이 좋을 것 같기는 한데, 실은 투명하지가 않아서 천장
이 보기에 좋지 않을 것 같아. 그러니 낚시줄을 활용하여 매달면 좋을 것 같아."

그러자 한 아이가

"선생님 그러면 천장에 누가 달아요?"

라고 물어오는 것이다. 나는 생각지도 못했다. 나는 당연히 교사인 내가 달면 되겠지라고 생각을 하였는데, 한 아이의 이 질문에 나는

"그러면 너희들이 달 수 있을까?"

라고 나도 모르게 되물었다. 그러자 몇몇 아이들이

"내가 키가 크니까 달 수 있을 것 같아."

"집에서 드라이버를 사용한 적이 있으니 나도 할 수 있어."

라고 이야기를 하는 것이었다. 이 순간 아이들은 이미 고려 역사 박물 전시회장을 꾸미는 활동에 몰입하기 시작하였고, 자신들의 전시회장을 꾸미는 주체임을 깨닫고 실천하고자 하는 마음이 생겨나게 되었음을 알게 되었다. 그렇게 함께 노력하여 설치한 연등은 아래의 사진과 같았다.

모두의 생각, 그리고 모두의 노력으로 설치하여 완성한 우리 반 연등회

연등을 교실 천장에 설치를 하면서, 문제점이 생기게 되었다. 천장에 설치할 수 있는 아이들은 키가 큰 몇몇 아이였기에 다른 친구들이 무엇을 해야 할지에 대한 고민이 생기게 되었다. 그래서

"얘들아, 연등을 달 수 있는 친구들은 몇몇뿐인데,
남은 너희들은 어떻게 하면 좋을까?"

"저희는 다른 것을 만들면 좋겠어요.
저희가 할 수 있는 것을 하면 시간도 절약되고, 다른 친구들에게도 도움이 될 수 있을 것 같아요."

몇몇 아이들이 이렇게 말을 하였다. 너무나도 행복했다. 아이들이 하고 싶어 하고, 무언가를 하기 위해 생각을 하고 실천으로 옮기려 하는 아이들의 모습을 보았기 때문이다.

그래서 아이들과 함께 이야기를 하면서 팀을 나누게 되었다. 아이들의 아이디어를 모두 칠판에 적고서, 우리는 서로 다른 반의 친구들과 섞여서 석탑을 만드는 팀, 상감청자를 만드는 팀, 불상을 만드는 팀, 나전칠기를 만드는 팀으로 나누게 되었다.

그리고 각 팀별로 어떻게 만들면 좋을지 이야기를 나누도록 하였고, 이야기를 나누면서 어려운 점이 있거나 힘든 점이 있으면 나에게 와서 이야기를 하도록 하였다. 한 쪽에서는 연등을 설치하고 있고, 교실 전체에서는 서로 서로 모여서 어떻게 만들면 좋을지, 그리고 어떻게 전시회장을 꾸미면 좋을지 이야기를 나누는 왁자지껄한 교실이 되었다. 지금 와서 생각해보면 여럿이 정신이 어지럽도록 시끄럽게 떠들고 있었지만, 나에게는 교실 속 시끄러움과 소란함이 둥지에서 재잘대는 아기 새의 행복한 노래 소리로 다가온 것 같았다. 바로 이러한 지저귐이 아이들의 성장과 발전의 모습임을 알았기에 그러했던 것 같다.

실제 상감기법을 활용하여 상감청자를 만들고 있는 팀의 모습과 그 결과물

우유팩을 활용하여 우리 반에 세운, 고려시대 월정사 8각 9층 석탑

전지 크기 우드락 3장을 붙인 거대한 크기의, 모자이크 기법을 활용하여 협동화로 그린 수월관음도

스텐실 기법을 활용하여 표현한 고려시대의 다양한 모습의 불상들

우드락 활용 음각 기법 판화로 5학년 학생 전체가 완성한 우리 학교 팔만대장경 필

각 팀별로 어떻게 만들고, 어떻게 전시를 할 것인지를 결정하고 각 팀별로 다양한 문화재를 만들고 있을 때쯤, 연등을 다 설치한 팀이 와서는 무엇을 해야 할지 물어왔다. 그래서 무엇을 하고 싶은지 내가 되물었던 것 같다.

그러나 아이들은 다른 팀들의 모습을 보면서, 우리도 하나의 팀이 되어서 다른 것을 하고 싶다고 하였다. 그래서 나는 다시 물었다.

"그래서 무엇을 하면 좋을 것 같니?"

4명이서 골똘히 고민을 하더니, 아직 하지 않은 팔만대장경을 만들고 설치를 하면 좋겠다고 하였다. 그리고 화선지에 찍은 팔만대장경 결과물을 복도 천장에 전시를 하면 좋을 것 같다고 말을 하였다.

이 아이디어는 내가 정말 생각지도 못했던 것이었다. 복도 천장을 아이들이 화선지로 찍은 팔만대장경을 매달게 된다면, 정말 장관일 것 같다고 생각을 하였다. 그래서 나는 다른 선생님들에게 아이들의 아이디어를 설명하게 되었고, 모든 반에서 교실 천장에 학생들 각자의 팔만대장경을 화선지로 찍은 결과물을 설치하게 되었다. 그리고 우리 반은 조금은 다르게, 그리고 특별하게 설치하기 위해서 우드락에 완성한 팔만대장경판을 실제로 매달기로 하였다. 이미 연등을 매달아본 경험이 있는 아이들이었기에, 낚시줄을 활용하여 매달기로 이야기를 모으게 되었다.

그리고 역사 박물 전시회를 꾸미면서, 몇몇 아이가

"선생님, 실제 박물관처럼 체험을 하는 곳도 있었으면 좋겠어요."
"저는 포토존이 있었으면 좋겠어요."

라는 아이디어를 생각해 내는 것이었다. 그래서 우리는 함께 모여서 고민하였다. 어떠한 것을 체험하게 하면 좋을지, 어떠한 곳에 포토존을 설치할지를 이야기 나누었다. 그 결과

간단하게 구경 온 친구들이 자신의 이름으로 팔만대장경판 만들고 화선지에 찍기, 몽골과의 무역을 통해 알게 된 연지곤지를 만들고, 얼굴에 붙여서 사진 찍기를 하기로 하였다.

이렇게 완성된 고려관 역사 박물 전시장의 모습을 다음과 같았다.

학교 후배 및 선배들을 대상으로 체험 중심의 고조선관 큐레이터 활동모습

이러한 과정을 거치면서 우리는 약 2주간의 힘들었던 역사 박물 전시회 고려관을 완성할 수 있었다. 매우 오랜 시간이었지만, 다양한 직업을 간접 체험해 볼 수 있었던 시간이었고, 실제 역사 인물이 되어 볼 수 있는 시간이었으며, 역사관이 되어서 역사적 사고를 직접 경험하고 간접적으로 표현해볼 수 있었던 의미 있던 시간이었다.

그래서인지 학년말 1년 동안 가장 기억에 남은 교육이 무엇이었냐는 질문에 대 다수의 아이들이 역사 박물 전시회장 꾸미기를 적게 된 것이 아니었을까 생각한다.

참으로 행복하고 의미 깊었던 한 학기였다. 그동안의 교과서 위주의 암기식 역사 수업에서 벗어나, 프로젝트 학습을 기반으로 하여 아이들 스스로 역사관이 되어볼 수 있는 기회를 제공함으로써 역사적 사고력이 발현될 수 있었던 한 학기가 아니었을까 조심스럽게 생각하고 판단해본다.

의미 있는 역사 수업, 즐거운 역사 수업, 아이들이 스스로 생각하고 사고하여 참여하는 역사 수업, 아이들의 사고가 자라는 역사 수업, 그리고 역사적 사고력과 역량을 함께 발현시켜주는 역사 수업, 이러한 역사 수업을 원한다면 우리가 2018학년도 한 학기 동안 함께 연구하고 이야기하며 실천했던 우리들의 역사 프로젝트 학습을 천천히 자세히 읽어보면서 자신만의 방식과 자신의 교실 상황, 그리고 학교와 학생의 특성을 살려서 변형하여 운영한다면, 우리가 경험하고 느꼈던 그러한 환희와 기쁨을 함께 누리고 체험할 수 있을지도 모른다.

끝으로 우리가 활동한 교실들의 모습을 영상으로도 담아보았다.

신라관

고구려관 & 고조선관

고려관

통일 신라관

4부

부록

역사 박물 전시회 팜플렛

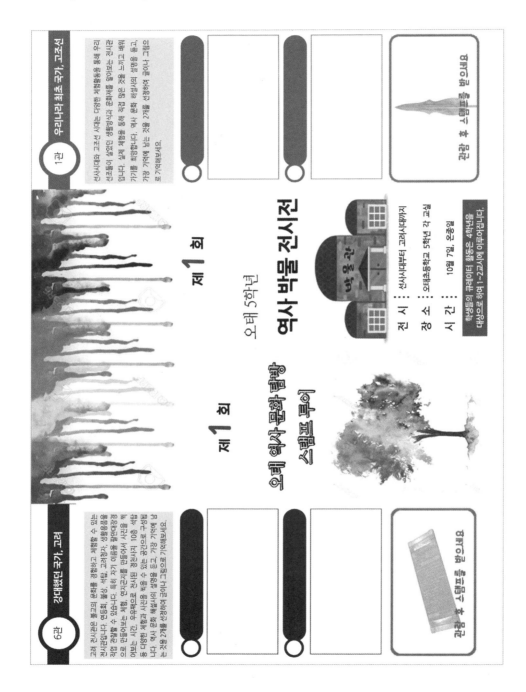

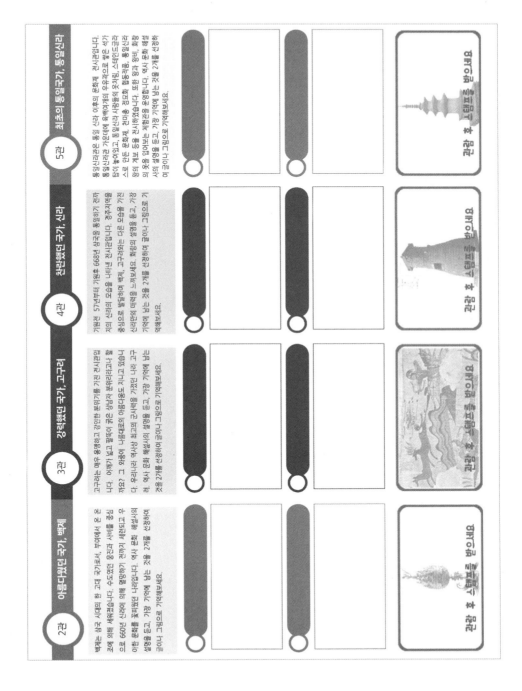

2관 아름다웠던 국가, 백제

백제는 삼국 시대의 한 고대 국가로서, 부여에서 온 온조에 의해 세워졌습니다. 수도로였던 웅진과 사비를 중심으로 660년 신라에 의해 멸망하기 전까지 아름다운 꽃처럼 풍미했던 나라입니다. 역사 문화 해설사의 설명을 듣고, 가장 기억에 남는 것을 2개를 선정하여 글이나 그림으로 기억해보세요.

3관 강력했던 국가, 고구려

고구려는 매우 용맹하고 강인한 분위기를 가진 전시관입니다. 어깨가 넓고 팔뚝이 굵은 상남자 분위기라고나 할까요? 그 와중에 나름대로의 아름다움도 지니고 있으니다. 우리나라 역사상 최고의 군사력을 가졌던 나라 고구려. 역사 문화 해설사의 설명을 듣고, 가장 기억에 남는 것을 2개를 선정하여 글이나 그림으로 기억해보세요.

4관 찬란했던 국가, 신라

기원전 57년부터 기원후 668년 삼국을 통일하기 전까지 신라의 모습을 나타낸 전시관입니다. 경주지역을 중심으로 발달하여 백제, 고구려와는 다른 모습을 가진 신라만의 매력을 느껴보세요. 화려하고 섬세했던 신라. 화려한 설명을 듣고, 가장 기억에 남는 것을 2개를 선정하여 글이나 그림으로 기억해보세요.

5관 최초의 통일국가, 통일신라

통일신라관은 통일 이후 신라의 문화재 전시관입니다. 통일신라관 가운데에 우뚝하게 우주국으로 우뚝한 석가탑이 놓여있고, 통일신라 사람들의 옷차림, 스테인드글라스로 만든 문화재, 전마총 깃모화 활동거림, 통일신라의 개보 등을 전시하였습니다. 또한 임과 왕비, 화랑의 옷을 입어보는 체험관을 운영합니다. 역사 문화 해설사의 설명을 듣고, 가장 기억에 남는 것을 2개를 선정하여 글이나 그림으로 기억해보세요.

관람 후 느낀 점을 스탬프로 받아요

[다섯째 마당] 여행을 마무리하며, 기행문을 작성해볼까요?

 { 무엇을 보고, 배우고, 알게 되었나요?

여행이나 견학의 목적	
장소	
견문과 감상	
전체적인 감상과 더 알고 싶은 점	

의 정리된 글을 바탕으로 견문과 감상이 잘 드러나게, 그리고 문장 성분의 호응관계를 고려하여 기행문을 작성해보세요

[활동지(P.354~355쪽 참고)]는 학교에서 줍니다.

4) 경주, 특히 불국사와 석굴암으로 현장체험학습을 떠나는 선생님들께서는 참고하시면 좋습니다. 2쪽 모아 인쇄를 하면 책자로 만들어집니다.(모아 인쇄, 짧은 면 양면 인쇄로 인해 부록의 제시 순서가 다릅니다.)

{ 경주로 체험학습을 다녀온 (   )의 이야기

• 언제?

....

• 어디?

....

• 누구?

....

[준비 마당]] 출발 전, 생각해 보기

 { 여행 장소 및 준비물, 비상연락

◈ **여행 장소**   구미 출발 ➡ 경주 석굴암 ➡ 경주 불국사 ➡ 구미 도착

◈ **준비물**
                          ....

◈ **비상연락**   ① 우리 선생님 ☎
                  ② 모둠장 (   ) ☎
                  ③ 학교 전화 교무실 ☎
                  ※ 우리 관광버스는 (   )관광 (   )호차(차 번호 :   )

 { 여행 중 지켜야 할 규칙

◈ **버스 안에서**   ① 버스에 오르면 안전벨트를 맵니다.
                      ② 버스가 움직이는 중에는 제자리에 앉습니다.
                      ③ 버스 안에서는 조용히 이야기를 나눕니다.

◈ **여행 장소에서**   ① 모둠 친구들과 항상 함께 움직입니다.
                      ② 안압지, 불국사 경내에서는 뛰거나 장난치지 않습니다.
                      ③ 문화재는 눈으로 관람하고, 선생님의 말씀에 귀를 기울입니다.

◈ **박물관에서**   ① 작품이나 유리장은 만지지 말고 눈으로만 봅니다.
                      ② 전시실에서는 조용히 문화재를 관람합니다.
                      ③ 전시실에서는 삼각대, 플래시를 이용한 사진 촬영을 하지 않습니다.

[넷째 마당] 석굴암은 어떻게 역사상 가장 독창적인 건축물이 된 것일까?

 { 1000년간 숨겨졌던, 신들의 거처 석굴암

☀ 석굴암의 독창적인 모습을 그림으로 표현해보세요.

내가 본 석굴암의 모습을 그려보세요

☀ 석굴암을 관람하면서 어떠한 생각이 들었나요?
어떻게 석굴암은 역사상 가장 독창적인 건축물로 인정을 받게 되었을지 여러분이 생각을 바탕으로 상상하여 적어보세요.

{ 1000년간 숨겨졌던, 신들의 거처 석굴암

751년 신라 경덕왕 때 당시 재상이던 김대성이 창건하기 시작하여 774년 혜공왕 때 완공, 〈삼국유사〉에 김대성이 전생의 부모를 위하여 건립하였다고 한다.

석굴사원은 인도에서 시작되어 더운 지방에서 더위를 피하기 위해 만들어졌다고 한다. 인도, 아프가니스탄, 중앙아시아, 중국을 거쳐 한국으로 전해졌다. 다른 나라의 석굴들은 바위산에 굴을 파서 만든 것과 달리 우리나라의 바위는 대부분 매우 단단한 화강암이어서 당시의 도구와 기술로는 바위를 파내는 것이 무척 어려웠을 거예요. 그래서 화강암 석재를 이용하여 둥근 지붕 형태로 쌓아올린 후 그 위를 흙으로 덮어 만든 세계 유일한 인공 석굴이다.

토함산 중턱에 백색의 화강암을 이용하여 인위적으로 석굴을 만들고, 내부 공간에 본존불인 석가여래불상을 중심으로 그 주위 벽면에 보살상 및 제자상과 역사상, 천왕상 등 총 40구의 불상을 조각했으나 지금은 38구만이 남아 있다.

입구인 직사각형의 전실과 원형의 주실이 복도 역할을 하는 통로로 연결되어 있고 주실 천장은 360여개의 넓적한 돌로 축조되어 있다.

{ 신라의 천년 도읍지, 자랑스럽고 아름다운

경주는 신라의 시조 박혁거세가 도읍지로 정한 후 제56대 경순왕에 이르기까지 992년간 찬란한 문화를 꽃피웠던 곳으로 금성, 서라벌 등으로 불려왔다. 천년에 가까운 세월 동안 한 나라의 도읍지였기에 수많은 유물과 유적이 있어 시가지 전체가 문화재 보호구역으로 지정된 우리나라 제일의 문화도시다. 또한, 토함산과 남산 등이 든든한 성처럼 도시를 둘러싸고 있어서 아주 오랫동안 제 모습을 그대로 간직할 수 있었다.

수많은 문화유산을 고스란히 품고 있는 경주는 유네스코가 지정한 세계 문화유산 가운데 하나이다. 유네스코는 경주를 '경주 역사 유적 지구'로 지정하고 도시 전체를 5개 구역으로 나누었다. 이 5개 구역은 산 전체가 온갖 불교 미술로 가득한 '남산 지구', 옛 신라의 궁궐 터 인 '월성(반월성) 지구', 신라의 옛 무덤들이 모여 있는 '대릉원 지구', 지금은 사라진 거대한 절과 목탑이 있었던 '황룡사 지구', 경주를 지키던 명활산성이 있는 '산성 지구'로 구분된다. 경주 역사 유적 지구'와는 별도로 '석굴암'과 '불국사'도 유네스코가 지정한 세계 문화유산 가운데 하나이다.

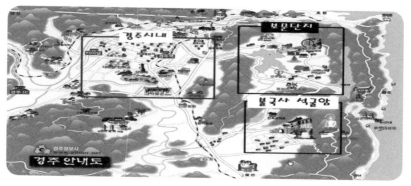

〈경주 문화 지도입니다. 여러분이 여행하게 될 곳을 표시해보세요.〉

유네스코 세계 문화유산, 부처의 나라 불국사

명승 및 사적 제1호인 불국사는 토함산 기슭에 자리 잡고 있는 큰 절이다. 불국사에 대한 여러 기록을 정리해보면, 불국사를 가장 먼저 지은 때는 언제인지 확실하지 않다. 그러나 8세기 중반 경덕왕 때 시중을 지낸 (   )이 아주 크게 지었다는 것을 알 수 있다.

불국사는 예로부터 신성한 곳으로 여겨지던 토함산에 '부처[불(佛)]의 나라[국(國)]'라는 이름으로 지어진 절이다.

이곳에는 속세를 떠나 부처님이 계신 곳으로 오르는 계단, 과거의 부처와 현재의 부처의 모습을 느끼도록 세운 탑, 여러 불상들과 불당들이 있다. 이것들은 신라를 비롯한 삼국 최고의 장인들의 손길로 만들어져 있기에, 그 우수성이 세계에 알려져 유네스코 (   )으로 지정되어 있다.

〈불국사 지도입니다. 친구들과 함께 여행하면서 건물 이름을 채워보세요〉

◉ 불국사 보물을 찾아서 팀별로 보물 앞에서 셀카를 찍으세요.
단, 우리의 보물들에 손상을 입힐 수 있으니 건물 안 보물들은 건물 밖에서 건물을 찍어주는 센스는 가지고 있겠죠?^^

보물	✔
– 다보탑 (국보 20호)	
– 청운교와 백운교 (국보 23호)	
– 금동아미타여래좌상 (국보 27호)	
– 석가탑 (국보 21호)	
– 연화교와 칠보교 (국보 22호)	
– 비로자나불 (국보 26호)	
– 황금돼지	

◉ 불국사를 함께 관람하면서 어떠한 것을 느꼈나요?
왜 불국사는 유네스코에서 세계 문화유산으로 등재가 될 수 있었을까요? 여러분이 느낀 점을 바탕으로 상상하여 적어보세요.

....

....

{ 현장체험학습 경험을 살려, 기행문을 작성해보세요.

이름 :

● 현장체험 학습 활동지를 참고하여, 경주 불국사와 석굴암을 다녀온 이야기를 기행문으로 작성하세요.

....

....

....

....

....

....

....

....

....

....

....

◉ **친구의 기행문을 읽고 다음의 질문에 답변 해보세요.**

• 친구의 글을 읽고 알게 된 점이 무엇인가요?

질문	알게 된 내용 정리
기행문을 작성한 목적은 무엇이라고 하였나요?	
관찰한 것이 무엇이고, 그에 따라 알게 된 것이 무엇이고, 어떠한 느낌을 받았다고 하였나요? (견학한 것을 모두 제시하고 기록해보세요)	

• 친구의 기행문 중에서 문장 성분의 호응관계를 고려하여 고쳐 써야 하는 부분이 있나요?

고칠 부분	이렇게 고치면 어떨까?

• 친구의 기행문을 다시 한 번 더 꼼꼼히 읽어보고, 친구의 기행문을 평가해 보세요.

평가: 얼마나 잘 알고, 작성하게 되었나요?		기행문 쓰는 방법에 따라 나는 어떻게 썼나요?
여행이나 견학의 목적이 잘 드러나게 기행문을 쓰게 되었나요?	😃 🙂 🙁	
견문과 감상이 잘 드러나게 기행문을 쓰게 되었나요?	😃 🙂 🙁	
글의 전체적인 짜임이 자연스럽게 기행문을 쓰게 되었나요?	😃 🙂 🙁	
문장 성분의 호응 관계가 바르게 기행문을 쓰게 되었나요?	😃 🙂 🙁	

66 감사의 말 99

우리 교사들은 교사로서 자기가 하고 싶은 것, 자신만의 기준을 못 찾고서 내가 누구인 지, 내가 진정으로 바라는 것이 무엇인지를 모른 채 바쁘게만 학교생활을 하면서 살아가는 것 같습니다. 어쩔 수 없이 주변이 정해준 기준, 학교가 좋다고 정해준 기준을 마치 내가 원 하는 기준인 것처럼 바쁘게 쫓아가고, 그러한 과정 중에 상처를 받고, 좌절하고 우울해지 는 것 같습니다.

교과서가 정해준 기준에 따라, 승진을 위해 교육청과 학교가 정해준 기준에 따라 교사로 서 자기 삶의 주도권과 주체성을 빼앗긴 채, 여기저기서 요구하는 것들만 처리해주기에도 너무 바쁜 교사들의 삶, 힘들지 않으신가요?

이번 역사 프로젝트 수업이라는 책은 그러한 기준을 벗어던지고, 교사로서 우리들의 주 체성과 교사 자신의 주도권을 조금은 높여보고자 노력했던 우리들의 이야기가 담겨져 있 습니다. 교사로서 내가 바라는 아이들은 어떠한 모습이었는지, 교사로서 진정으로 꿈꾸던 교실과 수업의 모습은 무엇이었는지, 교사로서 내가 추구하고 싶은 삶은 어떠한 가치였는 지, 그러한 것들에 대해 함께 모여서 이야기를 나누고, 그러한 이야기가 기반이 되어 아이들 과 또 다른 이야기를 만들어내는 과정에서 교사로서 우리들의 주도권과 주체성을 높여보 고자 노력했습니다.

그러한 이야기가 기반이 되어 우리들은 프로젝트 학습을 선택하게 되었고, 함께 이야기 를 나누면서 교과서 중심의 암기식 수업으로 학생들의 흥미와 관심이 적었던 역사 수업을 함에 있어서 변화를 주고 교사로서 스스로 성장하고 발전할 수 있는 기회를 함께 가지고 자 노력하게 되었습니다. 저희들의 부족한 모습과 이야기, 교육 내용들이 이 글을 읽고 있 는 독자들에게 조금이라도 도움이 되길 바라는 마음을 담아서 이 책을 펴내게 되었습니다.

우리들은 이 책을 함께 쓰는 동안 격동의 시간을 보냈었던 것 같습니다. 교과서 중심의 암기식 수업에 익숙해져 있던 우리들이 교과서를 잠시 덮어두고, 교육과정과 성취기준을 살펴보면서 연구하고 이야기를 나누게 되었고, 교사로서 수업의 주도권과 우리들만의 정체성을 찾기 위해서 수많은 이야기와 논쟁을 거치면서 우리들은 협력을 아끼지 않는, 서로가 서로에게 믿을 만한 사람, 기댈 수 있는 사람이 되었던 것 같습니다. 지금 와서 생각해보면 서로가 서로에게 상처가 되기도 하고, 아픔을 주기도 하였지만, 그때마다 서로가 서로를 이해하고 배려하면서, 지금은 서로가 서로를 보듬어 줄 수 있는 하나의 공동체가 된 것 같습니다. 함께 할 수 있음에 진심으로 감사의 인사를 전합니다.

교사 공동체라는 집단이 존재하기는 하지만, 진정으로 공동체라는 의미를 가진 교사 공동체가 많지 않은 학교 현장에서 공동체를 새롭게 형성하고 함께하고자 노력했던 최경민 선생님, 맏형으로써 재정적 관리와 심적으로 우리들의 리더 역할을 수행했던 이규진 선생님, 높은 미적 감각을 살려서 우리들에게 자신의 아이디어를 끊임없이 제공했던 오상준 선생님, 우리 중 가장 높은 지적 능력을 지니고서 언제나 선두에서 서서 우리들에게 많은 지식을 제공하고, 복잡한 쟁점에 대해 우리들의 생각을 정리하고 적절한 표현을 찾아내는데 큰 도움을 제공했던 김율리 선생님, 공동체에 늦게 합류하였지만 그 어느 누구보다 열정을 가지고서 따라와 준 구민선 선생님, 책을 쓰는 작업과 교실 수업을 함께 진행해야 하는 우리들을 위해 전체적인 책 구성과 편집, 디자인, 그리고 우리들이 필요로 했던 다양한 교수학습 자료들을 대신하여 제작하고 제공해준 김재원 선생님, 이 모든 선생님들에게 모두 깊이 감사할 따름입니다. 그리고 함께 하였지만 개인적인 사정으로 유학을 떠나게 되어 책을 함께 출간하지 못한 곽혜민 선생님께도 이 글을 빌려서 감사의 인사를 대신 전합니다.

부족하고 아쉬움이 많이 남은 교육 이야기임에도 불구하고, 저희들의 이야기가 많은 독자들과 만날 수 있도록 소중히 담아서 책을 편찬해준 상상채널 모흥숙 대표님 이하 모든 관계자분들께 감사의 인사를 끝으로 전합니다.

저자 대표 최경민 두손 모아 드립니다.

66 함께 그리는
톡톡 역사 수업 이야기 작성자 목록표 99

시대	주제명	꼭지 활동 제목	작성자
사람의 탄생부터 고조선까지	사람의 탄생, 그리고 역사의 시작	사람은 어떻게 살아갈까요?	김율리
		함께하며 시작되는 우리들의 역사	김율리
		우리나라의 시작, 단군 신화의 고조선	이규진
삼국시대와 통일 신라	철의 발견으로 시작된 삼국, 최초의 통일 국가 탄생	철의 발견, 삼국의 전성시대	이규진
		문화재로 배우는 삼국시대	오상준
		최초의 통일 국가 신라, 그리고 발해	구민선
	미니 역사 박물관 열기		구민선
고려시대	새로운 통일 국가, 강대한 고려	후삼국 시대, 인물에서 찾은 나의 존재	오상준
		찬란하게 빛난 아름다운 고려	김율리
		용감무쌍했던 강대한 고려	김율리
	역사 박물관 열기(학교 전시회 행사 연계)		모두 함께
조선	매우 아름다웠던, 유교의 나라 조선		최경민
전체 구성, 편집, 디자인			최경민 김재원

"참고문헌"

- 김민정(2016). 연구공동체 교사의 배움의 공동체 역사 수업 연구. 역사교육연구, 25, 9-48.
- 장순화, 송인주(2010). 초등학교 5학년들의 역사 프로젝트 수행과정과 시사점. 역사교육논집 45, 87-133.
- 최경민, 김규태(2015). 거꾸로 배움, 교실에서 찾는 행복 열쇠. 경기: 양성원.
- 최경민, 김규태(2016). 거꾸로 배움 두 번째 이야기, 학생 바보 교사의 용기. 경기: 양성원.
- 최경민, 이규진, 김규태(2017). 가르치고 배우며 함께 성장하는 길. 경기: 양성원.
- 최경민, 이영기, 손장호(2018). 학교가 행복한 우리 아이들. 경기: 공동체.
- 최경민, 김율리, 곽혜민, 오상준, 이규진, 이영기, 조광래, 손장호(2018). 프로젝트 학습 즐거움으로 배움을 요리하다. 경기: 공동체.

“ 찾아보기 ”